托尔斯泰思想小品

〔俄〕列夫·托尔斯泰 /著

王志耕 /编译

上海社会科学院出版社

目 录

文 化 篇

艺术 …………………………………… 3
知识 …………………………………… 29
读书 …………………………………… 40
语言 …………………………………… 55
思想 …………………………………… 66
真理 …………………………………… 76
教育 …………………………………… 85
女性 …………………………………… 93
儿童 …………………………………… 104

道 德 篇

罪孽 …………………………………… 113
恶 ……………………………………… 121
骄傲 …………………………………… 134
虚荣 …………………………………… 142
淫欲 …………………………………… 151
贪婪 …………………………………… 160
怒 ……………………………………… 169
不劳而食 ……………………………… 177

信 仰 篇

无为 …………………………………… 189
谦逊 …………………………………… 196

忏悔	203
舍弃自我	215
死亡	227
信仰	243
上帝	256
灵魂	266
爱	277

社 会 篇

迷信	293
教会	297
科学	307
不平等	317
国家	329
暴力	348
法律	362
惩罚	371
婚姻	381
参考书目	389
译者后记	390

文化篇

艺 术

一部艺术作品是好是坏,取决于艺术家说什么,怎样说,所说的又是在多大程度上出自内心的。

为了使艺术作品完美,需要艺术家所说的是崭新的,对一切人而言是重要的,需要表现得十分优美,需要艺术家说的是出于内心的要求,并因此说的是完全真实的。

为了使艺术家说的是崭新的和重要的,就需要艺术家是有道德修养的人,因此不是过非常自私的生活,而是人类共同生活的参与者。

为了使艺术家所说的能够表现得优美,需要艺术家能够掌握自己的技巧,以致在写作时,很少想到这技巧的规则,正如一个人在行走时很少想到力学的规则那样。

为了做到这一点,艺术家任何时候也不应反复打量自己的工作,不应欣赏它,不应把技巧当作自己的目标,正如行走的人不应想到自己的步态并欣赏它那样。

艺术家为了能表现心灵的内在需要,并因此由衷地说他所说的,他应该,第一,不要关心许多细琐小事,以免妨碍他真正地去爱那值得爱的东西;第二,必须自己去爱,以自己的心灵而不是以别人的心灵去爱,不是假惺惺地去爱别人认可或认为是值得爱的东西。

下列三类艺术作品每一类所达到的完美程度,决定着一些作品与另一些作品的优点的差别。作品可以是(一)意义重大的,优美的,不太真诚的和真实的;可以是(二)意义重大的,不太优美的,不太真诚的和真实的;可以是(三)意义不大的、优美的、真诚的、真实的,以及其他各种各样的组合。

所有这些作品都有自己的优点,但都不能被认为是尽善尽美的艺术作品。只有内容意义重大、新颖、表现得十分优美,艺术家对自己的对象的态度又十分真诚,因此是十分真实的,只有这样的作品才是尽善尽美的艺术作品。这类作品无论过去和将来总是罕见的。至于其余一切作品,当然是不太完美的,按照艺术的三个基本条件主要分为三类:(一)就内容的意义重大而言是卓越的作品,(二)就形式的优美而言是卓越的作品,(三)就其真诚和真实性而言是卓越的作品,但这三者中,每一类在其他两个方面都没有达到同样的完美。

所有这三类加在一起接近于完美的艺术,凡有艺术的地方都无可避免地存在着这三类。青年艺术家的作品往往以态度真诚取胜,内容却空洞,形式则或多或少是优美的;老年艺术家则正好相反;勤奋的职业艺术家的作品以形式见长,却往往缺乏内容和真诚的态度。

按照艺术这三个方面又分为三种主要的错误的艺术理论。依这些理论看来,没有兼备这三种条件、从而位于艺术边缘的作品不仅被认为是作品,而且被视为艺术的典范。这些理论之一认为,艺术作品的优点主要有赖于内容,哪怕它缺乏优美的形式和真诚的态度。这是所谓倾向性的理论。

另一种理论认为,艺术作品的优点有赖于形式,哪怕它的内容空洞,艺术家对作品的态度又不真诚。这是为艺术而艺术的理论。第三种理论认为,全部问题在于真诚、真实,哪怕内容如何空洞,形式如何不完美,只要艺术家喜爱他所表现的东西,作品就会是艺术性的。这种理论被称为现实主义理论。

基于这些错误的理论,艺术作品就不再像往昔那样,在一代人生活的时期内,每一领域只出现一、二种,而是每年在每个首都(有许多游手好闲者的地方),艺术的所有领域都出现千千万万所谓的艺术作品。

在当代,要从事艺术创作的人并不等待他心中出现自己真正喜爱的、重要而新颖的内容,并因为喜爱才赋予它以合适的形式,而是或者依照第一种理论,撷取当时流行的和他心目中的聪明人所赞美的内容,并尽可能赋予它以艺术的形式;或者依照第二种理论,选取他最能表现技巧的那种对象,竭尽全力耐心地制造出他所认为的艺术作品;或者依据第三种理论,在获得愉快的印象时,就撷取他所喜欢的东西作为作品的对象,以为这会是艺术作品,因为这作品是他喜欢的。于是出现了难以胜数的所谓的艺术作品,它们可以像任何工匠的产品那样片刻不停地被制造出来,因为在社会上总会有流行的时髦见解,只要有耐心,总能学会任何技巧,随便什么东西总会有人喜欢。

由此产生了当代的奇怪状况,指望成为艺术作品的作品充斥于整个世界,它们和工匠的产品的区别只在于,它们不仅毫无用处,而且往往恰好是有害的。

由此又产生一种离奇的现象,它明显地表明艺术概念的紊乱,比如对于一部所谓的艺术作品,没有同时不存在两种截然相反的意见的,这两种意见又都来自同样有教养的、有权威的人士。由此还产生一种令人惊异的现象,即大多数人沉湎于最愚蠢、最无益而且常常是不道德的活动,也就是制造并阅读书籍,制造并观看绘画,制造并欣赏音乐剧、话剧和协奏曲,而且完全真诚地相信,他们做的是一件十分聪明、有益和高尚的事。

当代人仿佛对自己说,艺术作品是好的和有益的,因此必须更多地把它们制造出来。确实,如果它们更多些,当然很好。不幸的是,定做出来的只能是一些由于缺乏艺术的全部三个条件,或因三个条件的分离而降低到工匠的产品水平的作品。

而兼备全部三个条件的真正艺术作品是不能定做的,其所以不能是因为艺术作品源自艺术家的精神境界,而艺术家的精神境界是知识的最高表现,是人生奥秘的启示。既然这种精神境界是最高的知识,那就不可能有另一种能够指导艺术家掌握这种最高知识的知识。

（以上出自《谈艺术》）

任何艺术都有自己的领域，都有区别于其他艺术的自己的内容。且不谈每种艺术的实质所在，这里我只谈我的艺术论点所需要的论据。我认为，这些论据凡是从事艺术的人是不会与之争论的。当我观看建筑物时，我就寻找建筑的美，而如果建筑物的一部分建成了，与它并列的另一部分却是用颜料华丽地画出来的，那么建筑给我的美感就被破坏了。看到圆柱后我期待看到柱廊，而这里却突然出现了描画出来的屋顶或柱廊。

任何艺术都有自己的任务，这些任务只能由这种艺术解决。譬如描写风景的画能够向我传达的是它应该表达的，它只能描绘流水、灌木、田野、远方、天空，而任何诗篇或者音乐都不能传达画家应该告诉我的东西。所有艺术都是这样，音乐尤其如此，因为音乐是最最感人肺腑的艺术，亦即较之其他艺术是最能左右人的情感的艺术。

艺术作品应该使我感动，而为了使我感动，它首先应该是明白易懂的。

Tous les genres sont bons hors les genres ennuyeux（法语：一切体裁都是好的，枯燥乏味的除外），这话说的几乎是一回事。首先，任何作品，尤其是音乐作品应该明白易懂。我认为艺术作品不外是把难懂的东西改造成明白易懂的。明白易懂的艺术所产生的印象常常是使获得艺术印象的人觉得，这他早已知道，只不过不善意表达得像艺术作品中所表达的那样。因为，假如说一部艺术作品很好，你不喜欢是因为你不懂，那等于叫我吃稻草或林堡干酪，而我不吃它竟被解释为我的口味还没有提高。

艺术是劳动之余的另一种休息，是通过感染、被动地接受别人的感情而达到的。

在艺术领域里总是有两种人：一种人是制造艺术作品的；一种人是接受艺术作品的，即观众、听众。艺术家制造，而后者则只是接受。这也正是艺术有别于其他东西的一个特点，即艺术只能被动地被接受，享受艺术的娱乐的人，本身不需要做什么事，他只是看着，听着，并获得快感，觉得开心。他自己不作任何努力，而只听任艺术家支配，正是这一点使艺术传达方式有别于任何别的传达方式。为了理解科学的理论和别人的思想是需要努力的，而在艺术的接受中却丝毫不需要努力，需要的只是不做什么事，在艺术印象强烈时甚至连是否在做事也无所谓。音乐、歌唱、图画、故事中几句有感染力的话和语调等能深深吸引住观众和听众，甚至使他抛开手头的工作。

艺术是一个人有意识地听任自己受艺术家所体验的那种感情的感染而得到的娱乐。这种娱乐的快感在于，人不作努力（不是全神贯注），不承受感情的一切实际后果，而体验到极其多样的感情，正是由于直接从艺术家那里感染这些感情，人可以毫不费力地享受和体验人生乐趣。这种快感几乎和梦的快感一样，只是更有连贯性。正因为人不会感受到生活中可能败坏或减少实际人生乐趣的一切摩擦，却能感受到构成人生的实质和魅力的生活中的各种波动，又不受任何干扰，所以感受得更为强烈。多亏有艺术，缺腿或衰老的人在看跳舞的艺术家或艺人时也能体验到跳舞的乐趣。住在北方的人，即使足不出户，在看画时也能体验到南方大自然的乐趣。软弱和温顺的人看画，读书，在剧院里观看文艺作品，或者听歌颂英雄的音乐时，也体验到坚强有力和权力在握的乐趣。冷漠无情、干燥乏味、从未有过怜悯心和爱心的人也能体验到爱和怜悯的乐趣。

艺术的娱乐就在于此。

艺术是一种娱乐，借助这种娱乐，人自己不活动，而只沉醉于他获得的印象，感受各种各样的人的感情，并以这种方法在现实生活中的劳动之余得到休息。艺术像睡眠一样,给予人以休息。正如人活着不能没有睡眠,人在生活中也不能没有艺术。可是对此人们会说:难道艺术只有这种意义吗?我们知道,艺术在人的心中唤起最高尚的感情,因此不能把它的意义仅仅局限于劳动之余的休息。这样的见解部分地是对的。确实,艺术可以在人们心中激起最高尚的感情。但是,艺术可以激起最高尚的感情这一点并不能证明,艺术的使命就在于此。言论、书札、出版物都能传达最崇高的概念,但这并不能证明,言论、书札、出版物的使命就在于此。它也可以传达如何储存土豆或消除赘疣的知识。梦、梦景,像许多人所体验过的那样,可以给我们展示最崇高和最深刻的思想,也可以向我们呈现出任何荒唐无稽的事情。艺术也完全如此。

借助艺术可以传达最高尚和最善良的感情,也可以传达最卑鄙和最恶劣的感情。因此,如果说艺术是被动地接受别人的感情,是使人在劳动之余获得休息的一种娱乐,这丝毫也不排斥通过艺术可以传达最高尚的感情;而可以传达感情这一点,也无损于艺术的定义——即艺术是使人在劳动之余获得休息的一种娱乐——的正确性。

总之,如果艺术是这样的一种活动,借助它,那些为了得到衣、食、住,即为了维持生活而必需劳动的人可以获得由于劳动而必需的休息,那么,显然,艺术给予的这种休息越多,获得这种休息的人越多,它的使命就完成得越多。

艺术为求成为艺术并有存在的权利,就得适合大多数劳动者的休息要求。

艺术家本着相同的感情基础,本着宗教信仰,在建筑、雕塑、绘画、抒情叙事诗、戏剧中表现自己的独特感情,并以这些感情去感染劳动大众,于是就有了真正的艺术。直到不久前我们基督教世界的情况还是如此,几乎所有的艺术也都是如此——艺术的最高和最好的体现是全力表现宗教情感,并且总是同样为统治者和富人以及被统治者和穷人所享受。

精神上的爱是最共同的,又是最合乎一切人的天性的感情,因此它从来就是而且将来还是真正的艺术的内容。

的确,常常可以听到一些呼声,否定为艺术而艺术,即为美服务,并要求艺术有社会内容,但这些呼声对艺术活动没有影响,因为它们所要求的是艺术所无法达到的。

一个艺术家,如果他真是艺术家,除了在艺术中传达自己的感情之外,不能做任何别的事。

一切真正的艺术家的特性是以自己的感情去感染别人,而在自己所体验到的一切感情之中,他选取的自然是那些为一切人或绝大多数人所共有的感情。

艺术的全部工作只是要成为可以理解的,是通过感情的感染这一特殊的、直接的途径使令人不理解的东西成为可以理解的,或者使令人似懂非懂的东西成为完全可以理解的。直接以感情感染人乃是艺术活动的特点。

艺术家应该竭尽全力使自己的艺术为大家所理解。

因此,艺术的前进运动,无论在每一个人身上,还是在全人类中,都是从越来越为大家理解出发,过去从来都是这样,现在和未来也是这样,而不是像当代寄生者的艺术那样,越来越无法理解。

真正的艺术不会是特殊的少数人所喜欢的那一种,而是劳动者大多数人所喜欢,亦即对他们起作用的那一种。

艺术是使劳动者得到休息的一种娱乐,这种娱乐是:一个人无须努力就感受到从艺术感染到的各种心情、情感。艺术是给予劳动者以休息的一种娱乐,也就是给予那些总是处于全人类所固有的正常条件下的人们以休息的一种娱乐。因此,艺术家应该经常注意到全体劳动大众,亦即除少数人外的全人类,而不是某些游手好闲的人,他们只是例外……

总之,艺术为了成为真正的、严肃的、为人们所需要的艺术,应该考虑的不是少数特殊的游手好闲的人,而是全体劳动人民。艺术的内容就取决于这一点。

为了使艺术在形式上能适应自己的使命,它应该为最大多数人所理解。艺术感染人越多就越高级,越是艺术。

为求艺术能够影响最大多数的人,必须具备两个条件。

第一也是最主要的条件是,要使它表现不是处于特殊条件的人们的情感,相反,要表现一切人具有的本乎天性的情感。而一切人天性中秉有的情感是最高尚的情感。人的情感越是高尚,如属神的爱,就越为一切人所共同,反之亦然。

另一个条件是明白和朴素,也就是以最大的劳动达到的,使作品能为最大多数人所享受的东西。

因此,要使艺术尽美尽善,第一要越来越提高内容质量,以求它能为一切人所享受;第二,在表现它时,要淘汰一切赘余的,亦即使之尽可能明白和朴素。

艺术只有当它能使观众和听众为其情感所感染时,才成其为艺术。

艺术只有当它使用最朴素最简短的方式唤起人们共同的情感时,才是好的和高级的。而当它使用复杂、冗长和精致的方式唤起独特的情感时,它就是坏的。

艺术越是接近前者就越是高级,越是接近后者则越低劣。

(以上出自《论所谓的艺术》)

艺术,千百万人为之牺牲了劳动、生命,甚至道德的艺术,究竟是什么?关于这个问题,我们从现有的各种美学理论中找到了一些答案,这些回答归纳为:艺术的目的是美,而美是通过我们从它那里得到的享受而被认识的;艺术的享受是一桩好的、重要的事。换言之,享受之所以是好的,就因为它是享受。因此,被认为是艺术的定义的,其实并不是艺术的定义,只不过是用来辩解人们为了这想象中的艺术而招致的牺牲的一种手腕,同时也是用来辩解现存艺术中那种自私的享受和不道德行为的一种手腕。所以,说起来也真奇怪,虽然论艺术的书堆积如山,而艺术的正确定义却直到现在还没有规定出来,原因在于艺术的概念是以美的概念为基础的。

为了准确地给艺术下定义,首先应该不再把艺术看作享乐的工具,而把它看作人类生活的条件之一。对艺术采取这样的看法之后,我们就不可能不看到,艺术是人与人相互交际的手段之一。

任何一部艺术作品都能使接受的人跟已经创造了艺术或正在创造艺术的人之间发生某种联系,而且也跟所有那些与他同时在接受、在他以前接受过或在他以后将要接受同一艺术印象的人们之间发生某种联系。

艺术活动是以下面这一事实为基础的:一个用听觉或视觉接受另一个人所表达的感情的人,能够体验到那个表达自己感情的人所体验过的同样的感情。

艺术活动就是建立在人们能够受别人感情的感染这一基础之上。

艺术起始于一个人为了要把自己体验过的感情传达给别人,便在自己心里重新唤起这种感情,并用某种外在的标志表达出来。

观众或听众一旦感染到创作者体验过的感情,这就是艺术。

在自己心里唤起曾经一度体验过的感情,在唤起这种感情之后,用动作、线条、色彩、音响和语言所表达的形象来传达出这种感情,使别人也体验到这同样的感情,这就是艺术活动。艺术是这样的一项人类活动:一个人用某些外在的符号有意识地把自己体验过的情感传达给别人,而别人为这些感情所感染,也体验到这些感情。

艺术不像形而上学者所说的是某种神秘的观念、美或上帝的表现,不像生理美学者所说的是人们借以消耗过剩精力的游戏,不是情绪通过外在符号的表达,不是使人愉快的事物所产生的结果,主要的——不是享乐,而是生活中以及向个人和全人类的幸福迈进的进程中必不可少的人们互相交际的一种手段,它把人们在同样的感情中结成一体。

上层阶级的艺术从全民的艺术中一分离出来就产生一种信念:艺术可以是艺术而又不为大众所理解。容许了这一原则,就必然要容许艺术可以只为极少数精选的人所理解,最后,就只为自己的一两个知心朋友或只为自己一个人所理解。现在的艺术家们正是这样说的:"我创作,我理解我自己,而如果有谁不理解我,那么对他说来更加糟糕。"

艺术可以是好的艺术,而同时又不被许多人所理解,这种说法是多么不公正,它所引起的后果对艺术是多么有害,而且,这种说法流传得那样普遍,已经那样深入地侵蚀到我们的概念中,以致不可能把它的荒诞之处一一加以说明。

反常的艺术可能是人民所不理解的,但是好的艺术永远是所有的人都能理解的。

区分真艺术与伪艺术,有一个肯定无疑的标志,即艺术的感染力。如果一个人读了、听了或看了另一个人的作品,不必自己作一番努力,也毫不改变自己的处境,就能体验到一种心情,这种心情把他跟这另一个人结合在一起,也跟其他与他同样领会这艺术作品的人们结合在一起,那么唤起这样的心情的那个作品就是艺术品。如果一个作品不能在人心里唤起一种跟所有其他感情全然不同的欢乐的感情,不能使这个人在心灵上跟另一个人(作者)和领会同一作品的另一些人(听众和观众)相一致,那么,无论这一作品多么诗意,多么像真正的艺术品,多么打动人心或者多么有趣,它仍然不是一个艺术品。

真正的艺术品做到了在感受者的意识中消除他跟艺术家之间

的界限,不仅仅是他跟艺术家之间的,而且也是他跟所有领会同一艺术作品的人之间的界限。艺术的主要吸引力和性能就在于这样把个人从离群和孤单的境地中解脱出来,就在于这样使个人跟其他的人融合在一起。

如果一个人体验到这种感情,受到作者所处的心情的感染,并感觉到自己跟其他的人融合在一起,那么唤起的这种心情的东西便是艺术;没有这种感染,没有这种跟作者的融合以及领会同一作品的人们的融合,就没有艺术。不但感染力是艺术的一个肯定无疑的标志,而且感染的程度也是衡量艺术的价值的唯一标准。

感染越是深,则艺术越是优秀——这里的艺术并不是就其内容而言的,换言之,不问它所传达的感情价值如何。

艺术感染程度的深浅取决于下列三个条件:1.所传达的感情具有多大的独特性;2.这种感情的传达有多清晰;3.艺术家的真挚程度如何,换言之,艺术家自己对他所传达的那种感情的体验有多强烈。

所传达的感情越是独特,这种感情对感受者的影响就越是强烈。感受者被移入的心情越是独特,他所享受到的快乐就越大,因此也就越是容易而且越是彻底地融合在这种感情里。

就内容而言,艺术的好坏是凭什么来确定的?

艺术跟语言都是交际的手段,因而也是求取进步的手段,换言之,是人类前进到完善的手段。语言使眼前活着的几代人能够知道前辈以及当代的优秀先进人物凭经验和思索而得知的一切,艺术使眼前活着的几代人能够体验到前人所体验过以及现今的优秀先进人物所体验到的一切感情。正像在知识的发展过程中,真正的、必要的知识排挤并代替了错误的、不必要的知识一样,感情通过艺术而有同样的发展,即更为善良的、为求取人类幸福更必需的感情,排挤了低级的、较不善良的,对求取人类幸福较不需要的感情。艺术的使命就在于此。所以就其内容而言,艺术越是能完成这个使命就越是优秀,而越是不能完成这个使命就越是低劣。

对种种感情的评价,即承认这些或那些感情是比较善良的或比较不善良的，换句话说，对人类的幸福是比较需要或比较不需要的，则是根据某个时代的宗教意识而得出的。

艺术，任何一种艺术，本身都具有把人们联合起来的特性。任何一种艺术都能使那些领会艺术家所传达的感情的人在心灵上首先跟艺术家联合在一起，其次跟得到同一印象的人联合在一起。但是非基督教的艺术只是把某一些人联合起来，这样的联合正好把这一些人跟其他的人隔开，因此这种局部的联合往往不仅是使人不团结的根由，而且是使一些人对另一些人怀有敌意的根由。一切爱国主义的艺术，包括国歌、颂诗、纪念像等便是这样的。一切教堂艺术，即某些宗教仪式的艺术，包括圣像、雕像、行列、礼拜式、圣殿等，也都是这样的。军事艺术也是这样。一切外表优美而实质上腐化的艺术（这种艺术只有有闲、富裕的阶级中那些压迫别人的人才能理解）也是这样。这样的艺术是落后的艺术，不是基督教的艺术。它把某些人联合起来，只是为了更严格地把这些人同另一些人分开，甚至使这些人跟另一些人敌对。基督教的艺术却是把所有的人毫无例外地联合起来的艺术，其方式或为使人们意识到他们与上帝以及他人都处于同等的地位，或为使人们产生同一种感情，虽是最朴质的，却跟基督教不相悖，而是所有的人（没有一个人例外）生来就有的。

艺术是人类生活的精神器官，它不可能被消灭。

真正的艺术作品只可能偶尔在艺术家的心灵中产生，那是从他所经历过的生活中得来的果实，正像母亲的怀胎一样。而伪造的艺术可以由师父和艺徒们连续不断地制造出来，只要有消费者。

真正的艺术不需要装饰，好比一位被丈夫钟爱的妻子不需要打扮一样。伪造的艺术好比是一个妓女，她必须经常浓妆艳抹。

真正的艺术产生的原因是想表达日积月累的感情的内心要求，正像对母亲来说，怀胎的原因是爱情一样。伪造的艺术产生的原因是利欲,正像卖淫一样。

真正的艺术所引起的后果是把新的感情带到日常生活中来,正像妻子的爱情所引起的后果是把新的生命带入人世一样。伪造的艺术所引起的后果是使人堕落,使人对快乐贪得无厌,使人的精神力量减弱。

这就是我们这个时代和我们这个圈子里的人应该明白的,明白了才能把自己从这腐败和淫乱的艺术的污秽洪流中拯救出来。

未来的艺术,换言之,将从流传在人们中间的整个艺术中选拔出来的那一部分艺术,不是传达只有富裕阶级的某些人才能体会的感情(现在的情况就是如此),而只能是体现当代人的最崇高的宗教意识。只有传达出把人们导向兄弟般团结的感情的作品,或者传达出能把所有的人联合起来的人类共有的感情的作品,才能算是艺术。只有这种艺术将突出在其他艺术之上,为人们所容许,受到人们赞扬,并到处流传。

产生艺术的艺术家也不像现在那样只是从全体人民的一小部分中精选出来的少数富人或者跟这些人接近的人,而将是全体人民所有确能从事艺术活动并爱好艺术活动的有天才的人。

那时候,艺术活动将是所有的人都能参与的。这种活动之所以成为全体人民都能参与的,是因为第一,在未来的艺术中不但不要求有复杂的技术(这种技术使当代的艺术作品变得丑陋不堪,并需花费很多时间和紧张训练来获得),相反地,要求清楚、简明、紧凑,这些条件并不是靠机械的练习能够获得的,而是要靠趣味的培养来获得。第二,那时不再会有现在的只有某些人才能入学的专业学校,而在平民小学里,每一个人除了识字以外都将受到绘画和音乐的基本训练(唱歌和画图),这样,每一个人在受到绘画和音乐的基本训练之后,如果觉得自己在某一种艺术上有才能、有灵悟的话,就可以在这一方面深造,以臻完善之境。第三,现在花在虚假艺术上的一切力量都将转用于在全体人民中普及真正的艺术。

艺术不是享乐、慰藉或娱乐。艺术是一桩伟大的事业。艺术是人类生活中把人们的理性意识转化为感情的一种手段。在当代，人们的共同的宗教感情是人类友爱和互相团结的幸福。真正的科学应该指示出这种意识在生活中的各种应用方式。艺术应该把这种意识转化为感情。

艺术的任务是重大的。艺术，真正的艺术，在宗教的指导和科学的协助之下，应该用人的自由而愉快的活动来求得人们和平共居的关系，而这种和平共居的关系现在是用法院、警察局、慈善机关、作品检查所等外来的措施维持的。艺术应该取消暴力。

只有艺术才可能做到这一点。

艺术应该使现在只有社会上的优秀分子才具有的对他人的兄弟情谊和爱的感情成为所有的人习惯的感情和本能。宗教艺术以想象的情况在人们心里唤起兄弟情谊和爱的感情，由此在实际生活中使人们养成习惯，能在同样情况下体验到同样的感情，并在人们的心灵之中铺下轨道，使那些受过艺术培养的人可以自然地循着这条轨道而行事。全人类的艺术把各种各样的人在一种共同的感情中联合起来，消除彼此间的区分，由此教育人们团结起来，不用理论而用生活本身向他们展示不受生活中障碍的限制而达到全人类大团结的那种欢乐之情。

在我们这个时代，艺术的使命是把人类的幸福在于互相团结这一真理，从理性的范畴转移到感性的范畴，并且把目前的暴力的统治代之以上帝的统治，换言之，代之以爱的统治，而这对所有我们这些人来说是人类生活的最崇高的目的。

或许将来科学会为艺术指示出更新、更高的理想，而艺术将使这些理想付诸实现。但是在我们这个时代，艺术的使命是清楚而明确的。基督教艺术的任务在于实际人类的兄弟般的团结。

(以上出自《什么是艺术》)

任何文艺作品的优点取决于三个特性：

1. 取决于作品的内容,内容越是有意义,亦即对人生越是重要,作品就越是优秀。

2. 取决于通过适合这门艺术的技巧所达到的外在的美。例如,戏剧方面的技巧是,适合于人物性格的确切的语言,既自然又很动人的开端,场面的正确安排,情感的表现和发展,以及所描写的一切分寸感。

3. 取决于真诚,也就是作者本人对他所描写的事物要有逼真的感受。离开这一条件就不可能有任何艺术作品,因为艺术的实质在于让艺术作品的接受者为作者的情感所感染。如果作者对他所描绘的事物没有感受,那么接受者也就不会受作者的情感的感染,不会体验到任何情感,于是作品也就不能算作艺术品了。

(《论莎士比亚和戏剧》)

艺术是有法则的。如果我是一个艺术家,如果库图佐夫被我描画得很好,那么,这不是因为我愿意这样(这样与我无关),而是因为这个人物有艺术条件,而其余的人却没有。

(《〈战争与和平〉尾声(初稿片段)》)

我们的艺术是给有钱阶级取乐,不仅像娼妓,而且正是娼妓。

(《1898年2月19日日记》)

我说,艺术是一种感染人的活动,感染力越强,艺术便越好。但不论这种活动能在多大程度上满足艺术的要求,即感染力如何,这种活动是好是坏还要看它能在多大程度上满足宗教意识的要求,即道德、良心的要求。有人却硬说我宣扬追求效果的艺术。

(《1898年8月3日日记》)

我明白道德准则与宗教教义,它们对谁都没有约束力,而只是引导人们向前并预示着和谐的明天。我理解艺术规律,它们应永远给人以幸福,但政治法则在我眼里则都是如此可怕的谎言,我分辨不出孰好孰坏。

《1857年3月24—25日致瓦·彼·鲍特金的信》

在我写作的时候,我希望的只有一点,就是别人,跟我心性相近的人,能乐我之所乐,恨我之所恨,或泣我之所泣。我并未感到有向全世界说点什么的必要,但我却知道无人分享喜悦或者无人排解忧患的痛苦。

《1857年6月27日致瓦·彼·鲍特金的信》

艺术的目的与社会目的无公度可言。艺术家的目的并不在于无可争议地解决问题,而在于迫使人们通过生活的无穷无尽的、永不枯竭的全部表现来热爱生活。

《1865年7月……8月致彼·德·鲍雷金的信》

艺术是团结人的手段之一。

艺术是最强有力的训诫手段之一。而因为被训诫的既可以是行为不端(行为不端总是较易受训诫),也可以是好行为,那么无论在任何训诫方式面前都不应该比像在艺术的训诫面前那样更要警醒。

在宗教学说中训诫的影响越小,它就越崇高,反之亦然。

以为富有阶级提供消遣为目的的艺术不仅类似于出卖灵魂,并且恰恰就是出卖灵魂。

有关艺术的争辩——是最无聊的争辩。懂艺术的人知道,每一门艺术都有自己独特的语言,并且口头谈论艺术——是徒劳无益的。因此而出现的一个普遍现象是,谈艺术最多的往往是对艺术毫无理解、毫无感觉的人。

在评价艺术作品,尤其是虚假的艺术作品时对语言的滥用达到了空前未有的地步。

只有当生活于黎民百姓中间并像百姓一样不要求任何特权的人们,才能够向百姓提供科学和艺术方面的服务,而只有由百姓自己的意志来决定对此是否接受,科学和艺术才可能成为百姓之需要。

真正的科学与真正的艺术有两个不容置疑的特征:一是内在特征——献身于科学与艺术的人不是为了物质利益,而是要忘我地履行自己的使命;二是外在特征——他们的作品要让所有人都能理解。

就如同肺和心脏不可分一样,科学和艺术彼此也是紧密联系的,因此如果一个器官被损坏,那么另一个就无法正常工作。

真正的科学研究和灌输进人的意识中的那些知识的真理是被一定时代和社会的人们视为最重要的。艺术将这些真理从知识领域转移到情感领域。

艺术尽管已不像这一行业的人们通常认为的那样是崇高的事业,但如果这项事业将人们结合为一体并唤起人们身上的美好情感,那便是不无益处和美好的事业;当今世界富有阶级所称赞的那种艺术——是将人们分离开来并唤起他们身上不良情感的艺术,这不仅是无益的事业,而且是有害的事业。

批评家所夸赞的一切假艺术作品都是假艺术家可以立刻闯入的大门。

无论提起来多么可怕,当今时代的艺术有一种倾向:就像出卖女性做母亲的迷人本性以满足贪图如此快乐的女人身上发生的情况一样。

当今时代的艺术变成了荡妇。这一比喻是极其正确的。它同样总是被美化、同样总是被出卖,同样是诱人而有害并总是做好了一切准备。

现在的艺术作品就如同母亲孕育婴孩一样,只是偶尔可能在艺术家的心中显露出来,那是以往生活的果实。

伪艺术是由大师们、手艺人们制造出来的,只要有购买者,他们便连续不断地做。

真正的艺术就如同受丈夫钟爱的妻子一样无需装饰品的美化。伪艺术就像娼妓,必需靠装饰品来美化自己。

真正的艺术的出现是因为内心需要表达所积聚的情感,就如同母亲因爱而怀胎一样。

伪艺术的出现则是出于自私,与娼妓如出一辙。

真正的艺术果实是将新的感情注入日常生活之中,就像妻子的爱之果实是诞生一个新生命。伪艺术的结果是人的腐化、对玩乐的永无满足、人的精神力量的减弱。

当今时代的人们应当明白,要避开这一弄脏我们的腐化堕落艺术之污水。

当商人尚存在于殿堂里时,艺术的殿堂便不是殿堂。未来的艺术会将他们驱逐出去。

艺术是将众人联合于同一种情感的人类活动。如果这是美好的情感,那么艺术的活动就是有益的;反之亦然。

在任何时候任何人类社会,宗教的善与恶都是该社会的人共有的意识,正是这一宗教意识决定着艺术所传达的情感的价值。

基督教艺术的职责是,使如今只有好人才具备的四海之内皆兄弟以及爱邻如己的情感成为人习惯的情感、全部的本能。在所有人的想象中唤起四海之内皆兄弟以及爱邻如己的情感,基督教艺术使人们养成实际体验这些情感的习惯。它在人们的心中铺设路轨,该艺术培养起的人们的行为便自然地行进在这一轨道上。

基督教意识的本质就在于,承认每个人皆为神之子,并且承认由他而产生的人与上帝的合二为一以及人们彼此之间的合二为一,就如同福音书中所言(参看《约翰福音》第17—21章),因此基督教艺术的内容就是——那些有助于人与神以及人与人之间合二为一的情感。

能够成为基督教艺术品的只可能是那些将所有人联合为一的艺术品,或者是,据以在人们身上唤起对他们自身与上帝及他人同一之意识的艺术品,或者是,据以在人们身上唤起同一种情感,尽管是最朴素的情感,但并非与基督教相对立的并且所有人都所固有的情感。

基督教学说极大地改变了人们的理想,正如福音书中所言,在人面前的伟大之物,在上帝面前则成了卑鄙的。人的理想并非是埃及法老和罗马皇帝的威严,并非是希腊人的美丽或者腓尼基人的财富,而是顺从、纯洁、同情和爱。

成为英雄的并非富人,而是乞丐拉撒路;并非财富的拥有者,而是那些拒绝财富的人,不是住在富丽堂皇的宅邸,而是住在地下走廊和茅舍里的人。

当代艺术的使命是,将有关人们在彼此的团结中所获得幸福的真理从理性领域转移到情感领域,以上帝的王国,即爱的王国取代目前充斥于地上的暴力,因为在我们大家看来,上帝的王国是人类生活的最高目标。

自宗教意识中流露出的各种情感是无限的,它们全都是崭新的,因为宗教意识就是人与世界的新关系之指南,那么出自快乐意愿的情感不仅是受局限的,而且早已被感受和表达过了。因此,欧洲上流阶层的无宗教信仰导致了其艺术内涵的极端贫乏。

也许,未来将会向艺术展现新的、比现在的理想更崇高的理想,并且艺术将会实现这些理想;但是当代艺术的使命是清楚而明确的。

基督教艺术的任务——是在人们身上唤起四海之内皆兄弟的情感。

艺术是人类的活动,即一个人自觉地、用已知的外在手段向另一个人传达他所体验的情感,而另一些人被这些情感所感染并去感受它们。

真正的艺术品的任务是,在接受者的意识中消除他与艺术家之间,不仅是他与艺术家之间,而且是他与接受了这同一部艺术作品的所有人之间的分歧。这就是个体从自我与他人的分离中、从自我的孤独中获得释放,在个体与其他人的这一融合中包含着艺术主要的魅力和优点。

思想的产物只有当它传达新的看法和思想,而不是重复已知的东西时才无愧于其名,就如同艺术品只有当它将新的感受注入人类日常生活中时才无愧于其名。

艺术是人类进步的两种手段之一。人借助于语言交流思想,借助于艺术形象与现在和未来的所有人交流情感。

知识在完善,即真正的、必需的知识排挤并取代错误的和无用的知识,同样地,情感在借助于艺术而完善,以崇高的、更美好的、人们的幸福所更需要的情感排挤低级的、不太好的以及人们的幸福所不太需要的情感。

这便是艺术的使命。

爱默生说,音乐向人展示着人心中存在的可能的庄严感,这句话可以用来评价所有真正的艺术。

艺术是全社会的生活色彩。而我们基督教世界上流阶层那些残酷无情的寄生虫们所构成的社会色彩不可能是好的。那样的社会必然会是腐化而丑陋的。

我们社会的艺术便是如此,它已经走到了尽头,达到了极端的腐化与丑陋。

假如提一个问题,我们基督教世界最好的东西是什么:一切现在被视为艺术的东西连同虚假的艺术,以及一切现存的美好的东西是否都该失去,那么我认为,所有理智的和有道德的人对问题的解决方法都会像柏拉图解决理想国的问题以及人类所有基督教的和伊斯兰教的导师们那样解决,即说:"与其继续让那现存的腐化的艺术或其摹本泛滥,不如消除一切艺术。"现在的科学和艺术的活动家没有履行,也无法履行自己的使命,因为他们将自己的职责变成了权力。

我们的考究的、腐化的艺术只有在人民大众受奴役的状态中才可能出现并且只有当这种奴役出现时才能够继续。

(以上出自《阅读圈》)

对于作为艺术家的作家来说,除了外在的才华,还应该具备两点:第一,毫不动摇地认定什么是应当存在的;第二,相信那应当存在的,以便去描写这应当存在的,如同它仿佛真的存在、仿佛亲身居于其中一般描写出来。在半吊子艺术家和不成熟的艺术家那里,都是只有其一,而没有其二。

(《1887年3月1日致巴·伊·比留科夫①的信》)

---

① 巴·伊·比留科夫(1860—1931),"媒介"出版社的创建者之一,后为托尔斯泰的第一个传记作者。

艺术——这种名叫艺术的人类特殊的活动——跟人类其他任何活动有什么区别,这点我知道。但是,对人有用和有益的艺术作品跟对人无用和无益的艺术作品有什么区别呢?分界线在哪里?——这点我不能明确地说出来,虽然我知道,这条分界线是有的,有用和有益的艺术是存在的。

您说的完全对,最重要的是生活。不过,我们的生活无论现在、过去、将来都跟别人的生活紧密相连。生活——跟别人的生活、跟共同的生活联系得越紧密,那生活就越丰满。这种紧密联系正可以借助广义的艺术建立起来。

(《1891年致鲁班—许洛夫斯基的信》)

艺术是人类精神生活的表现之一种。比方说,一只畜生如果是活的,它一定要呼吸,也一定要排出废气,同样,人类是活的,他们一定要从事艺术活动。因此,此时此刻,艺术应当是此时此刻的艺术——当代艺术。只需要明白,这当代艺术在哪里?(绝不是在颓废派的音乐、诗歌、小说中)不能在过去,只能在当代找出它来。那些一味地想要表现自己为艺术行家的人们为此常常吹捧过去的艺术——古典艺术,破口大骂当代艺术,这只能表明他们对艺术一窍不通。

艺术的主要目的——假设真有所谓艺术并且假设艺术真有所谓目的的话——那么,艺术的主要目的就在于表现和揭示人的灵魂的真实。揭露用平凡的语言所不能说出的人心的秘密。因此才有艺术。艺术好比显微镜,艺术家拿了它对准自己心灵的秘密并进而把那些人人莫不皆然的秘密搬出来示众。

(《1896年日记》)

艺术作品中主要的东西是作者的灵魂……

任何艺术所追求的理想就是人人能懂。而他们,尤其是现在的音乐,却钻进了精细雅致的死胡同。

评价一部艺术作品,不能够说:"你还不懂哩!"假如别人不懂,那就说明这个艺术作品不好。因为艺术的任务就在于使不懂的东西变得大家都懂。

(《1890 年日记》)

当艺术不再是全体人民的艺术并且变成富人的少数阶级的艺术的时候,它便不再是一项必需的、重要的事业,而变成了空洞的娱乐。

(《1910 年 6 月 9 日托尔斯泰的题辞》)

艺术作品,只有当感受它的人觉得——不但觉得,而且简直是体验到有如他自己造出了如此美妙的这件东西一样的快乐心情的时候,这艺术作品才算真正的艺术作品。这点在音乐中特别明显。没有任何别的艺术像在音乐中那样可以如此明显地看出艺术的主要意义,即团结人的意义。艺术家的"我"跟感受者的"我"融合为一体。

(《1908 年日记》)

在任何艺术中间,脱离正道的危险之点有两种:庸俗和做作。两点之间只有一条狭小的通道。而要通过这条小道全凭激情而又方向对头,那么,可以躲过两种危险。两种危险之中,做作更为可怕。

(《1896 年日记》)

任何一种艺术都有一种主要特征——分寸感……
……正是这种分寸感,只有极少数艺术家经过巨大劳动和钻研方能获得,而在他那天真未泯的童心里仍活跃着这种原始力量。

(《谁向谁学习写作,是农民的孩子向我们还是我们向他们学习》)

一个艺术家之所以成为艺术家,是因为他对事物不是按照他所希望的样子去看,而是按照其本来面目去看。

(《〈莫泊桑文集〉序》)

真正的艺术作品,其中作者所说的是他所需要说出来的,因为他爱他所说的事物,并且不使用议论和含糊不清的比喻,而是使用能够转达艺术内容的唯一手段——诗意的形象,不是幻想的、离奇的、晦涩难懂的形象,不是没有内在必然性而彼此组合在一起的形象,而是以艺术的内在必然性联系起来的最平凡、最普通的人物和事件的写照。

……

书籍、杂志特别是报纸,在今天已成为富有的企业,企业的成功需要最广泛的顾客。而最广泛的顾客们的兴趣和鉴赏力总是低级而粗俗的,因此一部印刷品的成功就必须使之适应大部分顾客的需求,也就是要触及低级的趣味,迎合粗俗的鉴赏力。报刊具有充分的可能性来完全满足这些要求,因为在报刊工作者中间,就像在普通大众中一样,有此类低级趣味和粗俗鉴赏力的人远比具有高雅趣味和精细鉴赏力的人要多。因此,在出版物推销、报刊书籍商品化的过程中,这些工作者因提供迎合大众需求的作品而获得良好的报酬,于是出版物恶性增长,泛滥成灾,且不谈其内容的危害性,仅就其数量而言就足以构成启蒙的巨大障碍。

(《维·冯·波伦茨[①]的长篇小说〈农民〉序》)

诗体艺术作品,特别是戏剧,首先应当在读者或观众心中引起一种幻觉,使他们亲身感受和体验剧中人物所感受和体验到的事物。而为了做到这一点,重要的是,剧作家应当懂得,让自己剧中的人物去做什么,说什么,同样应当懂得,让他们不去做什么和说什么,目的就是不破坏读者或观众的幻觉。置于剧中人物口中的道白,无论怎样娓娓动听、含义深刻,一旦它过于泛滥,脱离情境与性格,就会破坏戏剧作品的主要条件——幻觉,而正是借助于这种幻觉,读者或观众才能设身处地进入剧中人物的情感世界。不把

---

① 维尔海姆·冯·波伦茨(1861—1903),德国作家,其长篇小说《农民》为自然主义作品。

话说尽,就可能不破坏幻觉——读者或观众自己会把话说尽的,有时这反而会加强他心中的幻觉,然而把多余的话说出来就等于撞碎了由碎块拼成的雕像,或者等于从魔幻灯中把灯取掉——读者或观众的注意力就被分散,读者看到了作者,观众看到了演员,幻觉消失,而要恢复这种幻觉则往往是不可能的。因此,没有分寸感就不会有艺术家,特别是剧作家。

艺术,特别是要求大量准备工作和辛勤付出的戏剧艺术,永远是宗教性的,也就是说,其目的旨在唤醒人们认清对上帝的态度,而这种态度是艺术赖以产生的社会中那些有识之士在某个时候所领悟到的。

人类生活的完善只能基于对宗教意识(使人紧密团结起来的唯一始基)的彻悟。而人们对宗教意识的彻悟要通过人类各方面的精神活动方能实现。这些活动的方面之一就是艺术。

不具有宗教始基的戏剧,不仅不像如今人们所想象的那样,是一项重要而美好的事业,相反却是一桩最卑劣而可鄙的事。如果明白了这一点,将来一定会寻找并创造出现代戏剧的新形式,这种戏剧将致力于阐明并在人们心中确立高度的宗教意识。

我所说的艺术的宗教内容不是指借助艺术形式对某些宗教真理进行外在的训诫,也不是指寓言式地表现这些真理,而是指一定的、符合于当时最崇高的宗教观念的世界观,这种世界观应成为戏剧创造的动因,在作者不自觉的状态下渗入他的所有作品。对真正的艺术家,尤其是戏剧家而言,永远都是这样。所以说,当戏剧作为一项严肃事业时是这样,就事情的实质而言也应是这样,写作戏剧的只能是这样的人,他有话要告诉人们,告诉某种对他们至关重要的东西,即人与上帝、与世界、与一切永恒的、无限之物的关系。

(以上出自《论莎士比亚和戏剧》)

我早就为自己定下一个准则,对任何艺术作品都从三个方面去评判:1.从内容方面——艺术家以新的角度所揭示的东西对人们重要和需求的程度如何,因为任何作品只有在揭示生活中新的方面时才能成为艺术作品;2.作品形式的突出、优美的程度如何,以及与内容相符的程度如何;3.艺术家对其描写对象的态度真诚的程度如何,也就是说,他在多大程度上相信他所描写的事物。这最后一个优点在我看来永远是艺术作品中最重要的。它给艺术作品以力量,使艺术作品具有感染力,也就是说,在观众、听众和读者心中唤起艺术家所体验到的那些情感。

《谢·捷·谢苗诺夫〈农民故事〉序》

知　识

一切知识不过是把生活的实质总结为理性的法则罢了。

《自由意志和必然法则》

不能把文学当作拐杖,甚或是根细棍子——像华·司各特所说的那样。否则,如果像目前这样突然被人家把拐杖打折了的话,我会落到一种什么样的下场呢?我们的文学,也就是诗歌,即使不说违法,也是一种反常的现象,因此,要把自己一生都建立在诗文上面——是一种违法的行径。

《1857年11月1日致瓦·彼·鲍特金的信》

学习很多无益的知识,不如去了解少许人生之道。人生之道会使你远离恶,走向善;无益的知识技能只会将你带入骄傲的诱惑之中,妨碍你清楚地理解你所需要的人生之道。

可怕的不是无知,而是虚假的认识。一无所知胜过将谎言视为真理。对天空一无所知胜过把天空看作固体的并且神就坐在上面。但是稍好一些的看法是,认为,我们所看到的东西,就像天空一样,是无限的空间:无限的空间像固体的天空一样,两者的含义均不准确。

智慧的多少不在于知识的广博。我们不可能无所不知。智慧的多少不在于知道尽可能多的东西,而在于知道,哪些知识是最需要的,哪些是不太需要的,哪些是几乎不需要的。在人所需要的所有知识中,最重要的知识是,知道如何生活得好,即生活中恶尽可能地少,善尽可能地多。当今时代人们学习一切无用的技能,却不学这一个最需要的技能。

假如所有的知识都是真正的知识,那么所有的知识便都是有益的了。但事实上错误的判断往往被奉为真正的知识,因此在选择你想获得的知识时就无法做到非常严格。

知识的领域是广阔无边的,因此如果想获得真正的知识,你必须在那广大的领域中分辨什么是最重要的,什么是次要的,以及什么是最不重要的。

可怕的不是无知,可怕的是虚假的知识。世间的一切恶都是因它而起。

知识是无限的。因此,知之甚多者对知之甚少者的优越感便几乎不值一提了。

知识贵在质量,而非数量。有些人可能知道得很多,却不知道最需要的东西。

无知并不可耻和有害。因为任何人都不可能无所不知,可耻和有害的是,不知道却故作知道。

不论我们的知识多渊博,都不足以协助我们实践生命的最重要目的——道德的完善。

知识是无限的,因此,懂很多的人跟懂很少的人之间,只有很微小的差别。

最伟大的知识是认识自我的知识,了解自我的人也会了解众人。

知识是工具,而非目的。

人们知之甚少,其原因在于,他们努力认识或者是他们无法理解的东西,如上帝、永恒和精神;或者是那不值得思考的东西,如水如何结冰、数论、何种病有何种细菌,等等。

真正的知识之路只有一条:人只需懂得如何生活即可。

认为人生的主要事情就在于获取知识的人就如同飞向烛光的蝴蝶——它们自身在毁灭并且还遮挡着光。

人生的目标是——履行上帝的律法,而非获取知识。

圣人并不怕无知,也不怕怀疑、困难、省察,他唯一所怕的是:不懂装懂。

真正的智慧不在于,知道什么是好的,应当做什么,而在于,什么是最好的,什么是次好的,因而知道什么必须先做,什么必须后做。

不论我们的知识多渊博,都不足以协助我们实践生命的最重要目的——道德的完善。

虽然和过去的无知比起来,人类累积的知识似乎已经非常庞大,但仍只是所有知识中极微小的一部分。

宁可知道得比必要还少,不要知道得比必要还多。不要害怕缺少知识,但要真正害怕纯为虚荣而获得的不必要的知识。

引导在人生大道上前进的知识,才是最重要的知识。

知识应该重质不重量,尤其是需要分辨哪些知识重要,哪些知识次要,哪些则微不足道。

假如只允许一部分人生产食物,而禁止另一部分人生产,或者他们不可能生产食物,那么食物就不会好。同样地,科学和艺术也是如此,一个特定阶层拥有了对这些科学和艺术的垄断,但只是有一点不同,即在有形的食物中不可能有非常大的对自然性的偏离;在精神食物中则可能有最大的偏离。

(以上出自《阅读圈》)

认为知识广博是优点的想法是错误的。知识贵在质量,不在数量。

善于隐藏自己愚钝的人胜过渴望显露自己智慧的人。

对于真正的知识来说,危害最大的就是使用含糊不清的概念和字眼。而这正是那些冒牌学者所做的事,他们杜撰出种种词语,把本不明确的概念用这些无中生有的含糊词语表达出来。

不要把学问看作桂冠,用它来炫耀自己,也不要把学问看作奶牛,靠它来喂饱肚子。

如今的人们过着一种与各时代杰出人物的意识相违背的生活,对此唯一的解释就是,年轻的一代学习了无数高难度的知识:天体的状态,地球数百万年来的状态,生命的起源,等等,但他们却唯独没有学习那些每个人和每个时代都需要的知识:如人生的意义是什么,人应当怎样度过自己的一生,前辈的哲人们对这个问题是如何考虑并加以解决的。年轻的一代不仅没有学习这些知识,相反,他们却学习了打着上帝法则幌子的最空洞无聊的知识,而就连传授这些知识的人们对此也不相信。在我们的生活大厦之下,代之以基石的却是空虚的气泡。那么这座大厦怎能不倾倒呢?

一个波斯哲人说:"当我年轻的时候,我对自己说:我要通晓所有学问。于是我几乎掌握了人们所懂得的一切知识,但当我步入晚年,仔细审视我所掌握的一切时,我发现,我的生命即将逝去,而我却一无所知。"

不知者不为耻,也不为害——无人能全知全能——可耻而有害的是强不知以为知。

大脑接受知识的能力并不是无限的。因此不要以为懂得越多越好。大量琐碎无用的知识——对于认识真正需要的知识来说是一个难以破除的障碍。

知识是无穷无尽的。因此不能说知识渊博的人就比所知甚少的人懂得更多。

人们常常以为懂得越多越好。这是错误的。问题不在于懂得多少,而在于要在可以学会的知识中懂得最需要的东西。

不要怕无知,怕的是所知过滥,特别是如果这种知识只是为了获利或者自我炫耀的话。

比你所能学会的知识懂得少些,胜于懂得超出必须学会的东西。那些无所不知的人常常对自己很满意,充满自信,因此也就更愚蠢,还不如一无所知的好。

猫头鹰能在黑暗中看到东西,但在阳光下却一无所见。那些有学问的人也往往如此。他们懂得很多琐碎而无用的科学知识,但丝毫也不懂,也无法懂得生活中最需要的:即人在世上应该怎样生活。

哲人苏格拉底说过,愚昧不是指懂得少,而是指既不懂得自我,而又自以为懂得本来不懂的东西。他把这才叫作愚昧和无知。

如果一个人懂得了所有的学问,能用所有的语言讲话,但却不懂得他本身是什么,他应当做什么,那么他的文化程度就远远低于一个不识字的老太太,这老太太相信老天爷就是大救星,也就是说她相信上帝,并且凭着上帝的意志认识到自己是有生命的,她懂得,这个上帝要求她唯德是从。她比那个学者更有文化,因为她得到了一个主要问题的答案,即她生活的意义是什么,她应当怎样生活;而那个学者,对生活中最为繁杂也无足轻重的问题都能作出最巧妙的回答,但却回答不出每一个有理性的人提出的这个主要问题:我为什么生活,我应当怎样去做?

那些认为生活中的主要问题在于知识的人,就好像在烛火上飞来飞去的蛾子,它们自己送了命,把火光也扑灭了。

每个人生活中的任务,就是使生活不断得到改善。因此只有那些有助于改善生活的学问才是有益的。

从世界上有人生活开始,在各民族中间不断有哲人辈出,他们教给了人们最需要懂得的事:每一个人或者所有的人的使命是什么,也就是说,他们真正的幸福是什么。只有那懂得这门学问的人,才能够评价所有其他事物的意义。

科学的研究对象是**无穷无尽的**,不具备有关所有人的使命和幸福的知识,就不可能在这些无穷无尽的研究对象中加以选择,因此,没有这种知识,其他所有的知识,就像我们曾遇到过的情形一样,都成了无用而有害的把戏。

每个人都可以,也应该利用人类的共同智慧所创造出来的一切,但同时也应该靠自己的智慧来检验由全人类创造出来并传袭下来的东西。

知识,只有当它靠自己努力思考,而不是靠努力记忆而获得的时候,它才可以称之为知识。

(以上出自《生活之路》)

我从各方面探索,由于我过去的学习生活,同样由于我和学术界的联系,我能够接触各类繁多的各个知识领域的作者本人,他们不仅在著作中,而且还通过谈话,乐意为我阐明自己的知识,我了解了知识对于生命这个问题的一切答案。

我很长时间无论如何也不能相信,知识对生命问题,除了它现有的答案之外,提不出任何其他答案。看到科学论证与生命问题毫无关系的原理时那种十分认真和了不起的架势,我长久地感到,我有些东西还不懂。很长时间我在知识面前感到胆怯,我感到,我的问题的答案不妥当不是知识的过错,而是出于我的无知。这对我来说可不是开玩笑的事,不是游戏,而是生死攸关的大问题。我不能不得出这样一个信念,即我的问题是一些构成任何一门知识的基础的正当的问题,我提出问题无罪,有罪的是科学,如果他非要回答这些问题不可的话。

我的问题,使我在 50 岁的时候要自杀的问题,是从无知的婴儿到大智大慧的老人心里都有的一个最简单的问题。这个问题不解决,便不可能活下去,就像我在实际中体验到的那样。问题是这样的:"我目前所做的、将来要做的一切会产生什么结果,我的全部生命会产生什么结果?"

这个问题换句话表述出来是这样的:"我为什么要活着,为什么要有愿望,为什么要做事?"还可以用另外一种方式把问题表述成这样:"我的生命是否具有这样的意义,它并不因为我不可避免要死亡而消失?"

我在人类的知识中为这个用各种方式表述的同一个问题寻求答案。我发现,根据对这问题的不同态度,人类的知识似乎分成两个相对的半球,在两个半球相对的顶端有两极,一个是否定的,另一个是肯定的,但不管是哪一极,都没有回答生命的问题。

有一类知识似乎并不承认这个问题,但却准确明了地回答自己独立提出的一些问题,这是实验科学,他们的极端是数学。另一类知识承认这个问题,但不能回答,这是思辨科学,它们的极端是形而上学。

我很年轻的时候就喜欢思辨科学,后来数学和自然科学也吸引了我。当我还没有对自己明确提出自己的问题,当这个问题在我心中尚未形成,尚未要求立即解决的时候,我一直满足于知识所提供的对这一问题的虚假答案。

在实验科学方面,我时而对自己说:"一切都在发展,分化,变得复杂和完善,而且存在着指导这一进程的规律。你是整体的一部分,尽可能认识整体和认识发展规律之后,你就会认识自己在整体中的地位和自己本身。"不管承认这一点是多么令我难为情,但我确实曾一度满足于此。那恰好是我自己渐渐复杂和成熟起来的时候。我的肌肉在增长,越来越结实,记忆丰富了,思维和理解能力增强了,我在成长和成熟,由于我在自己身上感觉到这种成长,我自然认为,这就是全世界的一个规律,从中我可以找到我的生命诸问题的答案。但我停止生长的时期来到了,于是我感到,我不再发展,而是在萎缩,我的肌肉渐渐松弛,牙齿脱落,于是我看到,这规律不仅什么也不能对我解释清楚,而且从来也没有存在过,也不可能存在,我只不过把我看到的自己在生命一定时期中的变化当作规律罢了。我对待这一规律的定义更加严格一些,结果我明白了,无限发展的规律是不可能存在的。我明白了,如果说"在无限的空间和时间中一切都在发展,完善,复杂化,分化,"——这等于什么也没有说明。所有这些话都毫无意义,因为在无限之中既无复杂,也无简单,既无前,也无后,既无较好,也无较坏。

主要的是,我的问题带有个人的性质,即满怀希望的我是什么?这个问题根本没有答案。我明白了,虽然这些知识很有意思,非常吸引人,但是用到生命问题上来,他们的正确性刚好与之成反比:它们对生命问题越不适用,就越正确和明确,它们越企图回答生命问题,就越含糊不清和无吸引力。如果诉诸试图回答生命问题的那一类知识——生理学、心理学、生物学、社会学,那么你会看到思想的惊人疲乏与极端含糊,解决学科以外的问题的毫无理由的奢望,思想家之间,甚至思想家本身的无休止的矛盾。如果诉诸不研究如何解决生命问题但回答自己的学科的专门问题的那一类知识,那么你会惊叹人类智慧的力量,但你也早就知道,对于生命问题是没有答案的。这些学科就是不注意生命问题。它们声称:"我们不能回答你是什么,为什么要活着这类问题,而且也不研究。如果你想知道光、化学的规律,机体发展的规律,如果你想知道物体和他们的形式的规律,以及数与值的关系,如果你想知道自己的思维的规律,那么对这一切我们都有清楚、确切和不容置疑的答案。"

实验科学对生命问题的态度一般地说可以这样表述。问题:为什么我活着?——回答:在广袤无垠的空间中,在无限长的时间内,无限小的粒子在作无限复杂的变化,只有当你理解了这些变化的规律,你才能理解你为什么活着。

在思辨科学方面,我时而对自己说:"整个人类在指导着它的精神原则,即理想的基础上存在和发展。这些理想通过宗教、科学、艺术和国家形式表现出来。这些理想越来越高,人类便走向最高的幸福。我是人类的一部分,因而我的职责在于促进认识和实现人类的理想。"我在智力低下的时期便满足于此,可是不久,生命问题在我头脑中明确形成了,这一套理论便顷刻化解。更不必说,这类学科怎样敷衍塞责,将基于人类一小部分的研究结论当作一般的结论;也不必说,认为人类具有这些理想的各种人的互相矛盾——这一观点,如果不说它愚蠢,那也是非常奇怪的,奇怪的是,为了回答摆在每个人面前的问题:"我是什么?"或"我为什么活着?"或"我该怎么办?"他首先要解决一个问题:"什么是他所不了解的整个人类的生命?"因为他只知道其中一段短暂时期中的非常有限的局部。一个人为了要理解他是什么,首先要理解整个这一神秘的人类是什么,而人类却是由像他一样的、对自己也不理解的人所组成。

我必须承认,我一度相信过这一点。那时在我还怀有自己心爱的、能为我的任性辩护的理想的时候,而且我竭力想出一种理论,使我能根据它把自己的任性看作人类的规律。但当生命问题在我心灵深处非常清晰地出现之后,这样的答案立刻化为乌有了。现在我理解了,就像实验科学中存在着真正的科学和企图回答本学科范围之外的问题的半科学一样,在思辨科学方面我也理解了,存在着一系列最流行的、企图回答自己范围以外的问题的知识。

这一领域的半科学就是法学、社会学、历史学,它们企图以这样一种办法来解决人的问题,即虚伪地,每门学科根据自己的理论来解决全人类的生命问题。

在实验科学领域内,一个人如果真诚地问:我该怎样生活?他就不会满足于这样的回答:你去研究研究无限空间之内的无数粒子在时间和复杂性方面的无穷变化,就会理解自己的生命;他也不会满足于这样的回答:你去研究研究整个人类的生命吧,我们不可能知道人类的起源和终结,连它的一小部分也不知道,这样你就会理解自己的生命。在半实验科学领域内也是如此,这些半科学越是偏离自己的任务,就越含混、粗略、愚蠢、矛盾。实验科学的任务是研究物质现象的因果关系。只要实验科学涉及终极原因这个问题,就会胡说八道。思辨科学的任务是认识生命的无因果关系的本质。只要去研究因果现象,如社会现象、历史现象,就会胡说八道。

实验科学只有在不把终极原因当作自己的研究对象的情况下,才能提供有益的知识,表现出人的智慧的伟大。与此相反,思辨科学只有完全抛弃对因果现象的连续性的研究,仅仅从终极原因方面去研究人,才是一门科学,才能表现出人的智慧的伟大。在这个领域里,构成这个半球面的一级的科学——形而上学,或思辨科学,便是这样。这门科学明确地提出一个问题:什么是我和整个世界?为什么有我,为什么有整个世界?从这门科学存在的那天起,它的回答永远是相同的。哲学家把存在于我身上和一切现存事物中的生命的本质称作观念也好,实体也好,精神也好,意志也好,讲的都是一回事,即这种本质是存在的,我就是这个本质;但为什么有这本质,如果他是一位头脑精密的思想家,他就不知道,也不能回答。我问:为什么要有这本质呢?它现在存在,将来也存在,又有什么结果呢?……哲学不仅不回答,连它也只能提出这个问题。如果它是真正的哲学,那么它的全部工作只在于明确地提出这个问题。如果它坚持自己的任务,那么它对这个问题:"什么是我和整个世界?"只能回答:"既是一切,也是乌有";而对问题:"世界为什么存在,我又为什么存在?"则回答:"我不知道。"

因此，不管我如何搬弄那些哲学的抽象答案，我无论如何也不能得到真正的答案——并非因为答案与我的问题无关（正如在明确的实验科学领域那样），而是因为这里没有答案，虽然全部思维活动恰好是针对我的问题，结果代替了答案的还是原来的问题，只不过形式更加复杂罢了。

（《忏悔录》）

读 书

读书,尤其读纯文学的书——要把主要的注意力放在该作品中所表现的作者的性格上。但是,也有这样一类作品,在其中作者装模作样以掩饰自己的观点,或者三番五次改变它。最令人愉快的是那样的作品,其中作者力图隐瞒自己的看法,但与此同时他又一贯忠于自己的看法,无处不表现出来。而最坏的是那类作品,其中作者的观点不断改变,以至旁人根本看不见了。

(《1853年日记》)

杂志的目的只有一个:艺术欣赏,哭和笑。杂志不证明任何东西,也不知道任何东西。它唯一的准绳是——高雅的口味。什么这个那个流派,杂志根本就不想知道,因而,显然也就更不想知道什么读者公众的需求了。杂志不希望以数量取胜。它不去冒充读者公众的口味,而敢于充当公众口味——但仅是口味——问题的导师。

(《1858年1月4日致瓦·彼·鲍特金的信》)

诗的力量在于爱——而这一力量的方向取决于个性。没有爱的力量便没有诗,方向错误的力量——诗人令人不快的病弱个性,是令人厌恶的。

(《1867年6月28日致阿·阿·费特的信》)

您触到了我的痛处,亲爱的尼古拉·尼古拉耶维奇。我读过您的信之后陷入了忧伤。像往常一样,您径直便抓住问题的症结并指了出来。

您是对的,我们没有科学和文学的自由,但您把这视为一种灾难,我不这么看。的确,任何一个法国人、德国人、英国人,只要他不是疯子,就不会想到要站到我的位子上想一想,我们写作和我写作时所用的手法是否不恰当、所用的语言是否不恰当;而一个俄罗斯人,只要他没有丧失理智,就一定会深深反思并扪心自问:是继续写下去,尽快把自己宝贵的想法速记下来,还是回想一下,连《苦命的丽莎》①都有人读得如醉如痴并且大加赞赏,于是去寻找另外的手法和语言。这并不是因为可以这样推论,而是因为如今我们所用的语言和那些手法都已令人生厌,那些无意中的幻想会把人们引向另外的语言和手法(有时是民间语言)。丹尼列夫斯基②的见解,特别是有关科学与所谓文学的见解,是非常正确的,但一个诗人,如果他真是诗人的话,不可能是被束缚的,无论他是否处在枪弹的威胁之下。既可以留在枪弹之下,也可以离开,还可以自卫和进攻。处在枪弹之下就无法有所建树,必须要离开,去往那可以进行建树的地方。

请您注意一点:我们是处在枪弹之下的,但是否所有人都如此呢?假如所有人都是这样,那么生活也就像科学和文学一样,会变得摇摆不定,卑劣透顶,然而生活却是坚定而雄伟的,它走着自己的路,不管别人怎样说。可见,枪弹击中的只是我们这些傻瓜住的文学之塔。所以应当爬下来,去往那自由的地方。**这个下面的地方**正是指的民间。《苦命的丽莎》挤出了人们的眼泪,于是受到夸奖,但此后就再没有人去读它了,可是那些歌谣、故事、壮士歌等一切质朴的东西,人们将不断去读,只要俄语还在。

我改变了自己的写作手法和语言,但我再说一遍,这不是根据推论才必须要这样做。而是因为,甚至连普希金我都觉得好笑,更不必说我们这些无聊的杜撰了,但人民所使用的语言,以及这种语言中那种只要诗人想说话,其中便必有适于表达它的声

---

① 卡拉姆津带有感伤主义色彩的小说。
② 丹尼列夫斯基(1822—1885),政论家,科学家。

音——这些都令我感到亲切。除此之外,最主要的是,这种语言是诗歌最好的调节器。你想要冗长、华丽、做作、病态,但语言不允许。而我们的语言是没有骨头的,被宠坏了,不管你说什么,都跟文学差不多。斯拉夫派的人民性与真正的人民性是大不相同的两种事物,就像乙醚和以太①完全是两回事一样,后者乃是光和热的本源。我憎恨所有那些**合唱原理、生活与村社制度和斯拉夫兄弟**等凭空杜撰的东西,我只爱那确定的、明朗的、美好而温和的东西,所有这些我都能在民间诗歌、语言及生活中找到,而在我们这里恰好相反。

(《1872年3月22,25日致尼·尼·斯特拉霍夫的信》)

如您所知,我最喜欢中篇小说,**散文体**的中篇小说,其次是为沙季洛夫写的壮士歌②,而最不抱希望的是剧作。不过这全凭您自己的意愿而定。以您的真诚,对诗歌创作的**纯真**的爱,是会写出好作品的。您是否早已通读了普希金的散文作品?看在对我的友情的份上,请再从头读一遍全部《别尔金小说集》。对这些小说,每一个作家都应该研究再研究。我近来又把它们重读了一遍,我无法向您转述这种阅读带给我的有益影响。

这种研究的重要性在哪里呢?诗的领域就像生活一样是无限的;但诗的一切对象从古至今都有一定的优劣之分,而混淆高低等次,或者以低为高,是一块主要的绊脚石。伟大的诗人,如普希金,在对这些对象进行和谐而正确的安排上都已臻于完美。我知道,对此加以分析是不可能的,但这是可以感觉到的,也是可以掌握的。阅读那些有才华而少和谐的作家(音乐与绘画也是如此)会让人兴奋,似乎也能鼓励人们去创作,开阔人们的视野;但这种想法是错误的;而阅读荷马、普希金则使你的视野紧缩了,但只要能唤

---

① 两词原文构词形式相近。以太为19世纪前人们所认为弥漫于宇宙中的物质。

② 约·尼·沙季洛夫(1824—1889),莫斯科初等教育委员会主席,当时准备出版一套大众读物,戈洛赫瓦斯托夫为其撰写一本壮士歌。

起你的创作热情,这就说明是正确无误的。

(《1873年4月9……10日? 致巴·德·戈洛赫瓦斯托夫①的信》)

给我留下印象的作品

童年到14岁或大致这一时期

圣经中约瑟的故事	强烈
一千零一夜的故事:《四十大盗》、《陔麦伦·宰曼王子》	深刻
波戈列尔斯基②的《黑公鸡》	非常深刻
俄罗斯壮士歌:《好心人尼基季奇》、《穆罗姆人伊利亚》、《阿廖沙·波波维奇》,民间故事	强烈
普希金的诗:《拿破仑》	深刻

14—20岁

马太福音:登山宝训	强烈
Stern'a *Sentimental Journey*③	非常深刻
Rousseau *Confession*	强烈
Emile	强烈
*Nouvelle Heloise*④	非常深刻
普希金《叶甫盖尼·奥涅金》	非常深刻
席勒《强盗》	非常深刻
果戈理《外套》、《伊万·伊万诺维奇和伊万·尼基福罗维奇》、《涅瓦大街》	深刻
《维依》	强烈
《死魂灵》	非常深刻
屠格涅夫《猎人笔记》	非常深刻
德鲁日宁的《波莲卡·萨克斯》	非常深刻

---

① 巴·德·戈洛赫瓦斯托夫(1838—1892),作家,俄罗斯壮士歌的研究者。
② 安东尼·波戈列尔斯基为作家阿·阿·佩罗夫斯基(1787—1836)的笔名。
③ 英文:斯泰恩:《感伤旅行》。斯泰恩(1713—1768),英国作家。
④ 法文:卢梭《忏悔录》,《爱弥尔》,《新爱洛伊丝》。

格利戈罗维奇《苦命人安东》 ………………………… 非常深刻
狄更斯《大卫·科波菲尔》 ……………………………… 强烈
莱蒙托夫《当代英雄》、《塔曼》 ………………………… 非常深刻
普雷斯科特①《墨西哥征服史》………………………… 深刻

20—35 岁

歌德《赫尔曼与窦绿苔》 ………………………………… 非常深刻
维克多·雨果 Notre Dame de Paris② ………………… 非常深刻
丘特切夫诗歌 …………………………………………… 深刻
科尔佐夫③ ……………………………………………… 深刻
《奥德修纪》和《伊利昂纪》(用俄语读) ………………… 深刻
费特诗歌 ………………………………………………… 深刻
柏拉图(Cousin 的译本④)《斐多篇》和《会饮篇》 …… 深刻

35—50 岁

《奥德修纪》和《伊利昂纪》(用希腊语读) …………… 非常深刻
壮士歌 …………………………………………………… 非常深刻
色诺芬《远征记》 ………………………………………… 非常深刻
维克多·雨果 Miserables⑤ …………………………… 强烈
Mrs Wood⑥ 的长篇小说 ……………………………… 深刻
George Elliot⑦ 的长篇小说 …………………………… 深刻
特罗洛普⑧——长篇小说……………………………… 深刻

50—63 岁

全部希腊文本福音书 …………………………………… 强烈
创世记(用希伯来语读) ………………………………… 非常深刻

---

① 普雷斯科特(1796—1895),美国历史学家。
② 法文:巴黎圣母院。
③ 阿·瓦·科尔佐夫(1809—1842),俄国诗人,其诗作有民歌风味。
④ 库辛的法文译本。
⑤ 法文:悲惨世界。
⑥ 英文:伍德夫人。伍德夫人(1814—1887),英国小说家。
⑦ 英文:乔治·艾略特。
⑧ 特罗洛普(1815—1882),英国小说家。

Henry George *Progress and Poverty*①	非常深刻
Parker *Discourse on religions subject*②	深刻
Robertson's sermons③	深刻
Feuerbach④(忘了书名,是论基督教的著作)	深刻
Pascal *Pensees*⑤	强烈
爱比克泰德⑥	强烈
孔子和孟子	非常深刻
论佛。一个著名的法国人⑦(忘了)所写	强烈
Julien⑧的老子	强烈

(《1891年10月25日致米·米·列捷尔列⑨的信》)

我怀着极大的兴趣读了您的书。您认为 Novum Organon 并非培根所写,被认为是莎士比亚所作的一些戏剧也并非他所写,理由都非常令人信服,但我在这些问题上知之甚少,无法 ein entscheidenden Urteil zu fallen⑩。有一点我是确切无疑地知道,这就是不仅大多数被认为是莎士比亚的剧作,而且所有的剧作,并不排除《哈姆雷特》及其他几部,都非但不值得人们在习以为常的评判中

---

① 英文:亨利·乔治《进步与贫穷》。亨利·乔治(1839—1897),英国经济学家。

② 英文:帕克《有关宗教问题的研究》。帕克(1810—1860),美国神学家。

③ 英文:罗伯逊的布道演说。罗伯逊(1816—1853),英国基督教圣公会教士。

④ 德文:费尔巴哈。此处指其《基督教的本质》。

⑤ 法文:帕斯卡《思想录》。帕斯卡(1623—1662),法国科学家,宗教思想家。

⑥ 爱比克泰德(约50—138),古希腊哲学家,其思想在弟子阿里安的《谈话录》及《手册》中述及。

⑦ 指福科(1811—1894),法国梵文学家。

⑧ 法文:朱利安。朱利安(1799—1873),法国汉学家。

⑨ 米·米·列捷尔列(1857—1908),出版商,儿童文学作家。他请托尔斯泰列出100部优秀书籍的书目,故托尔斯泰有此之举。

⑩ 德文:作出定论。

大加颂扬,而且在艺术上 unter aller Kritik①。所以说,尽管您只对您从全部剧作中挑选出来的几部剧作的优点给予认可,我仍不能赞同您的意见。

您对备受推崇的《李尔王》、《麦克白》等剧作的批评是如此的有理有据,如此的中肯,所以令人奇怪的是,人们在读过您的书之后,怎么能继续对莎士比亚那些臆想的美欣喜若狂,恐怕这就是群氓的一个特性,即他们总是使自己的意见遵从于多数人的意见,而全然不顾个人的评判。那些接受了催眠术的人看到了白,却在别人的授意之下说他们看到了黑,对此我们并不奇怪,那么,对人们在领悟艺术作品时毫无主见却坚持照多数人的意见说话时,我们又何必感到奇怪呢。我早就写了一篇论莎士比亚的文章,并且相信不能说服任何人,但我只是想要表明,我并未屈服于普遍的催眠术。因此我想,无论是您这本出色的书,还是我的文章,还是那许多的文章,如近日我收到的特奥多尔·埃希霍夫的文章校样②,以及我不久前收到的英国报纸上就这一问题刊登的一些文章,都无法说服广大公众。

在今天出版物大量传播的情形下,人们是通过报纸读到并评判那些重大事件的,而他们对这些事件并无任何理解,甚至就其受教育程度而言也无权加以评判,而撰写和印行对这些事件的评论文章的,是那些打零工的报纸工作人员,他们同样缺少评判事物的能力,所以,悟透了在出版物大量传播的情形下社会舆论的形成过程,就不必对在大众之中根深蒂固的那些错误论断大惊小怪,而令人奇怪的,倒是有时竟然还会见到(尽管很少见)对事件的正确论断。在对诗体作品的评论中,这种情况尤其明显。

评说美味佳肴、宜人芬芳,总之一切令人愉悦的感受,是每个人都能做的(甚至失去嗅觉和分辨色彩能力的人往往也能做到),但评判艺术作品则需要对艺术的感受力,在这一点上存在着悬殊

---

① 德文:低于任何评论。
② 指德国莎士比亚研究专家埃希霍夫论《哈姆雷特》的文章。

的差别。一部艺术作品的价值是由那些出版和阅读它的俗众来确定的。而在这俗众之中,对艺术愚昧无知及感觉迟钝的人总是多数,因此有关艺术的社会舆论也总是最为粗俗而不可靠的。过去一直是这样,而在今天,当出版物的影响力把那些对思想与艺术一窍不通的人们融为一体的时候,则更是如此。如今在艺术领域,包括文学、音乐、绘画等,一些既无任何艺术性,更少健康意义的作品却备受欢迎与赞赏,这种情况已发展到令人吃惊的程度。我不想指出名字来,但如果您注意到在当今被称作艺术的那种精神病症的疯狂表现,您自己也可以说上一些名字和作品来。

因此,我非但不指望看到莎士比亚及一些古代作家(我不想说出他们的名字,免得激怒人们)的虚假声望归于消亡,但却等待着,看着,仅仅建立在出版者和大量读者的愚蠢和麻木之上的新莎士比亚们的同样声望如何形成。我甚至还等待着理性的整体水平日益衰落,不仅是在艺术领域,而且是在所有其他领域:科学、政治特别是哲学(康德已无人知晓,他们知道的是尼采)——等待着我们赖以生存的文明,就像埃及、巴比伦、希腊、罗马的文明一样,走向全面崩溃。

精神病医生知道,一个人如果开始喋喋不休地说话,谈论世上的一切,丝毫也不加思索,只是一味匆匆忙忙在最短的时间内说尽可能多的话,这就是精神病发生或恶化的不祥而准确的征兆。而在这时如果病人完全相信他无所不知,懂得比所有人都多,并且能够也应当把自己的智慧传授给所有人,那么,精神病的这些征兆已是确切无疑了。我们所谓的文明世界正处于这种危险而可悲的境地之中。所以我想,我们距几大古代文明遭遇到的那种毁灭已为时不远。当代人理解力的黑白颠倒不仅体现在对莎士比亚的过高评价上,它作为一种对政治、科学、哲学、艺术的总体态度,正在成为这种毁灭的主要的、事关重大的征兆。

《1907年3月2/5日致欧根·赖歇尔[①]的信》

[①] 欧根·赖歇尔(1853—1916),德国文学批评家。信中说的书指他的《莎士比亚研究文献》。

您的信我收到了,对您提到萨宁①这个名字我感到惊讶,因为关于他我一无所知。家里正巧有人读过这部小说。我拿来刊登它的几期杂志,读了萨宁本人的所有议论,令我为之惊骇的与其说是他的卑鄙无耻,不如说是他的愚蠢、无知,以及与作者这两种特性相符的自以为是。尽管我在心里想对作者表示可怜,但因为他对许多人(包括您)所做的恶,我无论如何也难以压抑对他的厌憎。显然,作者对人类最美好的心灵与智慧为解决人生问题所付出的劳动不仅一无所知,而且脑子里没有丝毫的概念。而对这些问题他不仅不去解决,甚至脑子里丝毫也没有解决这些问题的概念。无论对东方的、中国的那些哲人——孔子、老子,还是对真正的基督教,无论是对印度的、希腊的、罗马的那些哲人,还是对与我们更近的那些思想家——卢梭、伏尔泰、康德、利希滕贝格、叔本华、爱默生等,他都不了解。他有艺术才能,但既没有真正的情感(意识),也没有真正的头脑,所以也就没有对任何一种真正的人类情感的描写,他所描写的只是那些最卑劣的动物性动机;他也没有一点自己的新思想,有的只是屠格涅夫所说的"相反的老生常谈":即一个人所说的话与公认的真理相反,比如说水是干燥的,煤是白的,或者乱伦是件好事,打架斗殴好,等等。我尽力想对这个不幸的、误入歧途的作者生出可怜之心,但他的自以为是妨碍了我。对您因读这本书而在心中产生这样的混乱,我感到由衷的惋惜。因此,请您原谅,我就不给您寄我自己的东西了,而寄上我根据不同作家的思想编纂而成的《阅读圈》。我想,这样的阅读(如果您去读并思考所读的东西)会帮助您摆脱那种可怕的思想混乱,而处于这种混乱之中,您会提出即使不令人愤慨也会让人好笑的问题,如:萨宁主义和基督教孰好孰坏?我建议再去读一读福音书。上帝会帮助您的,这个上帝就在您的心中,他被遮蔽住了,您只能隐隐约约地意识到他的存在,或者已完全意识不到。请写信来,我会答复您的,如果您的问题很严肃的话。您

---

① 指阿尔志跋绥夫的长篇小说《萨宁》。

多大年纪?

(《1908年2月11日致莫·门·多克什茨基①的信》)

请您原谅,我至今尚未对您通过穆德先生转寄书②来表示谢意。

现在我重读它时特别注意了您指出的那些地方,我尤为赞赏唐璜在 interlude③ 中的道白(尽管我认为如果对此再写得严肃些,而不用喜剧随机穿插的形式,会使其内容更胜一筹),还有 The Revolutionist's Handbook④。

首先,我欣然赞同唐璜所说的话,英雄是"he who seeks in contemplation to discover the inner will of the world ... in action to do that will by the so-discovered means"⑤用我的语言来表述这些话就是:在自身认识上帝的意志并去实现这一意志。

其次,我尤其喜欢您对文明与进步的态度,以及下述极为正确的思想:如果人不进行自我改造,则文明与进步无论持续多久,都无法改善人类的处境。

我们的意见分歧仅仅在于,在您看来,只有当普通人成为超人或者孕育了新型超人时,人类才能得以改善,而照我的看法,只有当人们从真正的宗教(包括基督教)中剔除掉败坏肌体的赘疣,在作为一切宗教的基石的共同人生理解之上联合起来,对世界这一无穷的本源建立理性的态度,并遵循基于这一本源的人生原则,那时,人类才会得以改善。

就使人摆脱恶而言,我的方法较之于您的,有一个实际的优越之处,不难想象,最广大的人民大众,甚至很少或根本没有受过教育的人,都能够接受并奉行真正的宗教,而要从现存的人里面培养

---

① 莫·门·多克什茨基(1890—?),文学爱好者,一个工匠的儿子。
② 指萧伯纳的剧本《人与超人》。
③ 英文:插曲,幕间剧。
④ 英文:革命者的准则。——这是萧伯纳为此剧写的附录。
⑤ 英文:通过内省发现世界的内在意志……通过行动借助所找到的手段去实现这一意志。

超人或孕育新型超人,都需要一些超乎常规的条件,这些条件很难达到,正如很难做到借助进步与文明来调整人类一样。

Dear mr.Shaw①,生活是一项重大而严肃的事业,我们总要在被赋予的这一短暂瞬间去努力找到自己的使命,并尽可能圆满地去完成这一使命。这关系到每一个人,尤其是您,因为您有着巨大的天赋、独特的思维和对一切问题实质的洞察力。

因此,我不揣冒昧,向您谈谈我感觉到的您书中的不足之处,但愿不致冒犯您。

第一个不足之处是,您不够严肃。不能以戏谑的口吻来谈论诸如人生使命、使命被歪曲的原因以及充斥着人类生活的那种恶等问题。我宁可认为唐璜的道白不是一个幽灵的道白,而是萧的道白,同样,The Revolutionist's Handbook 也不属于并不存在的 Tanner'y②,而是属于活着的、对自己的话负责的 Bernard Shaw③。

其次,应该指责的是,既然您所涉及的问题具有如此重大的意义,所以像您这样对人生之恶理解如此深刻、表述才能如此卓越的人,却想把这些问题仅作为嘲讽的对象,这往往不仅无助于这些重大问题的解决,反而更加有害。

在您的书中我看到,您希望以自己的渊博学识和聪明才智使读者为之倾倒,为之震惊。然而这一切不仅对于解决您所涉及的那些问题毫无用处,而且常常使读者全神贯注于对事件的精彩表述,却忽视了问题的实质。

无论如何,我总想,您的观点在这本书中没有充分而明确地展开阐述,而只是处于萌芽状态。我想,这些观点将在不断深入展开的过程中,走向我们大家正在寻找并一步步接近的那个统一的真理。

如果您发现我对您说的这些话有令您不快之处,还希望多加原谅。我之所以说这番话,只是因为我认识到您有着巨大的才能,

---

① 英文:亲爱的萧先生。
② 英文:邓纳尔。——为剧中人物。
③ 英文:萧伯纳。

并对您个人怀有最为友好的情感,我将始终保持这种情感。

(《1908年8月17日致萧伯纳的信》)

一上午都在读罗斯金的著作。关于艺术他写得很好。他说,科学是求知,艺术是创造。科学肯定事实,艺术肯定表现。这话却说反了。艺术是跟事实打交道,科学是跟外在的规律打交道。

(《1889年3月11日日记》)

我读各种报纸、杂志、书籍,可总是不习惯赋予那上面写的东西以真正的价值,如尼采的哲学、易卜生和梅特林克的戏剧、龙勃罗梭和那位会做眼睛的大夫的科学。因为这是思想、理解能力和鉴别能力极端贫乏的表现。

(《1900年1月8日日记》)

当代创作出来的一切作品以同样的力量吸引着我们。年代越是久远的作品,我们能看到的越少,因为大部分已被时间筛去。再往前,被筛去的更多。所以古代的东西才如此重要。我们能看到的作品像一个顶部朝下的圆锥体,接近顶部的是婆罗门哲学、中国哲理、佛教、斯多葛学派、苏格拉底、基督教,往后,范围渐渐扩大,有普鲁塔克、塞涅卡、西塞罗、马可·奥勒留、中世纪的思想家们,然后是帕斯卡、斯宾诺莎、康德、百科全书派,再往后是19世纪作家,最后是当代作家。当代作家中显然也会有扬名后世的,但是不容易发现。这是因为,第一,当代作家太多,无法一一浏览他们的作品;第二,一般人总是愚钝的,缺乏鉴赏能力,因此摆在显著地位的都是最坏的东西。

(《1906年12月29日日记》)

肉体上的毒物与精神上的毒物是不同的:肉体上的毒物大部分有令人不快的味道,但是报章杂志或劣书中所含的毒物却往往是迷人的,愈是迷人愈是邪恶。

只有在自己思想的源泉枯竭时读书才是必要的,这种枯竭现象在最聪明的人身上也时常发生。但是也有因为读书而使自己尚未固定的思想瓦解的——这是一种对抗精神的罪过。

——叔本华

　　文学常常是对生活现象的重复。无论你走向哪里,都会碰到无可救药的无知者——这样的人数不胜数——他们就像夏天的苍蝇一般遍布各处。由此便出现了那无数的坏书、那奇多的妨碍好种子生长的文学莠草。这样的书籍耗费读者的时间、金钱和注意力,而这些时间、金钱和注意力本应当用以读精选作品。

　　坏书不仅无益处,而且确实有害。因为十分之九的现行书籍出版只是为了从轻信的读者口袋里骗取一些多余的银币;为此,作者、出版者和印刷者蓄意将书加厚。更有害、无耻和昧良心的欺骗行为是出自按行计算的蹩脚作家之手:这些靠写作糊口者按其粗制滥造之作的行数收取稿酬,他们极坏地影响了读者的鉴赏力,也践踏了真正的教育。

　　必须抛弃读书时的坏习惯以抵制这种危害,换言之,即不应当不加区别地读那些引起社会关注或是大造舆论的书。简言之,不应当读那些出版了一年便销声匿迹的书。

　　并且,不能不附带说明一下,为愚人写书者总是能找到广大的读者圈;而事实上,人类应当将短暂而有限的生命存在运用于认识所有世纪和民族的一流大师,认识极富于天赋的,像塔一般高耸于众多蹩脚作家之上的创作者。唯有此类作家有能力培养人和教诲人。

　　坏书读得再少也不为少,好书读得再多也不为多。坏书——是愚钝智慧的道德上的毒药。

　　由于许多人顽固地读所有时代的并非最好的书,而只是现代最新的书,现在那些靠写作糊口的蹩脚作家们便在已重复多次的思想的狭窄圈子里兜来兜去,总是老调重弹,因此我们这一时代便爬不出自己的泥坑。

——叔本华

懂得少量真正好而有用的东西,胜过懂得非常多的平庸而无用的东西。

读书可以作为消遣,可以作为装饰,也可以增长才干。

求知可以改进人性,而经验又可改进知识本身。

狡诈者轻鄙学问,愚鲁者羡慕学问,聪明者则运用学问。知识本身并没有告诉人怎样用它,运用的智慧在于书本之外。这是技艺,不体验就学不到。

读书的目的是为了认识事物原理,为挑剔辩驳去读书是无聊的。不可过于迷信书本。求知的目的是为了寻找真理,启迪智慧。

读书使人充实,讨论使人机敏,写作则能使人精确。

读史书使人明智,读诗使人聪慧,演算使人精密,哲理使人深刻,道德使人高尚,逻辑修辞使人善辩。

(以上出自《阅读圈》)

如今一个最普通的现象是——你会看到,那些自认为学者、有教养、有文化的人,他们懂得大量无用的东西,但却停滞在最野蛮的愚昧阶段,他们不仅不懂得自己生活的意义,还为这种无知感到骄傲。与此相对,另一种并非不常见的现象是,在那些读书无多和目不识丁、丝毫也不懂什么化学元素表、天体视差和镭的特性的人们中间,你会见到真正有文化、懂得自己生活的意义而并不为此感到骄傲的人。

学者就是那从所有书本中获得丰富知识的人;有教养的人就是那懂得如今流行的所有知识的人;有文化的人就是那懂得他为

什么生活、应当如何去做的人。不要努力去成为学者或者有教养的人,而要努力去做有文化的人。

即使一本书也不读,也胜过读很多书并相信里面所写的一切。一本书不读也可以成为聪明人,而相信书里所写的一切,就无法不成为傻瓜。

作品里不过是重复生活中的事。大多数人并不聪明,常犯错误。因此才会在好的种子中间繁殖出许多坏书,许多文字垃圾。这些书籍只是用来浪费人们的时间、金钱和精力而已。

坏书不仅无用,而且有害。要知道十分之九的书只是为了从人们的口袋里掏出钱来才出版的。

因此最好对那些被人们大谈特谈、大写特写的书根本不加理睬。人们首先应该阅读和了解各时代、各民族最优秀的作家。这些作家的作品是首先要读的。然而你却根本来不及读完它们。只有这些作家才能给我们以启迪和教诲。

我们很难不去读那些坏书,而往往来不及读那些好书。坏书是精神毒药,只能麻痹人民。

——据叔本华

迷信和欺骗困扰着人们。逃脱的方法只有一个:真理。而对真理,我们既可以自己认识,也可以通过前辈的哲人和圣者来获得。因此为了善与美的生活,我们既需要靠自己,也可以利用以往的哲人和圣者流传至今的真理指南,去寻找真理。

要认识剔除了迷信的真理,最有力的手段之一,就是了解过去人类为了认识永恒和共同的真理及真理的显现而做出的一切。

(以上出自《生活之路》)

语　言

丑陋不堪的语言源自丑陋不堪的思想。

　　　　《1859年5月3日致瓦·彼·鲍特金的信》

喝茶、吃饭、吃甜食的时候我都在看书,上午一直在给姑姑写信,虽然法语写得我很不喜欢,但还是打算寄出。用法语谈话和写作对于我一天比一天困难,为什么一定要用自己掌握不好的语言说和写,这种做法多愚蠢啊!它带来多少麻烦,浪费多少时间,造成多少含糊不清的思想,给母语增添多少不纯净的成分啊,可还是非这样做不可!

　　　　《1854年7月5日日记》

千万别让自己成为人类和谐的破坏者。小心别因自己的话让大家产生互相排斥的恶劣情感。

言辞的伤害有时明显,有时不明显,看不到自己言辞对别人的伤害,不表示伤害就比较小。

言辞可以团结人心。要尽量措辞明确,只讲真话,因为真理与单纯最能团结人心。

有些人说话,只图博得机敏的虚名,却并不关心真理的讨论,仿佛语言形式比思想实质还有价值。有些人津津乐道于某种陈词滥调,而其意态却盛气凌人。

那些喜欢出语伤人者,恐怕常常过低估计了被伤害着的记忆力和报复心。

善于保持沉默也是谈话的一种艺术。

讲话绕弯子太多令人厌烦,但过于直截了当又会显得唐突。能掌握此中分寸的人,才算精通了谈话的艺术。

言语是思想的表现,思想则是神圣力量的呈现。因此,言语应该符合我们的真义,言论可以没有意义,但不能用于表达邪恶。

语言是使人们达成沟通的,因此你说话的目的是让所有人理解你,并且要让你所讲的都是真话。

为了使真理能被人听到,就必须善意地将其表达出来。好心说出的东西无论多么聪明和可信,总是无法将它传达给另一个人。因此要懂得,如果你所说的不被对方接受,那么原因之一是:或者你视为真理的并非真理,或者你不是善意地传达的,或者两个原因都存在。

讲真话就如同缝衣、割草、写字好一样。只有勤练多做的人才能达到这一步。因此要讲真话,就应该使自己养成讲真话的习惯。而要做到这一步,就应该让自己在一切事上,哪怕是小事上也只讲真话。

引起争执是容易的,但是要消除它却犹如扑灭熊熊大火一般困难。

就让说者去发狂吧,只要听者保持清醒!简短的回答能消除仇恨,辱骂的言辞只会激起怒火。

如果你知道真理或者哪怕是你觉得你知道真理,那么就尽量简洁地表达它,关键是,对表达真理的人要尽量和善、富于爱心。

谎言最平常和最普遍的原因是企图欺骗的并非众人,而是自己。这种谎言是最有害的。

说真话看起来多么容易,而要达到这一点需要付出很多内在的努力。

人的诚实程度是他道德完善程度的指示器。

认为有时在一些事情上可以不说真话的想法是极普通的错误。无论多小的谎言的内在和外在后果都比因说真话可能发生的尴尬和不愉快更坏好多倍。

有一种谎言是有意识的,即当人知道自己在说谎,但是他之所以说谎是因为谎言对他有利,有一种谎言则是迫不得已的,即人的愿望是说真话,但却不得不说谎。

人不可能绝对正确,因为人身上总是有各种各样的、矛盾的意图在斗争,时强、时弱,人常常无力准确地将其表达出来。

在一切日常生活琐事中出现的谎言都是有害的:卖旧换新、卖坏换好,明知还不了债却答应还,等等,但是所有这些谎言在精神领域的谎言面前都是微不足道:把非上帝冒充为上帝,将公义和善冒充为罪和坏事,等等。在这些事情里存在着谎言的主要的恶。

(以上出自《阅读圈》)

俄罗斯语言的灵活性的一个最突出的标志可在民歌重唱的歌词中看出来。例如,没有任何一首民歌,尤其是快活的、豪放的民歌。

(《1853年日记》)

您具有必须具备的一切——简练的、强劲的、实在的语言,独具的性格描绘的鲜明性,不像幽默而能引起哄堂大笑的本领,就内容方面说,则是爱,因而熟知人民生活真正利益之所在……您可以给千百万读者以珍贵的、他们所急需的精神食粮,这是除开您以外的任何人无法提供的。

(《1885年致萨尔蒂可夫—谢德林的信》)

描绘人民中一定阶级的那些作家,会不由自主地在语言上养成这个阶级表达方式的习性。表达思想的愿望甚至在形象的表现上也反映出来。在故事的开头讲述中这一点尤其明显。叶彼西卡(即《哥萨克》中的叶罗希卡老爷——编者注)如果讲述某个东西,那么,他的脸上会扮演出无生命体的样子来。

是否清楚了解对象,有块试金石:能够用普通人民的语言向没有受过教育的人把它讲出来。

我感到吃惊,人们怎么能够打从心里欣赏没有思想的词句——空洞的词句。可能,智慧在一定的发展阶段与词句相适应,正如同在发展的高级阶段与思想相适应一样。

普通老百姓习惯了别人用并非他们的语言跟他们说话,尤其是宗教,对他们说一种他们很尊敬却很少理解的语言。

(《1853年日记》)

每个人应该用自己的语言说话。

……

俄罗斯语言和基里尔字母跟所有欧洲语言和字母相比较,有它巨大的优越性和独特之处,因此自然就产生了完全特殊的识字的方法。俄语字母的优越性在于每个音都可以发出,并且发的音与字母完全一致,这在其他任何一种语言中是没有的。

(《论识字的方法》)

在为儿童和老百姓写的书这方面,有几条为最粗浅的经验所制定和证实的一般规则。

1. 语言应该是看得懂的、人民的,不应故意使用方言词汇玷污。语言应当不仅是易懂的、普通老百姓所说的,而且应该是好的。美,或者直截了当地说,语言的优美可以从两个方面看出来:词的本身和词的组合。我这样说,倒不是提倡使用民间的、庄稼汉说的、易懂的词,而是要求使用好的、强有力的词,不是提倡使用不准确、不鲜明、不形象的词。

2. 内容应是通俗的,不抽象。

3. 不应过分想去教训人,而教训应当寓于引人入胜的形式之中。

(《论为人民而写的小册子的语言》)

形式和内容都好。语言再称赞也不过分。这不是我们那种做作的民间语言,而是把口语的词句和形式经过再加工的实实在在的生动的语言。

(《1902年致谢明诺夫的信》)

我改变了自己的写作手法和语言,但是我再说一遍,不是因为理智上判断必须如此,而是因为连普希金我都觉得可笑,更不用说我们这些无聊的杜撰了,而人民说话使用的语言我备感亲切,诗人想说什么,人民语言中便有表现他的声音。除此之外,人民语言是最好的诗歌调节器,这是主要的。你想说得啰嗦、华丽、病态,语言也不允许。而我们的文学语言没有骨头,被娇惯坏了,你想胡说些什么都能像文学。斯拉夫派的人民性与真正的人民性是两个完全不同的东西,就好像乙醚与以太完全不同,后者是热与光的源泉。我恨所有那些齐声合唱的原则,生活制度与村社制度,凭空杜撰的斯拉夫弟兄,等等,我只爱清楚明确、温和美好的东西,我在民间诗歌、人民语言与生活中能找到这一切,而在我们的诗歌、语言与生活中看到的是相反的东西。

(《1872年3月22日致尼·尼·斯特拉霍夫的信》)

语言——是思想的表达,它既可使人团结,也可使人分裂,因此必须谨慎地对待它。

语言可以使人团结,语言可以使人分裂;语言可以铸成爱,语言也可以铸成仇恨和憎恶。要谨防语言使人分裂或者铸成仇恨和憎恶。

语言——是思想的表达,思想——是上帝力量的显现,因此,语言必须与它所表达的相符合。它可以没有任何倾向,但不可以,也不应该成为恶的表达。

人——是上帝的载体。他可以对自己神圣品性的意识用语言表达出来。那么在说话的时候怎么能不小心谨慎呢?

时间在流逝,但说过的话却会保留下来。

如果在开口之前你还有时间考虑一下的话,那么就要想一想,是否值得,是否有必要开口,你想要说的话是否会伤害到别的人。大多数情况是这样,如果你考虑片刻,你就不会开口了。

在长时间的谈话之后,要尽力回想一下你所讲的一切,你会感到惊讶,所有的谈话是那么的空洞无聊,并且往往有害无益。

要仔细听,但要少开口。

如果没人问你,什么时候也不要开口,但如果有人问你,就要立刻回答,力求简短,如果你必须承认你不知道别人问你的问题,不必感到羞耻。

——苏菲派哲理

不自夸,不指责别人,不争论。

有一句短短两个字的话非常好:**不懂**。

要让自己的舌头学会常常说这句话。

——东方哲理

有一句古老的格言:"de mortuis aut bene, aut nihil."意思是:对死者只说好话,或者只字不提。这句话是何等的不合理!应该反过来说:"对活着的人只说好话,或者只字不提。"这句话可以使人避免多少痛苦,而且做起来又是多么容易啊!但为什么不能对死者说坏话呢?在当今世界,形成了一种风习,在悼词里和纪念日期间对死者只是大谈溢美之词,可以想见,这不过是谎话而已。这种虚伪的夸饰是有害的,因为它在人的观念中抹杀了善与恶的区别。

如果你懂得人应该怎样生活,并希望他们过上善的生活,你就会把这些想法表达出来。而在表达的时候你会尽力让人们相信你的话。为了让他们相信并理解你,你应当尽量避免激愤和怒气,而是以平静的善意来转述你的思想。

当你在与别人谈话的时候想表述某种真理,应当注意的主要是,说话时不要激愤,不带一丝恶意,不说一句欺侮的话。

——据爱比克泰德

沉默是金。

不可对所要说的话不加思索脱口而出,除非那时你感受到自己内心充满了平静、善良和仁爱的情感。但如果你正在愤愤不平,就要谨防出口作孽。

争论不能说服任何人,却能使人离心离德,彼此仇恨。争论之于人们的想法,正如锤头之于钉子。在人的想法还犹豫不决的时候,经过几番争论之后,这种想法就牢牢地嵌进头脑之中去了,就像一颗钉子深深地打进了木板。

——据尤维纳利斯[①]

[①] 尤维纳利斯(60?—140?),古罗马讽刺诗人。

在争论之中往往忘记了真理。停止争论的是更有头脑的一方。

对失去理智者最好的回答就是沉默。回答他的每一个词都会反过来落到你头上。以怨报怨就等于火上浇油。

只要在自己身上找一下,几乎总是能找到我们指责别人的那种罪孽。而如果我们意识不到自己的这种罪孽,那就值得好好找一找,我们还会找到更大的罪孽。

当你要指责别人的时候,要记住,即使你确切地知道那人的过错,也不可谈论他的是非,更何况假如你不知道情况,那就是人云亦云了。

对别人横加指责永远是不对的,因为不管在什么时候,任何人也无法知道,你所指责的那个人在灵魂中曾发生过什么,以及正在发生什么。

应当与朋友约定,当你们其中一方要开口指责别人的时候,另一方就及时制止。如果你没有这样的朋友,那么就自己对自己做一个同样的约定。

当面指责别人是不好的,因为这会令人难堪,而在背后指责人是不诚实的,因为这就是欺骗那人。最好的方法是,不在别人身上寻找坏的东西,忘掉别人的坏处,而在自身寻找不良的东西,并牢牢记住。

含沙射影的指责就像是浇了汁的腐肉。在汤汁的掩盖下,你就注意不到你是怎样吃下了各种各样的爬虫。

对别人的坏事知道得越少,人们对自己就越加严格。

有人说别人的坏话而说你们的好话时,千万不要去理睬他。

人们是如此喜爱谤毁之辞,他们很难克制自己,为了讨好谈话的对象而去指责不在场的人。如果你一定要款待别人的话,那么就款待点别的东西,而不要拿这种于己于人都有害的东西来让对方享受。

隐去别人的一桩过错,上帝会加倍宽恕你。

我们知道,拿着装了弹药的武器要小心谨慎,但我们却不愿意知道,对说话也应当同样小心谨慎地对待。说话不仅能杀死人,而且还会造成比死亡更严重的罪恶。

我们对肉体的犯罪感到愤恨,如贪婪、打斗、淫乱、凶杀,但对语言的犯罪却看得很轻,如指责、侮辱他人,传播、印刷、撰写诲淫诲盗的有害言论,实际上语言犯罪比起肉体犯罪的后果来,其危害要严重得多。两者之间的差别仅在于,肉体犯罪的恶立刻就能看得出来,而对语言犯罪的恶我们却注意不到,因为这种恶显露出来时,就地点和时间来说都离我们比较远。

曾经有一次,上千人聚集在一个大剧场里。在演出中间有一个蠢人心血来潮开了一个玩笑,他大喊一声:"着火了!"人们纷纷朝门口涌去。大家挤成了一团,互相推撞,当事件平息下来后,已经有 20 人被踩死,50 多人受伤。

这桩大恶只是由一句蠢话所造成的。

在这个剧场里,这种由一句蠢话造成的恶是显而易见的,然而更常见的情况是,蠢话的恶不像剧场里发生的这样当时就看得出来,而是悄无声息地一点一点发展成大恶。

没有什么比空洞无聊的谈话更能怂恿人们游手好闲的习性了。假如人们保持沉默,不去讲那些他们借以排遣无聊苦闷的话,他们就无法忍受那种赋闲的境况,也就会去工作了。

在背后指责别人尤其有害,因为这种对别人缺点的指责如果当面说出来,也许是对人有益的,但在背后说出来,就使那可能需要它的人无法听到,而只能激起谈话对方对被指责者的恶感,使听到这话的人也受害。

很少有因不说话而后悔的,但却多有因说了话而后悔的,而更多的是因你知道了你所说的话的后果而后悔。

越想多说话,说坏话的危险就越大。

多让舌头闲着,少让手闲着。

往往是沉默胜于回答。

开口说话之前,七次转动舌头。

要不就沉默不语,要讲话就讲比沉默更有用的话。

凡多说话的,必少做事。有智慧的人永远怕口头的允诺超过他实际能做的事,因此常沉默不语,即使说话,也只在别人需要而他自己不需要的时候才开口。

如果一百次中仅有一次你因应当说话而没说感到遗憾,那么一百次中有九十九次你会因本该沉默而说了话感到遗憾。

仅仅因为一个好的愿望被说了出来,就已减弱了去实现它的欲望。但年轻人怎么克制得住不把那些高尚而自得的激情表达出来呢?只有事情过后,回想那一切,才会感到惋惜,正如惋惜一朵花,坚持不住,不待完全开放就从枝上挣脱下来,落到地下才发现已经枯萎,遭人践踏。

语言是打开心灵的钥匙。如果谈话没有任何意图,那么说一个字也是多余的。

如果你很想说话,就先问自己:你为什么想说话——是为了自己,为了自己的利益,还是为了别人的利益和方便。如果是为了自己,那就努力保持沉默。

人们要学习怎样说话,而最主要的学问是——怎样及在什么时候保持沉默。

你要说话时,你的话必须要比沉默更有益。

——阿拉伯俗语

越少说话,就会越多工作。

戒除了指责他人的习惯,你就会感到自己灵魂中爱的力量更加强大,你就会感受到更强大的生命力和更多的幸福。

有一次穆罕默德和阿里①遇到了一个人,这个人认为阿里是欺负过他的某个人,就大骂起来。阿里一言不发,忍耐了好长一段时间,但终于克制不住,与之对骂起来。这时穆罕默德离开他们转身走了。等阿里再追上穆罕默德后,对他说:"你为什么扔下我一个人,受这个粗人辱骂?""当这个人对你破口大骂,而你一言不发的时候,"穆罕默德说,"我看到你身边有10个天使,这些天使都在回击他。但当你开口反过来大骂他的时候,天使们就抛下了你,我也就走了。"

——伊斯兰教传说

人生的幸福就是彼此相爱。而恶意的话会破坏这种爱。

(以上出自《生活之路》)

---

① 阿里(约600—661),伊斯兰教创始人穆罕默德的女婿及忠诚的追随者。

思　想

人既然在认识到他的行为不好时,可以克制这种行为,同样,在他认识到自己的思想不好时,也可以克制这种将他引入歧途的思想。人的主要力量就体现在思想的克制上,因为所有的行为都产生于思想。

一、思想的使命

靠肉体的努力无法逃避罪孽、邪念和迷信。要做到这一点只有靠思想的努力。只有靠思想使自己学会自我牺牲,学会谦逊和诚实。人只有在思想上追求忘我、谦逊和诚实,在与罪孽、邪念和迷信的斗争中,他才会充满力量。

尽管并不是思想在启迪我们应当爱他人——思想无法做到这一点,但思想的重要性在于,它给我们指出是什么在阻挠着爱。正是思想的努力遏制着阻挠爱的力量,这种思想的努力比任何东西都更重要、更必要、更珍贵。

假如人失去了思想的能力,他就无法理解他为什么生活。而假如他不理解为什么生活,他也就无法知道,什么是好什么是坏。因此,对于人来说,没有什么比能够好好地思想更可贵的了。

人们在谈论宗教道德学说和人的良知时,好像是在谈论人的两个互不相干的领导者。而在实际上,人只有一个领导者——良知,即对存在于我们身上的上帝的声音的感知。毫无疑问,这种声音决定着每一个人,什么应当做,什么不应当做。而任何一个人随时都可以用思想的努力来唤起这种声音。

假如人不知道眼睛能看见东西,并且从来也不睁开眼睛,他的处境就非常可怜了。同样,如果人不明白,为了平静地忍受各种苦难,人被赋予了思想的力量,那么他的处境就更加可怜。如果人是富有理性的,他就能轻易忍受任何苦难:首先,这是因为理性告诉他,任何苦难都将过去,而且苦难常常会转变成好事;其次,任何苦难对富有理性的人来说都是有益的。然而,人们不是坚定地面对苦难,而总是极力逃避苦难。

上帝赋予了我们力量,使得我们不因出现了违背我们意愿的事而悲伤,我们不该为此而感到高兴吗?上帝使我们的灵魂只服从于受我们所控制的——我们的理性,我们不该为此而感激上帝吗?要知道,他既不让我们的灵魂服从于我们的父母、兄弟,也不让它服从于财富和我们的肉体,甚至死亡。他以其慈悲之心,只让我们的灵魂服从于依赖于我们的——我们的思想。

为了我们的幸福,我们必须全力维护的正是这种思想和它的纯洁性。

——据爱比克泰德[1]

当我们认识了一种新的思想,并承认它是正确的,就会觉得,仿佛我们早就认识它,只不过刚刚回忆起来而已。任何一种真理早已贮存于每个人的灵魂之中。只要你不用谎言来压抑它,早晚它都会对你昭示出来。

常常有这样的情况,一种思想产生了,你既觉得它是正确的,同时又有点奇怪,你便不敢去相信它。但你只要经过仔细思考,就会发现,这种令你感到奇怪的思想,乃是一种最为普通的真理,一旦你了解了它,你就无法不去信奉它。

任何一种伟大的真理要进入人类的意识,不可避免地要经过

---

[1] 爱比克泰德(约55—约135),古罗马新斯多葛派哲学家,主张人的内在自由。

三个阶段。第一个阶段:"这是如此荒谬,简直不值一驳。"第二个阶段:"这是不道德的,有违宗教。"第三个阶段:"啊!这个人人都知道,用不着再说了。"

与他人共同生活,不要忘了你在独处时所悟出的道理。而在你独处时,要仔细思索你在与他人交往中所得出的道理。

二、人的生活取决于他的思想

人的命运不管是这样的,还是那样的,都取决于他在思想中是怎样理解自己的生活。

一个人的生活,或者整个人类的生活也是一样,所有重大的转变都开始于思想,也完结于思想。为了使感情和行为发生转变,首先必须使思想发生转变。

为了使坏的生活变成好的生活,首先应当尽力弄明白,生活是因为什么变坏的,为了使它变好应当做些什么。所以说,为了使生活得到改善,应当是先思考,后行动。

如果智慧可以像水能从一个罐子倒到另一个罐子一样,它能从智慧多的人那儿匀到智慧少的人那儿,直到大家都平均了,这该有多好啊。然而一个人要接受别人的智慧,他首先需要的是独立思考。

人要想获得所有真正需要的东西,都不是一蹴而就的,而是要经过长时间坚持不懈的劳动。获得技艺和知识是如此,获得世上最重要的东西——过善的生活的能力——也是如此。

而为了学会过善的生活,首先必须要学会运用善的思想。

只有其理性歪曲到不相信自己的理性的人,才会说理性并不是生活的引导者。

作为个体的人,其生活与命运都取决于他的思想,而对它我们很少像对行动那样给予更多的注意。同样,社会的、群体的、民族的生活也是如此,它不取决于在这个社会和民族中所发生的事件,而是取决于将这个社会和民族中大多数人团结起来的那些思想。

不要以为只有那些特殊的人物才能成为智者。人人都需要智慧,因此,人人都可以成为智者。智慧就是懂得生活的任务是什么和怎样去完成这个任务。而为了懂得这些,只需要做到一点:就是记住,思想是一项伟大的事业,因此才需要思考。

我产生了一个想法,后来又把它忘了。嗨,这没什么,不过是个想法而已。假如这是金钱,我会把一切都翻个底朝天,直到要找到它。但这又算什么呢?只是个想法而已。然而,要知道,一粒种子可以长成参天大树。要知道,一个想法可以导致一个人或千百万人这样或那样的行动,而我们却在想,一个想法——这没什么。

三、人们不幸的根源不在于事件,而在于他们的思想

当你遇到了不幸的时候,要明白,这种不幸的发生不是起因于你的行动,而是起因于你的思想。

如果我们无法克制自己而做了一件本知道不好的事,那么这完全是因为,我们允许这件事先在脑子里发生,而没有在思想上去加以制止。

比坏的行为危害更大的,是酿成坏行为的思想。人可以不重复坏的行为,并为有过坏行为而后悔;但坏的思想却不断地产生坏的行为。一个坏的行为只能踏出一条通往更多坏行为的路;但坏

的思想却能把坏的行为拖满整条路。

果实是由种子长成的。同样,行动是由思想所诞生的。

正如坏的种子会结出坏的果实一样,坏的思想也会导致坏的行动。农夫要把莠草籽筛除,选出正宗的好种子,再从正宗的种子里选出优良品种,仔细地逐一挑拣。同样,有理性的人对待自己的思想也是如此:他若想把那些空洞的、恶劣的思想赶走,只保留下优秀的思想,也要仔细地逐一挑拣。

如果不赶走坏的思想,不珍惜善的思想,你就不可避免地要做出坏的举动。善的行为只会出于善的思想。要珍惜善的思想,在哲人们的书籍中,在智慧的言论中,最主要的是,在自己的身上,去寻找这善的思想。

四、人能够制约自己的思想

我们的生活是好还是坏,都取决于我们的思想是怎样的。而思想是可以调整的。因此,要想生活得好,人就需要改造自己的思想,避免沉迷于坏的思想而不能自拔。

当坏的思想进入头脑,你却不能赶走它,这时你是能够理解到它是坏思想的。而只要你知道了它是坏的,你就不会沉湎于它。脑子里出现了有关某个人不好的念头。我没办法不去想这件事,但是如果我明白,这是个坏念头,我就能醒悟,对别人加以指责是不好的,我自己就是坏的,而想到了这些,我就能克制自己,即使是在思想里也不去指责别人。

如果你想叫你的思想对你有利,那就尽力去想那些与你的情感和处境完全无关的事,也说是不去扭曲你的思想来为你所体验到的感情、为你做过的或正在做的事寻找辩词。

五、为了拥有控制自己思想的力量,必须要以灵魂为生

我们常以为,世上最主要的力量就是物质的力量。我们之所

以这样认为,是因为不管你自觉还是不自觉,你总是会感受到这种力量。而精神的力量、思想的力量,我们却觉得无关紧要,甚至我们不把它们当作力量来看。实际上,能够改变我们以及所有人生活的真正的力量,就是这种力量。

是灵魂引导肉体,而不是肉体引导灵魂。因此,人要想改变自己的地位,必须在灵魂领域——思想领域——中对自己加以改造。

我们的生活是好还是坏,仅仅取决于我们是把自己看作肉体的生命还是灵魂的生命。如果我们认为自己是肉体的生命,我们就会败坏真正的生活,就会激发起更多的情欲、贪婪、争斗、仇恨和对死亡的恐惧。而如果我们认识到自己是灵魂的生命,我们就会激发和提高生活,摆脱情欲、争斗和仇恨而释放出爱心。而从肉体生命到灵魂生命的觉悟这一转变,靠的是思想的努力。

塞内加曾对自己的朋友写道:"你做得好,亲爱的卢奇利乌斯,你尽全力使自己保持着美好而善良的精神。任何一个人随时都可以这样调整自己。为此不需要高举着双手求神殿的守门人放我们进去走近上帝,让他听听我们的喊声吧:上帝永远在我们身边,他就在我们心中。我们心中有一个神圣的灵魂,它是所有好事和坏事的见证人和守护者。我们怎样对待它,它就怎样对待我们。如果我们珍惜它,它也会珍惜我们。"

当我们反复思索而辨不清好坏时,应当远离尘世;因为对世人议论的担心会妨碍我们看清善恶。远离尘世,就是走进自己内心,消除一切疑虑。

六、能够与世上的生者和死者在思想上相结合是人的最美好的幸福之一

年轻人常常说:"我不想靠别人的头脑生活,我要独立思考。"这种说法是完全合理的,自己的思想重于所有其他人的思想。但对已

被大家深思熟虑的问题,你何必还要思考呢?接受已准备好的,继续走下去。人类的力量就在于能利用他人的思想而继续前进。

使人摆脱罪孽、邪念和迷信的努力,首先要在思想中进行。

在这个斗争中给人以最大帮助的,是他能够接续前辈圣者和哲人们的智慧活动。这种与历代圣者和哲人们的思想联系就是一种祈祷,即对人们用以表达对自己的灵魂、对他人、对世界及其本源的态度的言论,进行反复的陈述。

自古以来,人们就已承认,祈祷对人来说是必不可少的。

对于前人来说——如今对于大多数人来说仍是这样——祈祷就是在共同的条件、共同的地点、共同的行动和语言中,对某个或某些神灵进行求告,以获得恩赐。

基督教的教义却不认为这是祈祷。它教导人们,祈祷是必要的,但不是作为一种逃避尘世苦难、获得世俗幸福的手段,而是作为一种巩固人们善的思想的手段。

真正的祈祷之所以对于灵魂是十分重要和必要的,因为在祈祷中,当你一个人与上帝相处的时候,你的思想就可以达到它所能达到的最高境界。

基督说过:你们祈祷的时候,要独自来做(《马太福音》6:5—6)。只有这样上帝才会听到你的声音。上帝在你心中,为了让他听到你的声音,你只需把所有遮蔽住他的东西从自己心中驱赶出去即可。

沮丧是这样一种心绪:人在沮丧的时候,既看不到自己生活的意义,也看不到整个世界生活的意义。要避免沮丧只有一种办法:唤醒自己美好的思想,或者你所结识的、曾向你阐释过人生意义的他人的思想。而要唤醒这些思想,需要反复讲述那些你已了如指掌的最高真理,即进行祈祷。

每时每刻都要祈祷。最必要也是最困难的祈祷——是在生命历程中时时刻刻记住自己面对上帝及上帝法则时的各种责任。遇到恐惧、愤怒、窘迫、沉醉的时候,要努力,要记住,你是谁和你应当怎样做。这就是祈祷。开始这样做的时候很难,但通过磨炼可以养成这样的习惯。

应当变换自己的祈祷,即变换你对上帝的态度。人是在不断成长,不断变化的,所以也应当不断改变和阐明对上帝的态度。即祈祷应当常常变化。

七、没有思想的努力,善的生活就无法实现

当你意识到自己和他人的善的思想,就要珍惜它们。为了完成你生命中真正的事业,没有什么能像善的思想那样可以给你以更大的帮助了。

人的真正力量并不在于激情爆发,而在于对善的始终不渝的、泰然自若的追求,这种善在他的思想中得到确立,在语言中得到表达,在行动中得到实现。

当你回首往事的时候,如果你发现你的生活变得更好更善了,更多地摆脱了罪孽、邪念和迷信,那么要知道,这些成就只能归功于你自己思想的努力。

思想活动是珍贵的,这不仅仅因为它改善着你的生活,还因为它也帮助别人改善着生活。因此,思想的努力就显得格外重要。

中国的哲人孔子在谈到思想的意义时是这样说的:

"真正的学说教给人们最高的善——使人洗心革面,并达到至善的境界。为了获得至高无上的幸福,需要使全体人民得到妥善

安置。为了妥善安置全体人民,需要使家庭得到妥善安置。为了妥善安置家庭,需要使自己得到妥善安置。为了妥善安置自己,需要端正自己的心。为了端正自己的心,需要鲜明而真诚的思想。"[1]

八、唯有思维的能力将人与动物区分开来

牛、马,任何一种牲畜,无论它们饿得多么厉害,如果朝里开的门只是虚掩着,它们也跑不出院子去。如果门总是关着,没有人来打开的话,它们就会饿死,但却想不到闪开点把门往里拉开。只有人才懂得,要想获得你所期望的东西,应当忍耐,克服困难,而不是逞一时之快。人可以克制自己,可以不吃,不喝,不睡,仅仅是因为他们懂得,怎样做是好的和必要的,怎样做是坏的和不必要的。教会人这一点的,就是其思维的能力。

人可以学会读和写,但识字并不能教会他该不该给朋友写封信,或者该不该对欺负他的人写个诉状。人可以学会音乐,但音乐并不能教会他什么时候可以唱歌或弹琴,以及什么时候不该做这些事。问题的关键就在这里。只有智慧会指示给我们,什么时候该做什么,以及什么时候不该做什么。

上帝把智慧赋予了我们,并使我们能够支配我们所必需的一切。他赐给我们智慧的时候,仿佛对我们说:为了让你们能够逃避恶和享受生活的幸福,我在你们身上植入了我自身的神圣成分。我给了你们智慧。如果你们能把它应用于你们所遇到的一切事件,那么在这个世界上,在通往我给你们指出的道路上,任何东西也不能成为你们的束缚和障碍,你们将永远不会抱怨自己的命运,不会抱怨别人,既不会去指责别人,也不会去对他们阿谀奉承。同样,你们也将不会因我没有给你们更多的东西而责备我。你们能

---

[1] 原文见《礼记·大学》:"大学之道,在明明德,在亲民,在止于至善。""古之欲明明德于天下者,先治其国。欲治其国者,先齐其家。欲齐其家者,先修其身。欲修其身者,先正其心。欲正其心者,先诚其意"。

够理智地、宁静而快乐地度过你们的一生,难道对你们来说这还不够吗?

——据爱比克泰德

一句富有哲理的谚语说:"上帝进家,并不敲门。"这就是说,在我们与无限之间不存在挡板,在人与上帝——果和因——之间不存在墙壁。墙壁虽已形成,我们却能被神圣本质的全部力量所开启。只有思想的劳动能保持我们借以与上帝交流的渠道畅通无阻。

——据爱默生
(以上出自《生活之路》)

知音的主要特征是与他们交往愉快,无需对他们作任何解释说明,就可以满怀信心地传达哪怕是说得很含糊的思想。

(《〈童年〉第二稿〈致读者〉(片段)》)

个人的即主观的东西,只有在它充满生机和激情的时候才是美好的。

(《1865年10月7日致阿·阿·费特的信》)

昨天忘了记下席勒的《哈布斯堡的鲁道夫》和几篇哲理短诗给予我的快乐。前者美在朴素、如画、真挚含蓄的诗意。后者震撼了我并使我铭记在心的是巴多罗买谈到的一个思想:要做出一番伟大的事业,必须将全部心力集中到一点上去。

(《1854年7月21日日记》)

思想是真理的讴歌,坏的思想则是思虑不完整的想法。

(《阅读圈》)

真　理

亲爱的兄弟们：

我们聚集在这里是为了反对战争。都是因为战争，全世界的人民，成千上万的人们受着某些人物的专横支配，有时甚至是受某一个人的专横支配，不仅奉献了自己的大部分劳动成果：数亿的卢布、马克、法郎、日元，而且奉献了本身，即牺牲了自己的生命。我们，从地球各个角落汇集到这里的人们，没有任何特别的优越性，主要是谁也没有大权在握，我们试图去斗争，而既然想斗争，那么希望要战胜的就不仅是一个政府的，而是所有政府的庞大力量，这些政府支配着数亿金钱、百万军队，并很了解他们所处的特别有利的地位，也就是说，组成政府的人们，依仗着军队——只有战争爆发才发生效用的军队，而我们要与之斗争的正是战争，我们要根除战争。

选择这场力量如此悬殊的斗争也是不明智的。但是，如果想想掌握在双方手中的手段的性质，并且进行一番比较，那么令人惊讶的不是我们决定了去斗争，而是我们想和什么进行斗争。在他们手里——数亿的金钱、百万驯服的军队，在我们手里——却拥有世上威力最雄厚的唯一武器——真理。

因此，无论我们的力量同对手相比是多么微不足道。我们的胜利依然是不可怀疑的，犹如升起太阳的万丈光芒必定战胜长夜的黑暗。

我们的胜利是不可怀疑的，然而是在一个条件下，即宣传真理，我们将说出全部真理，没有妥协、没有让步、没有软弱，这真理是如此简单、如此明朗、如此显而易见、如此确定不移，不仅对基督徒，而且是对所有富于理性的人们，一旦阐明了真理的全部含义，那么人们便不可能再和它分庭抗礼了。

这真理的全部含义在于两个词"戒杀",这条真理千百年来直到今天我们这一代始终就写在我们基督徒所承认的《圣经》上。这真理归结于:人不能也不应在任何时候,任何条件下,以任何理由残杀他人。

这将为所有人接受的真理是如此显豁,如此确定不移,一旦鲜明而确凿地展现在众人面前,那么称之为战争的"恶",便将完全不复存在。

因此,我想,如果我们这些和平会议的参加者,不旗帜鲜明地宣传真理,确实转而向政府提出建议,要求他们不同程度地减少战争之"恶"或者让其日益减少,那么我们就好比是这样的人,明明手里拿着房门的钥匙,可是偏要破墙而入,而他们也明白自己是无力毁掉这堵厚墙的。

(《为斯德哥尔摩和平大会准备的报告》)

谬误和真理的根源在哪里呢?无论是谬误还是真理,都是由所谓教会传下来的。谬误和真理都包含在传说中,在所谓神话和《圣经》中。

……

教义中存在真理,这我是不怀疑的,但其中有谬误,这也是毫无疑问的。因此我应该找出真理和谬误,并把它们区分开来。

(《忏悔录》)

人类的全部生活,包括其全部极为复杂多样而似乎不依赖于道德的活动——国务也好,科学也好,艺术也好,商业也好,目的只在于越来越多地阐明、确立、简化和普及道德真理。

(《我属于那样一种人》)

真理就是真理,而不是被证实的东西,等等,这是至理名言。不过,一如这句至理名言,真理可以不用证实,但可以探寻——走近真理一看,便能发现,原来前面已无路,而且脚下就是自己的出发点。

《1879年1月31日……2月1日致阿·阿·费特的信》

真善美的情感并不与发展水平相适应。真善美是一种观念,表现的仅是真善美意义中的和谐关系。谎言也仅是对真理意义中关系的不相适应,绝对的真是没有的。

《谁向谁学习写作,是农民的孩子向我们还是我们向他们学习》

最伟大的真理——是最简单的真理。

如果人畏惧真理,对真理视而不见,有意将谎言视为真理,那么他永远也不会知道,自己该做什么。

真理不会使人变得邪恶或者过于自信。真理的表现形式永远是简洁、谦逊而质朴的。

人不承认真理,往往是由于有人向他提供真理时,那种提供的方式使他感到是一种侮辱。

没有诚实便不可能有善良;没有善良,真理便不可能得到表现。

善良和真理互为条件。

假如是真正的善良人,就永远不会远离真理。

真理只会危及作恶者。行善事者则热爱真理。

思想是对真理的阐释,因此不好的思想不过是考虑不周的思想而已。

真理本身并非美德,但是它是一切善行之必需的条件。

只有谬误才需要人为的支柱,真理通常是不需要依靠什么的。

谬误只能持续一定的时间,真理则是永恒不变的,并且即使经历了所有的攻击、模糊、诡计、诡辩、狡黠规避以及一切的谎言也始终不渝。

应该经常地学做真事、说真话和思考真理。唯有开始学习这样做的人才会懂得,我们离真理是多么遥远。

基督教义的最大真理在于人(上帝之子)与上帝(他的父亲)之间的直接关联。

真理不会让人变得冷酷,或太过自信。表达真理方式是谦卑单纯。

寻求真理:真理会随时告诉我们应该做什么,以及停止做什么。

真理不只是一种欢乐,也是对抗比暴力更强大力量的工具。
如果你知道真理,或是自认知道真理,就应该传达给别人知道,但要尽可能的单纯,并且连你对他们的爱一起传达给对方。

真理不会被怀疑所摧毁,只会因此更加巩固。

要想了解真理,就不能压抑理智。相反的,应该净化理智,多加运用,并理智地尝试与考验可以测试的一切事物。

争论所掩盖的事实,往往比揭露的还多。真正的真理只能在孤独中揭露,当真理揭露时,你会清楚地了解,你可以毋需争议或讨论便可加以接受。

（以上出自《阅读圈》）

对一种学说，哪怕全世界都把它视为真理，也不管它有多么古老，人也应当用理性去检验它，如果它与理性的要求相违背的话，也要勇敢地抛弃它。

那种有关永远服从现有政权、视众人所信奉的一切为真理的学说，是不会被那把自身神圣天性视为真理之最高法官的人所接受的。

信奉那些本身对我们有益、被我们乐于接受并视为真理的东西，这只是孩子也是人类童年的一种自然本性。一个人或整个人类生活得越久，其理性越成熟和确定，他们就会更多地摆脱这种虚伪的观念，即凡是对人有利的就是符合真理的。因此，对每一个人来说也好，对整个人类来说也好，随着生活的进步，他们必须要做的事就是，运用自己理性的努力和前人的全部智慧，来检验作为信仰的有关真理的理论。

每一种形诸语言的真理，都是一种具有无限影响的力量。

不要以为，只要在那些重大的事件中说真话，做真事就行。说真话，做真事，必须要坚持不懈，哪怕在最无关紧要的事情上也要这样。关键不在于因你虚伪而产生的恶是大是小，关键在于，永远也不要用虚伪来败坏自己。

即使生活不符合真理，但毕竟承认真理总好于掩盖真理：我们会根据真理来改变自己的生活；而我们无论如何都不能改变真理，它始终如一，并且不断地揭穿着我们。

我们每个人爱真理都胜于爱谎言，但当事关我们的生活时，我们却常常宁可信谎言,而不信真理,因为谎言可以为我们龌龊的生活辩解,而真理则揭穿这种生活。

对每一种被人们意识到的、替代以往谬误的真理来说,都有这样一个时期,即谬误明确存在,而注定要取代它的真理已经展现出来。但那些要么因为谬误对他们有利、要么对谬误已经习以为常的人们,总是尽全力要保留住它。在这个时期,勇敢地宣扬真理就显得格外重要。

如果有人对你们说,不必事事追求真理,因为完全的真理是永远也找不到的,这时,不要相信他们,并且对这样的人要提高警惕。他们不仅是真理的也是你们的最凶恶的敌人。

你要想认识真理,首先就要做到,即使在你寻找真理的时候,也要摆脱种种因将会解决这样或那样的问题而获益的想象。

当你意识到别人的虚伪并揭穿他时,往往是令人高兴的,但加倍让人高兴的,是当你意识到自己的虚伪并揭穿了自己的时候。要努力尽可能经常地为自己获得这种快乐。

无论谎言及其种种邪念具有何等的诱惑力,它都会有这一天:谎言已使人痛苦不堪,他已不是在寻求真理,而只是努力摆脱一切与谎言紧密纠缠在一起的东西,这些东西不断折磨着他,为此他转向真理,并只有在真理中才能获得拯救。

谎言在我们自己心中,在他人心中,把上帝遮掩了起来,因此最为珍贵的,莫过于使我们回归真理——对上帝和他人的爱。

真理最明确的标志是简单明了。谎言总是繁复、精巧而连篇累牍。

智慧是世上最伟大的圣物,但也因此而被利用来造成最大的罪孽,即把智慧用于掩盖或者歪曲真理。

不要害怕人们确认的传统习俗被理性所破坏。如果理性不被真理所替代,它就什么也无法毁坏。它的本质就是如此。

不要让你的灵魂和上帝之间存有中介。谁也不会比你和上帝更亲近。

在《圣经》中,在《奥义书》中,在福音书中,在《古兰经》中,在佛祖和孔子的论述中,在斯多葛派的著作中,有许多有益的思想,但最需要、最简明、最亲切的,是离我们最近的宗教思想家们的思想。

人类的宗教意识并不是停滞不前的,而是不断变化的,越来越清晰,越来越纯洁。

矫正生活中现存的罪恶别无选择,只能从揭露宗教谎言和在每个作为个体的人心中确立宗教真理开始。

什么是理性?无论我们判断什么事物,永远只能靠理性。既然如此,我们用什么来判断理性呢?

如果我们判断一切都要靠理性,那么根据这个说法,我们就无法来判断理性了。然而,我们每个人都不仅懂得理性,而且肯定无疑地懂得的只有理性,并且大家的理解都是一样的。

我们所知道的一切,都是通过理性得知的。因此不要相信那些声称无须遵从理性的人。那些人这样说,就如同建议熄灭为我们在黑暗中引路的唯一灯光。

理性给人揭示了生活的内涵和意义。

理性赋予人不是为了教会人爱上帝和他人。这种爱早已植入人的内心,而无需理性。理性赋予人是为了对人指明什么是谎言,什么是真理。而只要人摈弃了谎言,他就能学会他所需的一切。

理性在所有人身上都是同一的。人们的交往,他们相互之间的影响,都是建立在理性基础上的。每一个人都必须完成他们的共同理性所提出的要求。

上帝赐予我们理性,以使我们献身于它。因此我们必须使理性保持纯洁,使它永远能够区分真理与谎言。

人只有置身于真理之中,才能获得自由。
而揭示真理的只有理性。

当人运用理性来解决有关世界为什么存在及他本人为什么生在世上的问题时,总是会产生某种头晕脑胀的感觉。人的头脑是无法得出这些问题的答案的。这意味着什么呢?实际上人被赋予理性不是为了回答这些问题,而提出这些问题本身就意味着理性的谬误。理性解决的只是"怎样生活"的问题。回答是明确的:"要让我和所有人都生活得好。这是所有活着的人和我都需要的。这种可能性已赋予了所有活着的人,也通过赋予我的理性赋予了我。"这个决定排除了所有的疑问:原因是什么和目的是什么?

"怎么,难道我们不对吗?必须使人民保持愚昧:瞧一瞧吧,他们是何等的愚钝和野蛮!"
不,人民愚钝和野蛮,乃是因为他们受到野蛮的欺骗。
因此,首先你们要停止野蛮地欺骗人民。

"你们应当趁着有光,信奉这光,使你们成为光明之子。"(《约翰福音》12:36)

为了认识真正的宗教,不要像那些伪学说所教给的那样压抑自己的理性,而应当使它保持纯洁和紧张,用它来检验人们给你的一切。

(以上出自《生活之路》)

教 育

教育事业可以是无益而且最为有害和恶劣的事业,可以是毫无价值的事业,也可以是人们能为之献身的最有益的事业。

当教师墨守学校通行的方针时,教育事业将是最有害的事业。

当教师既不支持也不反对现有的方针(这种方针局限于单一地表面和机械地进行算术、语法和正字法教学)时,它将是毫无价值的事业。

当教师尽其所能地引导孩子们相信以基督教原则为基础的真正道德的信仰和风尚时,它将是最好的事业。

……

是的,当那些还不能想象成年人可能会欺骗他们的孩子,高兴地和信赖地从成年人那里将以真理面目出现的东西(这些东西不仅不是真理,而且是可能毁掉他们以后全部生活的奸诈的欺骗)纳入自己敏感和诚实的心灵时,如果从事教育的人不竭尽全力去纠正这种可怕的欺骗孩子的恶行的话,那将是莫大的罪孽。这一罪孽是十分可怕的。因此,你们,乡村教师们,如果不尽自己最大的努力将永恒的宗教真理和真正的基督教道德的原则(它们很容易为孩子们的心灵所接受)灌输给托付于你们的孩子敏感和渴望真理的心灵,那将会是一大罪过。

(《教师的主要任务是什么——与民间教师的谈话》)

只要没有广泛的教育平等,也就不会有更好的国家制度。

(《1862年1月26日致瓦·彼·鲍特金的信》)

我们这时代的人实在不能承认异教的自制以及基督教的否定

自我乃是良好而理想的品质,相反地,他们认为增添欲念才是良好的,才能提高灵魂的品质。这种见地的明证可以从我们社会中大部分孩子所受的教育中看到。不仅孩子们的训育与异教徒的自制无关,而且与基督徒应受的否定自我的训育无关,孩子们慢慢地被训育成一些没有大丈夫气、体力懒惰以及奢侈的人了。

我很久以来就想写这样一篇童话:有一个女人,为了要报复一个伤害了她的男人,劫走了他的儿子,带着这个孩子去看一个巫婆,请她教她如何最凶恶残忍地将报复施在这偷来的婴儿——仇人的独生子身上,巫婆叫这个女人带这个孩子到她指定的地方去,说将来一定会有一场最残酷的报复落在孩子身上。这个坏女人听从了她的话,可是她一看这个孩子已经给一个有钱而无后人的富翁收留了。她跑到巫婆那里去抱怨她,可是巫婆叫她耐着性子等着瞧。孩子在奢侈与没有丈夫气概的环境中长大了。女人心里更不高兴了,可是巫婆还叫她等着瞧。最后,时候到来了,那坏女人不仅满足了,而且对那个受罪的人怜惜起来,他在阔人的奢侈荒淫中长大起来,但因为他本性好,后来却破产了。接踵而至的是一连串的肉体的痛苦、贫穷、卑贱。年轻人对这些又非常敏感,然而他无法与之抗争。心向一个有道德的生活——他的没有丈夫气的身体,由于惯于奢侈和懒惰,却使他柔弱无能、徒然地挣扎、每况愈下了,只得以纵酒来淹没他自己的思想,终于犯罪,或疯狂,或自杀。

真的,我们一想起今日财主家的孩子们所受的教育,不能不感到恐惧。我们想,只有最残酷的仇敌才会给予孩子们这些弱点以及这些恶德,但现在却由父母灌注,特别是由母亲在灌注给他们。只要你能看见这些孩子的灵魂如何为他们的父母所败坏,你便要惊骇了,但你若看到那结果啊,你更要惊骇了。在他们还不知道道德品性之时,他们已经没有了丈夫气。不仅容忍自制的习惯完全被忽略,相反地,跟斯巴达与一般的古代教育完全背道而驰,自制的品性萎缩了,不仅没有训练他们好好工作,训练他们若要使工作有成就必须具备的品性——如注意力的集中、长劲儿、耐劳、对工作的热情,补救做坏了的一部分工作的能力,对于疲劳的习惯,以及工作完成时的欢乐等——反而习惯了懒惰的生活,并轻视一切工作的成果。他们被教会了损害东西,抛掷东西,被教会了拿钱可以买到他们所幻想的一切,一点也不知道这一切是如何做成的。人被剥夺了得到其他的美德所不可缺少的最初的美德——合乎理性的——学习权利也被剥夺了。他们在世界上放荡地生活,耳朵里却还听到人们嚷着正义啊、服务人类啊、爱啊,到处在宣扬这些崇高的美德哩。

(《过良好生活的第一步》)

真实就是真实,而不是被证明的东西以及其他等等。这是真理中的真理。但真实,正如同这个真理一样,可以不去证明,而是跟踪探寻——可以接近她并且看到,再往前并且无路可走并且我也会离开它。

(《1871年致费特的信》)

亲爱的叶戈尔·彼得罗维奇:

您可能记得,我在乡下居住已近3年,管理自己的庄园。今年(从秋天起),除管理庄园外,我还为男女儿童和成人开办了一所学校,愿意就学的都可以入学。我已收了大约50名学生,数目还在增加。学生的成绩和学校在人民中间的声望是出人意料的。万事之道我看不在于知道应当做什么,而在于知道先做什么后做什么……我的当教师的习惯使得我忘乎所以,竟向您如此认真的证明$2×2=4$,也就是说俄国人民最迫切的需要是国民教育,连我自己都觉得可笑。这种教育不存在。这种教育从未开始过,而且,如果由政府管理,那么它永远也不会开始。没有国民教育这一点是不能去论证的,假如您在这里,我们可以立刻走遍全村,去看一看,听一听。为要证明这种教育从未开始,我们也可以马上到学校去,我会请您看看那些以往曾就学于司祭和助祭的识字者。他们全是些无可救药的学生。不应嘲笑识字有益还是无益的争论。这是非常严肃而又令人沮丧的争论,我会毫不犹豫地站在否定的立场上。

识字,也就是读和写,是有害的。他首先读的是斯拉夫信条、《诗篇》、戒律(斯拉夫的),其次是卦书之类。不去实地验证,很难想象这对智力造成的巨大荒芜和对学生精神气质造成的破坏。必须到乡村学校和师范学校去看一看,到那些以政府名义向学校委派教师的师范学校去看一看才能理解,为什么这些学校的学生出来以后比那些不上学的人还蠢还没有道德。要让国民教育实行起来,必须将它交由社会经办。我不准备举英国这个教育最发达的国家为例,事情的本质就很说明问题。即使政府放弃一切事务,关闭一切部委(那真是件好事),专心致志于国民教育,即使这样,国民教育事业也未必会成功,因为政府掌握的那套机制会妨碍这件事,而主要是因为政府与国民教育利益相左(实际上这才是政府的唯一利益所在)。社会应当能够成功,因为社会的利益与国民的教育程度息息相关,因为社会办事业若没有各种强迫手段支持,就会只以人民的需要为准绳,人民的需要将表现为设施的慈善事业成就或经济成就,而满足人民需要的程度将永远是检验社会活动的尺度。不过我似乎又在证明二乘以二等于四。问题只能是有没有教育或受教育的需要。对我来说这是个不言而喻的问题。我办学半年,在周围地区产生了3所相同的学校,到处同样成功。问题在于,如果向政府提出下列方案,政府会如何表态:

"国民教育协会以在人民中普及教育为宗旨。

协会经费来源为会员缴纳的一百或若干卢布会费、学生缴纳的学费(如果有能力缴纳)、协会出版物获利、捐款……"

至今这个协会由我一个人组成。我绝不是对您说空话:无论这个协会能不能成立,我一定尽我所能,尽我的一切力量去实现这个计划……不过政府总爱放下钓钩,诱使你详细陈述方案、教程等等,然后说:不行。我可不去上这个钩。我很宝贵我的时间。除了我和哥哥的学校以外,我在写一篇关于教育学的长文,这篇文章不能放在交给政府的方案里。无论批准不批准,我哪怕独自一人也要组织一个秘密的国民教育协会……其实政府有什么好怕的呢?难道自由学校能教学生不应该知道的东西吗?只要我敢于开口说,圣骨不是相当于上帝的圣物,我的学校便不会有人来上学了。

《1860年3月12日致叶·彼·科瓦列夫斯基的信》

倘若时光停滞,倘若孩子不是向着多方面生长的话,我们本可以安然达到这一和谐,在我们认为不足之处加以补足,在我们认为多余之处加以剔除。但孩子是处在现实生活中的,他的生命的每一个方面都在彼此追赶着寻求发展,而我们大都将其生命的这些方面的向前发展视为目的,只顾与发展步调一致,而不顾发展的和谐。这里面隐藏着全部教育理论的一个长期的错误。当理想在我们身后的时候,我们向前看它。人的必然发展非但不是达到我们所怀有的和谐理想的手段,而且是造物主在达到更高和谐理想的途中设置的障碍。

……

孩子的发展并不依赖于一成不变的规则,它是会选择一个目的的。这种发展往往选择错误的目的,是因为通常发生在蹩脚雕刻家身上的事发生在了教育者身上……教育只能使人败坏,而不能使人改善。孩子越是被败坏,就应越少对他进行教育,他所需要的自由就越多……无论孩子的发展怎样不正确,他的身上会永远保留着最初的和谐的特点。还应节制这种发展,至少不去促进它,便可以希望得以哪怕是稍许的接近正确与和谐。然而我们却如此自信,抱着幻想沉浸于成年人的完善而虚假的理想,我们对身边所发生的错误是如此急不可耐,如此相信我们纠正错误的能力,又是如此少的理解和珍惜孩子身上开始的美,却竭尽所能忙不迭地夸大我们遇到的错误,而草率地对孩子进行矫正和教育。一会儿拿一个方面与另一个方面相比,一会儿又把这一个方面与第一个方面相比。孩子不断发展,离过去已遭泯灭的原型越来越远,越来越远,也越来越不可能达到成人想象中的完美原型。我们的理想在后面,而不是在前面……在教导和培养孩子中,不能不考虑到一个简单的因素,即,孩子比我,比每个成年人,距离真善美的和谐理想更近,而我出于自尊竟想去引导他走向这一理想。其实对这种理想的觉悟他比我更强烈。他需求于我的只是和谐而全面充实自己的材料。一旦我给他充分的自由,不再去教导他,他就写出了如此具有诗意盎然的、在俄国文学中绝无仅有的作品。

(《谁向谁学习写作,是农民的孩子向我们还是我们向他们学习》)

我们期待于老师的是他能在学生中首先造就深明事理的人,然后是明智的人,最后才是博学多识的人。

这样的方式的好处在于,就如同现实生活中经常出现的情况一样,如果学生永远也达不到博学多识,他仍然会从学习中获益并且会成为即使不是为学校教育,那么也是为生活做好充分准备的人。

假如将这一方法颠倒了,在学生尚未具备自己的判断能力之前便给予知识,让他累积了许多借来的学问(那只是被硬塞的,并非与学生共同成长的东西),那么他的精神能力不但毫无长进,反而在自认博学的陶醉状态中腐化。这便是为什么我们常常会碰到一些缺乏判断能力的学者或一些学院出身的人比社会其他阶层的人在处理生活问题时的想法更迂腐。

——康德
(《阅读圈》)

在那些富人们中间,孩子如果不是被看作享乐的障碍,就是被看成一个不幸的偶然事件,或者当所生的孩子预先达到一定数目的时候,这就被视为家族的喜事,对这些孩子的教育不是为了让他们肩负起所面临的生活任务,而只是为了他们能带给父母以满足。这些父母教育孩子的大部分情形是这样:他们关心的主要不是让孩子具备人所应有的活动能力,而是(父母们出于对被称为医学的伪科学的信赖)尽可能地多让他们进食,增加他们的身高,让他们长得纯洁、白皙、肥胖、漂亮,因而也就娇嫩无比,情欲强烈。服饰华丽,读书,游艺,音乐,舞蹈,美味佳肴,以及从包装盒上的画面到小说诗歌中所描绘的所有生活情景,更激发了这种情欲,而其后果就是最为龌龊的性恶习和性疾病成为富贵阶层这些不幸的孩子成长的一般条件。

人们在各个阶层中都会遇见智力优越的人,尽管他们常常没有任何学问。天生的智慧几乎可以代替任何一个层次的教育,而不论什么样的教育也无法代替天生的智慧,尽管相对这样的人来说,你在知道诸多事件(历史知识)和推断因果关系(自然科学)方面具有优越性——对一切都能轻易作出正确的评述;但你却无法用这些知识掌握更正确和深奥的方法,来观察那些事件、问题和因果关系。没有学问的人,不用这些丰富的知识,靠着自己敏锐的观察力,也能应付一切。他所经验的某个事情使他学到的东西,比起一个学者从数千个只是**知道**,但却不能好好**理解**的事件中学到的还要多,因为这没有学问的人的少量知识——都是**活的**知识。

相反的是,一般学者的大量知识都是僵死的,因为这些知识不是些彻头彻尾的空话,就是往往只停留在抽象的概念上,这些概念只有靠评论者具有的智力和理解力的程度来决定它们的意义。如果评论者的理解力十分低下,那他对这知识的评价也自然很低,正如一个银行,印刷纸币可以十倍地提高其现金总额,但最终它还是要破产的。

——叔本华

只要我们不是从童年起就惯于认为,可以以恶还恶,可以用暴力强迫别人做我们想做的事,则我们就会对此感到莫名其妙:某些人好像故意要让人败坏似的,他们竟可以让人们惯于认为,惩罚和各种暴力都是有益的行为。我们惩罚孩子,为的是让他不敢再做坏事,但我们却用这惩罚本身教给了他,惩罚是有益而公正的。

我们为了孩子的某些坏习气而惩罚他,而对他来说,在这些坏习气中,未必有哪一种比我们以惩罚本身教给他的这种坏习气更为有害。"我受了惩罚,惩罚一定是件好事。"孩子会在心里这样说,而此后一遇到机会他就会如法炮制。

有关惩罚合理的学说,不仅过去和现在都无助于对孩子的良好教育,而且也无助于建立良好的社会制度和树立所有相信来世惩罚的人们的道德观,在过去和现在它只能造成不计其数的不幸:它使儿童变得心肠冷酷,使人们的社会关系变得疏远,使之失去其赖以存在的美德基础,并以地狱的允诺使人们腐化堕落。

人们不相信以善报恶而非以恶报恶的必要性,其主要原因在于,他们从小受到的教育就是:如果不以恶还恶,他们整个的生活就会陷于混乱。

在所有传播伪信仰的手段中,最残酷的是把伪信仰传授给儿童。其做法就是,当孩子问那些先他出生并有可能知道前人智慧的大人们,这个世界及其生命究竟是什么,人与人之间是什么样的关系时,他得到的回答不是这些大人所想的和知道的,而是生活在几千年之前的人们有过的想法,是已经没有一个成年人相信也不可能相信的那些东西。孩子得到的不是他所需求的和必要的精神食粮,而是毁坏他精神健康的毒药,而要逃避这种毒药的危害,他必须付出巨大的努力,经受巨大的痛苦。

(以上出自《生活之路》)

女　性

　　人的尊严不在于他具有何种品格和知识,而仅仅在于完成自己的天职。男人的天职是做人类社会蜂房的工蜂,那是无限多样化的;而母亲的天职呢,没有她们便不可能繁衍后代,这是唯一确定无疑的。虽然如此,妇女还是常常看不到这一使命,而选择虚假的,即其他的使命。妇女的尊严就在于理解自己的使命。理解了自己的使命的妇女不可能把自己局限于生蛋。她越是深入理解,这一使命便越能占有她的全部身心,而且被她感到难以穷尽。这一使命的重要性和无限性,以及它只能在一夫一妻的形式(即过去和现在生活着的人称之为家庭的形式)下才能实现,对此不能理解的只是那些瞎了眼而看不见的人。因而一个妇女为了献身于母亲的天职而抛弃个人的追求越多,她就越是完美。
　　"可是,亲爱的伯爵,为什么我们可以看到教养有素的孩子,而他们的母亲是社会的骄傲呢？为什么有思想、有文化修养的妇女能像为了照看幼儿而抛弃了科学和艺术的妇女一样教育好孩子呢？"是的,我们可以看到向人们裸露肩背和写作文章的母亲的孩子和来不及梳洗打扮的母亲的孩子一样,无论在体力上或道德方面,穿着打扮上都很好。但我们看不到一些已经死去和还活着的孩子,我们无法比较这些孩子身上的基本的精神力量,这种精神力量是不能以希腊语法、外语和舞蹈的知识来衡量的。
　　这些精神力量永远在那些不与僧侣打交道,不研究政治经济学,也不用脂粉涂抹裸露的胸脯的母亲教育出来的孩子一边。
　　……
　　母亲积极地爱,爱得越深,孩子便越美好。
　　我从伟人的传记中还没有见到一个实例说明,哪个伟人不是母亲的宠儿。

《论婚姻和妇女的天职》

女子的使命,除了做妻子以外,主要是做母亲,而要做母亲,不是简单生儿育女,而是必须发展自己。

《1856年11月23日致瓦·弗·阿尔谢尼耶娃的信》

做母亲不是妇女的最高使命。

《1910年9月15日日记》

关于叶卡捷琳娜女皇的《手谕》[①],总括起来可以这样说:正如我先前已经提到的,《手谕》中随处可见两个对立的出发点,一个是革命精神,当时整个欧洲都在它的影响之下;一个是专制主义精神,女皇的虚荣心使她不能放弃后者。虽然她意识到前者的优势,但《手谕》中占主导地位的却是后者。她把多半是从孟德斯鸠那里拿来的共和思想当作为专制主义辩护的工具,但是多半不成功。因此我们在她的手谕中常常碰到一些需要加以证明的思想。如果没有证明,这些与最专制的思想并存的共和思想,而且多为结论,完全不合逻辑。

这《手谕》一看就知道是女人的头脑想出来的,她虽然有伟大的智慧、崇高的感情、对真理的爱,仍旧压不住自己浅薄的虚荣心,正是虚荣心使她的伟大品格黯然失色。总的说来,我们在这部作品中看到浅薄多于切实,俏皮多于理性,虚荣心多于对真理的爱,最后,爱自己胜于爱人民。最后这个倾向表现在整个《手谕》中,我们只看到有关公法,即国家关系(作为国家代表的她本人的关系)的决定,而没有看到有关民法,即个别国民的关系的决

---

① 指叶卡捷琳娜二世于1766年给新法典起草委员会的手谕,其中包含18世纪法国思想家孟德斯鸠在其著作《法意》中提出的许多条款。喀山大学民法教授梅耶尔指定当时在那里就读的托尔斯泰将《手谕》和孟德斯鸠的书作一个比较。

定。最后我要说,这《手谕》给叶卡捷琳娜带来的荣誉多于给俄国带来的利益。

(《1847年3月24日日记》)

我带着很大的满足读了您论妇女的文章①,我对文章的结论举双手赞成。但我认为,您对无性妇女所做的一个让步有损于文章的整体。这样的女性是不存在的,正如没有4条腿的人一样。失去生育能力的妇女和未找到丈夫的妇女仍然是妇女,如果我们谈的不是穆勒等人允诺将要建成的那种人类社会,而是由于不被他们所承认**某个人**的过错而始终存在的那种社会,我们将看到,没有任何必要去为失去生育能力和未找到丈夫的妇女去设想出路:对这些未进事务所、讲台、电报局供职的妇女,一向都是供不应求。还有接生婆、保姆、女管家、妓女。没有人怀疑接生婆的必要和短缺的现实,任何一个不愿放纵肉体与灵魂的无家庭妇女都不会寻求上讲台,更适合的是去帮助产妇。还有**保姆**——这里指民间最宽泛的含义。姑姨、祖母、姐妹,都是可成为家庭中最受敬重的保姆。除了雇佣的以外,哪个家庭中没有这样的保姆呢?有这种保姆的家庭和孩子是幸福的。那些不想放纵灵魂和肉体的妇女不会选择电报局的办事处,而总是要选择这种使命——甚至不是选择,而是无意中自然进入这一轨道的,并抱着有所作为的意识和爱心在这一轨道上一直走到生命的尽头。至于雇佣的保姆我就不谈了,因为我们常常是从瑞士、英国和德国延聘她们的。

关于女管家,除了雇佣的以外,我所指的又是岳母、母亲、姐妹、没孩子的妻子等。这是女性的又一项最为有益而可敬的使命。不知为什么,为了让妇女更为可敬,就要把为别人发电报或写汇报材料看得比照管家产及家庭成员健康更高一等。

---

① 指斯特拉霍夫在读了英国哲学家约翰·穆勒(1806—1873)的《妇女的从属地位》一书后所写的《妇女问题》一文。该文反对穆勒的观点,不主张给妇女以与男子同等的权利,但也认为应当给予无家庭及老年妇女以政治权利,即下面托尔斯泰所说的"让步"。

您或许会感到奇怪,我在这些可敬的称呼中还列上了不幸的……①我必须这样做的理由,不是我希望这样,而是根据一直存在的现实。这些不幸的人始终都存在着。我想,如果认为,上帝这样安排是错的,而基督宽恕了她们其中的一个更是错的——那么这种想法就是渎神的和荒谬的。我考察的只是现存的东西,并尽力搞清它存在的原因。我们从欧洲延聘这一类妇女,就向我们证明了她们是适应需要的;至于她们为什么是必需的,只要我们承认一直存在的事实和人类只在家庭中发展这一点,对此就不难理解了。家庭只有在最原始的简朴生活方式下才能无须抹大拉的马利亚②相助而得以维持,就像我们在偏远地区和一些小村落中所看到的那样;但只要出现大的聚居区,如大村庄、小城镇、大都市,她们就会出现,而且总是与聚居区的规模相适应。只有从不出家门的农民,才可能从年轻时结婚起一直与自己的妻子互相保持忠贞,但在复杂的生活形态中,我认为这显然是不可能的(当然是就总体而言)。执掌着世界的那些律法又能起什么作用呢?能制止人口集中和发展吗?这又与其他目的相抵牾。允许自由地变换妻子和丈夫(如自由主义空谈家想要做的那样)——这也不符合天意的目的,其理由对他们来说是不言而喻的——这会破坏家庭。因此按照力的简省法则便出现了折中的形式——抹大拉的马利亚,以适应生活的复杂化。请想象一下,伦敦没有了那8万抹大拉的马利亚会是什么情形。众多的家庭会怎么样?大多数的妻女能够保持贞操吗?人们所如此乐于遵守的道德法则又会怎样呢?在我看来,在今天复杂的生活形态下,对于家庭来说,这一阶层的妇女是**必不可少**的。所以说,只要我们不认为社会体制是像穆勒们所想的那样按照某些傻瓜和恶棍的意志所建立的,而是按照一种我们所难以领悟的意志建立的,那么我们就将清楚地认识到无家庭妇女在其中所占的地位。

---

① 原文空缺,可能指放荡女子,即妓女。
② 被耶稣所救治的堕落女子。这里指妓女。

他们是以高傲的观点来看问题的,即希望表明,他们将建立一个比现存世界更好的世界,而从这一观点来看问题就将一无所见;但只要从现存事物的角度去看,一切都会表露无遗。他们有关妇女的问题谈得很好。妇女最主要的使命仍然是生育、教养和哺育孩子。米什莱①说得好,世上只有女人存在,而男人是 le male de la femme②。请看一下这个履行其直接责任的女人。凡与女人一起生活过、爱过她的人都清楚,这个女人有 10—15 年的时间可以生育,有一个时期往往是她负担最为沉重的。她怀胎或者哺乳;对大一点的孩子必须要给以教导,穿衣,吃饭,看病,接受教育,丈夫,同时还有必须保持正常的情欲冲动,因为她必须要生育。这个时期的女人往往处在一团忙乱之中,她必须表现出难以想象的强大精力,除非我们没有见过这样的女人。这就像我们北方的庄稼汉在 3 个月夏收中的情形一样。请想象一下处于这个时期的女人,假如她陷入一群没有抹大拉的马利亚的未婚公狗的引诱之中,情况会怎样?更主要的是,请想象一下,一个没有其他家庭妇女如姐妹、母亲、姑姨、保姆帮助的女人,情形会怎样?哪里有在这个时期独自承担一切的女人?可见,无家庭妇女还需要什么其他的使命吗?即使她们都分散开来去做助产妇,还是显得不够,仍然会出现孩子因照看不周而死亡、因照看不周而营养不良和教育失当的事。

《1870 年 3 月 19 日致尼·尼·斯特拉霍夫的信》

在《民数记》中有一个含义深刻的故事,讲摩押王巴勒邀请巴兰,让他来诅咒大兵压境的以色列人。巴勒为此允诺给巴兰许多礼物,于是巴兰经不住诱惑,便来见巴勒,但在路上被一个天使挡住,驴子看见了天使,但巴兰看不见。尽管中途受阻,巴兰还是来到巴勒这里,与他登上山头,山上已准备好祭坛和宰好的牛犊肥羊以行诅咒。巴勒等着诅咒仪式开始,但巴兰并没有诅咒,而是为以

---

① 米什莱(1798—1874),法国历史学家,思想家。
② 法文:女人的配偶。

色列人祝福起来。

第23章(11):"巴勒对巴兰说:你为我做的是什么事呢?我领你来咒诅我的仇敌,不料你竟为他们祝福。

(12)巴兰回答说:主传给我的话,我能不原原本本地说出来么?

(13)巴勒对他说:你同我往别处去……从那里咒诅他们。"

于是领他换了一个地方,那里也准备好了牺牲品。

但巴兰还是没有诅咒,而是祝福。

换到第三个地方还是如此。

第24章(10):"巴勒向巴兰生气,就拍了一下手,对巴兰说:我召你来为我咒诅仇敌,不料,你这三次竟为他们祝福。

(11)如今你快回本地去吧;我想使你得到尊荣,但主却阻止你不得尊荣。"

这样,巴兰没有得到礼物就离开了,因为他没有诅咒,反而为巴勒的仇敌祝福。

巴兰所遇到的这种情况也常常出现在那些真正的诗人艺术家身上。诗人经不起巴勒的允诺——名望的诱惑,或者沉迷于自己受到蛊惑的虚假观念,而竟至看不到连驴子也看得到的拦阻他的天使,结果想要去诅咒,反而做了祝福。

当真正的诗人艺术家契诃夫在写这篇杰出的小说《宝贝儿》时,所遇到的正是这种情况。

显然,作者想要嘲笑《宝贝儿》中的女子,他凭推理(而不是凭感情)认定她是个可怜的家伙,一会儿和库金去操心他的剧院,一会儿又去关照木材买卖的获益,一会儿受兽医的影响把与家畜结核病斗争视为头等大事,最后又埋头于那个戴大制帽的中学生提出的种种语法问题和趣事。库金的姓氏可笑,就连他的病和他的讣闻电报也可笑,老成持重的木材商人可笑,兽医可笑,男孩子也可笑,但"宝贝儿"的心灵并不可笑,而是神圣的、令人惊异的,因为她能够为自己所爱的人献出自己的全部身心。

我想,作者在写《宝贝儿》时,对于新女性从推理上而不是在感情上抱有模糊的观念,如对于她们与男子有平等权利、有修养有学识、在为造福社会而独立工作上即使不胜于男子但也并不逊色,尤其是对于提出并主张妇女问题的女性等方面的理解,都是如此。所以他在开始写《宝贝儿》的时候,想要表明的是,女性不应是怎样的。社会舆论的巴勒邀请契诃夫诅咒软弱、温驯、忠实于男人而没有修养的女人,于是契诃夫上了山,牛犊肥羊都已献上,但这诗人一张口说话却是祝福他想要诅咒的。尽管作品整体上有着巧妙而欢快的喜剧性,但至少说,我在读这个令人惊叹的小说的某些段落时,却不能不为之下泪。小说中令我感动的是,她以完全的献身精神去爱库金和库金所爱的一切,同样地去爱木材商,同样地去爱兽医,更令我感动的是,当只剩下她一个人而无人可去爱时,她是那样的痛苦,最后他又以全部女性情感和母爱(这是她未曾直接体验的)的力量把无限的爱倾注在属于未来的人,即那个戴大制帽的中学生身上。

作者让她去爱可笑的库金、微不足道的木材商和讨厌的兽医,但爱总归是神圣的,不管爱的对象是库金,还是斯宾诺莎、帕斯卡或席勒,也不管是像"宝贝儿"那样所爱对象不停变换,还是爱上一个对象而终生不渝。

很久以前,我偶然在《新时报》上读到阿特先生论妇女的一篇出色的小品文。作者在这篇小品文中阐发了他关于妇女的极为睿智而深刻的思想。他说:"女人们极力向我们证明,我们男人能做的一切,她们也能做。对此我不仅没有异议,"作者说道,"而且欣然赞同,女人能够做男人所能做的一切,甚至或许做得还要好,但不幸的是,女人所能做的事,男人甚至连与之相仿的事也丝毫做不到。"

的确,事情无疑正是这样,这里涉及的不仅是生育、哺乳和孩子的早期教育问题,而是男人不能从事那种崇高、美好、最大限度地使人靠近上帝的事业——爱的事业,为所爱的人献出一切的事业,而那些优秀的女性过去、现在和未来都出色而自然地从事着这些事业。假如妇女们不具备这种品性,假如她们不表现出这一品性，世界将会是个什么样子，我们男人将会是个什么样子？如果没有女性的医生、电报员、律师、学者、作家，我们都能应付，但如果没有母亲、女助手、伴侣，没有爱男人身上所有美好品质并以潜在的影响力唤醒和鼓励他们这些美好品质的安慰者，没有这些女性，世上的生活将会一团糟。假如基督没有马利亚和抹大拉的马利亚①，假如阿西西的方济各②没有克拉拉，假如在苦役场没有十二月党人的妻子，假如反仪式派③没有他们的妻子支持他们为真理而经受苦难（而不是阻止他们），假如酒鬼、懦夫、放荡之徒以及那些比任何人都更需要爱的抚慰的人们没有成千上万默默无闻、极为优秀的（凡默默无闻者都是如此）妇女——安慰者，情形同样会一团糟。在这种爱中，不管是对库金的爱还是对基督的爱，都体现着女性最主要的、伟大的、无可替代的力量。

全部所谓的妇女问题，竟像任何一种庸俗的事必然会导致的情形一样，把大多数妇女甚至男人都卷了进去，这是何等令人惊异的错位啊！

"女人们想要完善自我"——有什么比这更合理、更正当的事呢？

但是，就女性的天职来说，她们的事业有别于男人的事业。因此，女性完善自我的理想不可能与男人的理想一样。即使我们不知道这个理想是什么样的，不管怎样，有一点是毋庸置疑的，即它与男人自我完善的理想不同。然而，如今令妇女们惶恐莫名的时髦运动的所有可笑而恶劣的行为，却都是要达到这种男人的理想。

恐怕契诃夫写《宝贝儿》时就是受了这种错误见解的影响。

他就像巴兰一样，一心要去诅咒，但诗的上帝却制止了他，吩咐他去祝福，于是他做了祝福，不由自主给这个可爱的女子罩上奇妙的光芒，而她就成为一种永久的典范，告诉人们妇女为了获得最

---

① 被耶稣救治后服侍耶稣的女子。
② 阿西西的方济各(1182—1226)，天主教方济各会创始人，意大利人。
③ 基督教精神基督派的一支。俄国的反仪式派否定正教的一切仪轨，受到沙皇政府迫害。托尔斯泰曾帮助他们在19世纪末移居加拿大。

大的幸福,同时为了给那些与她命运与共的人带来幸福,她能够怎样去做。

这篇小说之所以如此美妙,正因为是无意中写出来。

我曾在通常举行阅兵式的驯马场上学骑自行车。驯马场的另一头,有一位太太也在学骑车。我心想我别妨碍了这位太太,眼睛就看着她。而一旦盯着她,我就不由自主越来越靠近她,结果尽管她注意到有危险,急忙闪避,我还是撞到她,使她摔倒在地。也就是说,我做了与我的意愿完全相反的事,就是因为我过于关注于她。

契诃夫所遇到的正是这种情况,不过相反:他想要摔倒"宝贝儿",于是以诗人的目光紧紧地盯住她,结果是抬高了她。

(《契诃夫短篇小说〈宝贝儿〉跋》)

无法让家庭保持良好状况的主妇是不幸福的;这样的女人到哪里都不可能是幸福的。

人有一种根深蒂固的错误观念,就是认为烹饪、裁缝、洗衣、育儿这些事情全部都是女人的工作,男人做这些事是可耻的。但事实上这样想的男人才真正是可耻的。当疲倦的、病弱的、怀孕的女人正付出有限的力量在做饭、洗衣服、照顾孩子的时候,男人却在为无聊的事情消磨时间,或游手好闲,这是多么可耻的事。

在基本的生活使命上说,女性与男性没有区别。这个使命就是服务上帝。他们的区别仅仅在于服务方式的不同。尽管女性的使命与男性的使命并无二致,都是通过爱的方式来完成服务上帝的任务,但在大多数女性那里,这种服务方式却比男性更为明确。这种方式就是:通过爱哺育和培养一代又一代上帝事业的奉献者。

温柔而简短的谈吐是女性的最佳修饰。

你在大都市里去看一看那些高档商店里出售的东西,动辄数百万的,乃是数百万劳动者用以血汗为代价的沉重劳动生产出来的。所有这些供女性使用的奢华物品,却本是并不必要的东西。如果女性都能明白,造成她们轻浮而不必要的奢华的,正是这种恶,那该有多好啊!

不是丈夫挑选妻子,而是妻子挑选丈夫。为了替孩子寻得好父亲,女人必须能够明辨善恶。这个知识是女性首先应当学会的。

把全部天赋的母性自我牺牲的力量都献给服务上帝,也就是把爱施予他人——这样的真正贞洁的姑娘,才是人类最美好和最幸福的人。

自我牺牲对女人是再自然不过的事,自私则是女人最令人不快的缺点。

无论女性或男性,所要遵守的道德是一样的,也就是说,两性同样都要遵守节制、正义和善。不过在女性方面,这些德性将带来一种独特的美。

男性和女性一样都要走向完美之路,那也就是爱的完成。如果男性对爱的思考与反省上有胜过女性的地方,那么女性则常常以建立在爱之上的自我牺牲胜过男性。

(以上出自《阅读圈》)

那些相信上帝造世的人常常会问:为什么上帝创造了人,却叫他们注定去做下罪孽,他们不能不去犯罪吗?问这样的问题,就等于问:为什么上帝创造了母亲,为了让她们有孩子,一定要让她们受苦呢,要分娩、哺乳、教养孩子呢?如果上帝一下子把完好的孩子送给母亲们,无须分娩,无须哺乳,无须劳作、操心、担惊受怕,那不是更省事吗?没有一个母亲会这样问,因为孩子之所以对她们是宝贵的,是因为有了痛苦的分娩、哺乳、培养,对孩子们的操劳是她生活中最大的快乐。

人的生活也是如此:罪孽、邪念和迷信,与之斗争并战胜它们,这就是人类生活的意义和快乐所在。

为了清楚地理解基督教徒生活中的全部猥亵和反基督行为,只要想一下这种到处可见的现象就足够了:那些靠淫乱为生的女人是由各级政府所纵容,并加以妥善安置的。

在富人们中间流行着一种由伪科学所认证的观念,即性关系对于健康是必不可少的,而由于婚姻并不是在任何情况下都可实现的,所以那种不把男人束缚于某种责任的、超出于夫妻关系的性关系,除了金钱交易的,都是完全自然而然的事。这种观念是如此的普遍和坚定,使得父母们照着医生的建议去为孩子安排淫乱的活动;而那专事关心国民福利的政府呢,就去组织淫乱活动,即允许这样的一类女人存在——为了满足男人的淫欲而担负起在肉体和灵魂上都葬送自己的责任。

人们已习惯于这样想:做饭、洗衣服、看孩子都是女人的事,男人做这些事是可耻的。然而恰恰相反,男人应该感到羞耻的是:悠闲自在,为一些琐事消磨时光,甚至当劳累的往往也是衰弱的、带着身孕的女人在费力地做饭、洗衣物、照看孩子的时候,他们却无所事事。

(以上出自《生活之路》)

儿　童

在孩子们身上存在着实现一切伟业的可能性。

为什么孩子比很多大人具有更高的德性呢？那是因为孩子的智慧不会因迷信、诱惑、罪孽而被歪曲；在他们走向完美的道路上畅通无阻，但对成人而言，却有罪孽、诱惑和迷信在前面阻隔。

孩子只是生活，而成人却要争斗。

假如没有天真无邪的、具有一切到达完美之可能性的孩子不断出生，世界会变得多么可怕啊。

单纯总是富于魅力的。儿童与动物的魅力便由此而来。

有什么时光比童年更美好，有什么美德胜过纯真的欢愉，以及爱的需要？这是最纯粹的生命表现。我们应该尊重每一个人，特别是儿童，切莫破坏他灵魂中的纯真。

童年是形成基本信念的时期，所以，最重要的教育就是选择应该说服他们相信的东西。

谈话与推论的影响还不如真实范例的千分之一，如果儿童在现实生活中看到的是相反的现象，所有做事做人的教训便都徒劳无功。

对于孩子来说，最重要的是教给他们过适度和简朴的生活，教导他们热爱劳动和心地善良。但是,当孩子们看到的是,父母只重奢华,挥霍无度,好逸恶劳,周围是贫困的人群而自己的生活却极尽豪奢,那还怎么能完成上述对孩子的教育呢。

对儿童全部的道德教育就是给他们提供善的榜样。你自己要过善的生活,至少要努力过善的生活,在这种善的生活中你达到的程度越高,对孩子的教育越好。

(以上出自《阅读圈》)

过真正生活的,首先是孩子,他们刚踏入生活,还不知道时间。他们总希望什么也不要改变。随着年龄的增长,他们越来越受时间的幻觉的支配。到了老年,这幻觉渐渐减弱,时间似乎过得更快了,最后,老人渐渐进入无时间的生活。所以孩子和老人在最大程度上过着真正的生活。而有性生活的人更多的是为真正的生活准备材料。

(《1907年4月30日日记》)

培养、教育、发展,或者任意想如何去影响孩子,在这一过程中我们必须具有或者其实就有着一个不自觉的目的:使真善美的意义达到最大限度的和谐。倘若时光停滞,倘若孩子不是向着多方面生长的话,我们本可以安然达到这一和谐,在我们认为不足之处加以补足,在我们认为多余之处加以剔除。但孩子是处在现实生活中的,他的生命的每一个方面都在彼此追赶着寻求发展,而我们大都将其生命的这些方面的向前发展视为目的,只顾与发展步调一致,而不顾发展的和谐。这里面隐藏着全部教育理论的一个长期的错误。当理想在我们身后的时候,我们向前看它。人的必然发展非但不是达到我们所怀有的和谐理想的手段,而且是造物主在达到更高和谐理想的途中设置的障碍。在这一向前发展的必然规律中,包含着我们祖先品尝的善恶树之果的意义。一个健康的孩子降生到世上,与我们所抱有的对真善美的绝对和谐要求是相适应的;他更近于那些非灵性的存在——植物、动物、大自然,这些东西始终向我们展示着我们所寻求和期望的真善美。在所有时代所有人的心目中,孩子从来就是天真无邪的,是真善美的化身。人完美地降生——这是卢梭说的一句至理名言,这句话乃是像磐石一样坚固的真理。人一旦降生,就成为真善美和谐的一个原型。然而生活中每时每刻,他降生时所处的那种完美和谐的关系不断扩大其时空与数量,而每向前走一步,这种和谐都有被破坏的危险,此后每走一步,每一个时刻,都会有新的遭到破坏的危险,而使人丧失希望去重建这被破坏的和谐。

大多数教育工作者忽视了儿童期和谐的原型这一事实;孩子的发展并不依赖于一成不变的规则,它是会选择一个目的。这种发展往往选择错误的目的,是因为通常发生在蹩脚雕刻家身上的事发生在了教育者身上。

他们不是尽力抑制某些部分的过度增长或者抑制总体的发展,以等待新的时机来消除已发生的错误,他们像蹩脚的雕刻家那样,不是刮去多余的部分,而是往上越黏越多——那些教育者就是这样,他们努力做的仿佛就是一点,即让发展进程不断地继续下去,即使他们考虑到了和谐的问题,在达到这一目的的过程中,他们始终是尽力去寻求我们所未知的未来的原型,而避开现在和过去的原型。无论孩子的发展怎样不正确,他的身上会永远保留着最初的和谐的特点。还应节制这种发展,至少不去促进它,便可以希望得以哪怕是稍许地接近正确与和谐。然而我们却如此自信,抱着幻想沉浸于成年人的完善而虚假的理想,我们对身边所发生的错误是如此急不可耐,如此相信我们纠正错误的能力,又是如此少地理解和珍惜孩子身上开始的美,却竭尽所能忙不迭地夸大我们遇到的错误,而草率地对孩子进行矫正和教育。一会儿拿一个方面与另一个方面相比,一会儿又把这一个方面与第一个方面相比。孩子不断发展,离过去已遭泯灭的原型越来越远,越来越远,也越来越不可能达到成人想象中的完美原型。**我们的理想在后面,而不是在前面。**教育只能使人败坏,而不能使人改善。孩子越是被败坏,就应越少对他进行教育,他所需要的自由就越多。

在教导和培养孩子中,不能不考虑到一个简单的因素,即孩子比我,比每个成年人,距离真善美的和谐理想更近,而我出于自尊竟想去引导他走向这一理想。其实对这种理想的觉悟他比我更强烈。他需求于我的只是和谐而全面充实自己的材料。一旦我给他充分的自由,不再去教导他,他就写出了如此具有诗意盎然的、在俄国文学中绝无仅有的作品。因此,依我之见,我们无法教孩子特别是农民的孩子写作,特别是诗意的写作。我们所能做的一切,就是教他们去从事写作。

如果可以把我为达到这一点所做的事称为手法的话,那么这些手法有如下几种:

1)提供多样化的、有极大选择余地的题目,不要自己去为孩子们杜撰,而要提供最为严肃也是教师本人最感兴趣的题目。

2)给孩子们朗读孩子们的作文,并且只能以孩子们的作文为范例,因为孩子的作文都比成年人的作文更合理、更优雅、更有道德感。

3)(尤为重要)在批改孩子们的作文时,永远也不要提醒他们注意练习本的整洁,或者书法的工整,或者拼写的正确,最主要的是,不要提醒他们注意句子结构和逻辑。

4)因此,写作的难点不在篇幅或容量,而在于题目的艺术性,题目的循序渐进不是体现在篇幅的变化,也不是内容的改换,也不是语言,而在于整体的机制,这包括:第一,从大量可供选择的思想和形象中挑选出一个;第二,为这一思想或形象选择词语来容纳它;第三,记住它并为它寻找一个发生地点;第四,要记住所写的东西,不要再重复,一点也不要遗漏,要善于前后衔接;第五,最后一点,做到同时边想边写,互不干扰。抱着这个目的我所做的是:开头我先把这一工作的某些方面自己承担起来,逐渐把全部工作转交给他们掌管。我先为他们从那些可供选择的思想和形象中挑选出我认为好的,记住它,指定发生地点,查看已经写过的以避免重复,于是我来写,而只让他们用言辞讲出这些形象和思想;然后我让他们自己去选择、再查看已写过的,最后,就像写《大兵的生活》

那样,他们自己承担起全部写作过程。

(《谁向谁学习写作,是农民的孩子向我们还是我们向他们学习》)

孩子比成年人更睿智。小孩不分辨人们的称谓,而是用全副的灵魂去感受人人身上存在的、对他和所有人来说都是同一的东西。

你们真不幸,尘世的人们啊!在你们的头顶脚边,身左身右,相伴着忧伤和焦虑,你们自己对自己便是谜。如果不像孩子那样成为快乐和有爱心的人,这样的谜你们将永难解破。只有快乐而有爱心,你们才会认识我,认识了我,才会认识自我,进而你们才会掌握自我。

只有以自己的灵魂来看世界,你们才会常常感到幸福,无论在世界上,还是在你们自己的内心。

——佛教《经集》①

儿童对罪孽还不熟悉,任何罪孽都会遭到他们反对。成年人已经堕入邪念之中,犯了罪孽而无从察觉。

意识不到在自身存在着与上帝及所有生命共有的灵魂,才会无罪。动物、植物便是这样,它们无罪。

人能意识到自己与动物和上帝同时归于一体,所以他不可能是无罪的。我们说儿童是无罪的,这是不正确的。孩子也并非无罪。在他们身上比成年人较少罪孽而已,但他们已有肉体罪孽。过着纯粹神圣生活的人同样也并非无罪。在圣人身上罪孽较少,但罪孽还是有的——没有罪孽,就没有生活。

一个孩子遇到另一个孩子,不管他是哪个阶级,什么信仰,哪

---

① 《经集》,最古老的佛教三藏经典之一,辑有偈颂、故事、谚语等。

个民族,他们都会发出善意的、满含喜悦的微笑。而成年人呢,他们肯定比孩子更有理性,但当他们与别人交往时,先要在脑子里想象一下,那个人是哪个阶级的,什么信仰,哪个民族,并视其阶级、信仰、民族而决定与之交往的方式。无怪乎基督说:你们要像小孩子那样。

没有人像孩子那样在生活中实现着真正的平等。而成年人却犯了何等的罪孽啊,他们破坏了孩子们这种神圣情感,教给他们说,世上有国王、富人、名人,对这些人必须要恭敬相待,世上还有仆人、劳动者、乞丐,对这些人却只能用居高临下的态度!"谁引诱了这唯一信我的小孩子……"①

不要相信无法做到人人平等或者它只能在遥远的将来才可能实现的说法。要向孩子学习。就在此刻,每个人都可以做到平等待人,为此不需要任何法律条文。你在自己的生活中可以做到与你遇到的所有人建立平等关系。不要对那些你认为位高权重的人表示出过分的尊敬,最主要的是,要把对你认为地位低下的小人物的尊敬,也同样地用于所有的人。

基督昭示给人们说,他们每时每刻都知道,人与人之间都是平等的,因为在他们所有人身上存在着同一的灵魂。但自古以来人们就把自己分成皇帝、权贵、财主和劳动者、穷人,尽管他们知道,他们都是平等的,但还是好像对此一无所知一样地生活,并且扬言人人平等是不可能的。不要相信这些话。要向孩子学习。一个小孩尊敬皇帝,与他尊敬一个普通人别无二致。就应该像他们一样去做人。对所有人都要待之以爱和亲情,对所有人都平等相待。如果有人要提高自己,对他们就不要比别人表示更多的尊敬。如

---

① 《马太福音》18:6:"凡使这信我的一个小子跌倒的,倒不如把大磨石拴在这人的颈项上,沉在海里。"意思是谁引诱小孩子堕落,谁将承受比死亡更重的内心惩罚。

果有人要贬低别人,那你对这被贬低的人就要努力表示格外的尊敬,像对与其他所有人都平等的人一样。要记住,在所有人身上都同样存在着上帝的灵魂,除此之外,我们不知还有更高贵的东西。

摆脱肉体私欲的主要困难是,肉体私欲是生活的一种必要条件。人在童年的时候它是必要的,自然而然的,但随着理性的显现,它就应逐渐减少,最终消失。

孩子不会为私欲而感到良知的谴责,但当理性显现出来的时候,私欲对人本身来说就成为一个负担;随着生活的进展,私欲就越来越淡薄,而当死期临近的时候,它就会完全消失。

(以上出自《生活之路》)

道德篇

罪孽

由于政权在不断扩大，又带来了许多好处，强暴者看不见自己的罪孽。而受暴虐者也以为，只要对强暴者表示顺从，他们就没有犯罪，因为在他们看来顺从要比斗争好一些。但这种顺从正是罪孽，它并不比那些制造暴行的人的罪孽来得轻。假如受暴虐者在忍受种种贫穷痛苦、横征暴敛和残酷行为的同时，并不承认强暴者政权的合法性，不答应对他们俯首听命，那他们就没有犯罪。可是答应对他们俯首听命就是罪孽，是一种和统治者的罪孽一样的罪孽。

答应对暴力政权俯首听命，承认它的合法性，这是一种双重的罪孽。其一，那些服从于强暴者的人为了避免斗争的罪孽，却纵容他们对之服从的人犯了这种罪孽。其二，他们答应在无论什么情况下都对政权俯首听命，这就背离了自己真正的自由——对上帝意志的服从。

（《论俄国革命的意义》）

纯洁无罪的人以及绝对诚实的人都是不存在的。人与人之间的区别不在于，一个人是绝对纯洁无罪和诚实的，而另一个人则是绝对有罪和虚假的，而在于，一个人努力追求最高限度的纯洁无罪和诚实，而另一个人追求的却不是这个。

顺从就是要承认自己是罪人并且不以自己的善行为傲。

如果善良的人不承认自己的错误，而总是极力认为自己无罪，那么他很快就会由善良的人变成一个坏人。

如果人内心里感到自己在上帝面前是有罪的,但是却既不在他人面前,也不在自己面前承认自己的罪过,那么这样的人就总是乐意责怪他人,尤其是责怪实则是他自己有负于对方的人。

(以上出自《阅读圈》)

阻挠人与其他生命和上帝相结合的罪孽有:饕餮的罪孽,即贪吃,酗酒;

淫荡的罪孽,即性生活的荒淫无度;

游手好闲的罪孽,即远离为满足自身需求所必须的劳动;

贪婪的罪孽,即为享有他人的劳动而索取和占有财富;

在所有罪孽中最严重的是与他人分离的罪孽:嫉妒、恐惧、指责、仇恨、愤怒,总之,是对他人恶意的情感。阻挠人通过"爱"将自己的灵魂与上帝和其他生命相结合的罪孽指的就是这些。

把人引向所有罪孽的是对肉欲的放纵,因此,人要想与罪孽进行斗争,必须努力克制放纵肉欲的行为、话语和想法,也就是要努力舍弃肉体。

亵渎圣像、圣书、神殿,被认为是最大的、不可饶恕的罪孽,而亵渎人的行为却不被当作罪孽来看。实际上,在人的身上,在最为堕落的人身上,也存在着高于一切人工之物的东西。所有的书籍、圣像、神殿——都不过是人工所造之物。

人的生活本可以获得无限的幸福,如果不是迷信、邪念和罪孽剥夺了这种他们可能得到的幸福的话。罪孽——就是对肉欲的纵容;邪念——就是人对自己与世界的关系的虚假观念;迷信——就是人习以为常的对信仰的伪教义。

在耕地的时候,我们把下述情况称为罪孽:耕地的人把握不住犁头,从垄沟里跑了出来,而没有完成本该完成的事。对于生活来说也是如此。罪孽就是,一个人把握不住肉体,让它脱离开了正路,做了本不该做的事。

人们认为,要想获得自由,靠的是保护自己,保护自己的肉体,远离可能束缚肉体并妨碍它为所欲为的一切东西。这是个大错误。人们用来保护自己的肉体不受各种约束的手段是:财富、高官显爵、美好的名誉。其实这些东西并不能给人带来所想望的自由,正好相反,它只能带来更多的束缚。为了获得更大的自由,人们用自己的罪孽、邪念和迷信,为自己建造起一座牢狱,并将自己禁闭于此。

按照佛教徒们的教导,有五种主要的戒条。第一,不故意杀死任何生命。第二,不将他人视为其私有之物据为己有。第三,保持童贞。第四,不打诳语。第五,不以致醉的饮品和烟草迷乱心智。因此,在佛教徒看来:杀生、偷窃、淫乱、说谎、酗酒,就是罪孽。

按照福音书的教导,"爱"只有两个戒条。当时,"一个律法师要试探耶稣,就问他说:夫子! 律法上的戒条,哪一条是最大的呢? 耶稣对他说:你要尽心、尽性、尽意去爱你的主上帝:这是第一也是最大的戒条;第二个也相仿:就是要爱人如己"(《马太福音》2:35—39)。

因此,按照基督教的教义,一切与这两个戒条不符的,都是罪孽。

人受到惩罚不是因为罪孽,而是以罪孽本身进行自我惩罚。这乃是最重的、最实在的惩罚。

有的人身为骗子、豪强,而在富贵荣华之中度过一生,一直到死,但这并不意味着,他已逃脱为所犯罪孽应受的惩罚。这惩罚不是在那些人所不至的别处,惩罚就在此时此地。这人此时此地已经受到惩罚,因为他已随着每一个新的罪孽而越来越远地离开了真正的幸福——爱,他所得到的快乐也越来越少。这就像一个酒鬼,不管他是否会因其纵饮无度而受到别人的惩罚,他一直受到显而易见的惩罚,除了头痛和醉后的折磨之外,还有,他饮酒饮得越多,他的肉体和灵魂就变得越来越糟。

人们如果想,可以在现世生活中从罪孽中解脱出来,那他们就大错特错了。一个人所犯罪孽只能是有多有少,但决不可能是完全无罪的。一个活着的人不可能是完全无罪的,因为人的全部生活都包含在从罪孽之中解脱出来的过程里,生活的真正幸福也包含在这种解脱之中。

人在现世生活中的事业就在于完成上帝的意志。而上帝的意志就在于,让人在自身发扬"爱",并将其显示在世界中。为了让自身的"爱"显示出来,人能够做些什么呢?只有一点:排除一切妨碍显示"爱"的因素。这妨碍的因素是什么呢?这妨碍"爱"显示出来的就是罪孽。

由此可见,为了完成上帝的意志,人应该做的就是一点:不断地解脱罪孽。

造孽——这是人的事,为罪孽辩解——这是魔鬼的事。

如果一个人认为他没有罪孽,因而没必要改造自己的话,这是件很糟糕的事。同样糟糕的是,一个人认为他全部生于罪孽而死于罪孽,并因此也无须改造自己。这两种谬误同样都是极为有害的。

当一个人生活在一群有罪孽的人中,既看不到自己的罪孽,也看不到别人的罪孽时,这是件糟糕的事,而更为糟糕的情况是,这个人看到了他所生活于其中的人们的罪孽,却唯独看不到自己的罪孽。

人生的最初阶段,在他身上生长的只是肉体,人此时只把肉体视为自我。甚至当人对自我灵魂的意识已经觉醒的时候,他所做的仍是去满足那有悖于灵魂希望的肉体欲望,因此给自己造成损害,不断犯下过失和罪孽。但人生活得越久,灵魂的声音便越来越大,肉体的欲望和灵魂的希望便相距越来越远。而肉体衰老的时刻终将到来,它的需求越来越少,那个灵魂的"我"也越来越成长壮大。那时,已习惯于侍奉自己肉体的人,为了不放弃即将逝去的生活,便生出邪念和迷信,使他们有可能在罪孽中继续生活。但不论人们如何竭力要保住肉体不被灵魂的"我"取代,这灵魂的"我"终将获得胜利,即使是到生命的最后时刻。

不管什么样的错误,什么样的罪孽,就在你初犯的时候,已把你束缚住。但在开始的时候,它对你的束缚很松,就像蜘蛛网。如果你重犯这个罪孽,那这个蛛网就会变成丝线,再变成麻绳。如果你一而再再而三地犯这罪孽,它就会缠紧你,开始是缰索,而后是铁链。

罪孽最初在你的灵魂中是陌生的,此后就会成为客人,而当你对这罪孽习以为常的时候,它在你的灵魂之中,已然有如主人在家中。

一个人意识不到自己所做的恶,这样的一种灵魂状态,往往发生在他不希望用理性来检验其行为的时候,或者更糟,他要利用自己的理性,来为他在堕入邪念及与之相关的迷信中时的所作所为加以辩解。

那初次犯下罪孽的人,总是会有歉疚感;而那多次重犯这罪孽的人,尤其是当他周围的人们都处在这罪孽之中时候,他就会堕入邪念之中,而丧失对自己罪孽的感觉。

当刚刚开始生活的年轻人走上还不熟识的新路时,他们会发现左右都有些不曾相识的小路——平坦,诱人,令人兴奋。一旦走上这些小路——最初觉得是那么的高兴,行走便捷,以至于远远地走下去,而当你想起要从这些小路上返回当初的主干道上时,已经不知道怎样返回了,便继续走下去,越走越远,直到毁灭。

一个人犯了罪孽而知道自己有罪,他有两条路可走:一条是,承认罪孽,考虑怎样避免重犯;另一条是,不相信自己的良知,而去打听人们是怎样看待他所犯的罪孽,如果人们不表示谴责,便继续犯罪,而放弃对自己罪孽的觉悟。

"人人都这样,凭什么我不能做这人人都做的事呢。"

一旦人沿着这第二条被踩平的小路走下去的时候,就注意不到,他已滑离善的生活有多么远。

穿上新鞋的人会小心翼翼地绕过泥泞,但只要他一失足弄脏鞋子,他就不再那么珍惜了,而当他看到鞋子完全弄脏了时,他就会放开胆子踏进泥泞,将鞋子弄得越来越脏。

同样,一个年轻人,当他对那些恶劣而放荡的事还一尘不染的时候,他会小心地远离所有坏事,一旦有一两次他做了错事,他就想:不管小心不小心,总免不了的,于是一切恶习都会沾染上了。不要这样。弄脏了——就清洗干净,再加倍小心;犯了罪孽——就忏悔,对罪孽加倍防范。

人的肉体从被俘虏、被监禁的状态下解脱出来,他会感到高兴。那么,当他从拘禁他灵魂的罪孽、邪念和迷信中解脱出来的时候,他为什么不该高兴呢?

想象一下,人们只过着牲畜般的生活,而不与自己的贪欲斗争,这是多么可怕的生活呀,所有人都彼此憎恨,到处都是淫乱,到处都是残忍!人只有懂得了自己的弱点和贪欲,同自己的罪孽、邪念和迷信作斗争,他们才会过上共同的生活。

人的肉体束缚了存在于其中的灵魂。但灵魂会从肉体中挣脱出来,获得越来越大的自由。生活——就在于此。

一个人的生活，不管他愿意不愿意，都趋向于越来越多地从罪孽中解脱出来。懂得了这一点的人，会去努力协助那塑成其生活的事物，而这种人的生活就是轻松的，因为这种生活与那为他创造生活的事物相和谐。

人生在罪孽之中。一切罪孽都出自肉体，但灵魂也在人的身上，并与肉体进行斗争。人的一生——就是灵与肉的斗争。人要生活得好，在这斗争中就不要站在肉体一方——这肉体是注定要失败的，而要站在灵魂一方——这灵魂是注定要胜利的，哪怕是到生命的最后时刻。

这样想是一个大错误——可以靠信仰和人们的宽恕从罪孽中解放出来。无论如何人都不能从罪孽中解放出来。他们能够做的只是，意识到自己的罪孽，并努力不去重犯。

无论什么时候面对罪孽都不要胆怯，不要对自己说：我无法不犯罪孽，我已习惯了，我是软弱的。其实只要还活着，你随时都能与罪孽作斗争，并能战胜它，今天不行，明天一定行，明天不行，后天一定行，后天不行，直到死一定能战胜它。如果你早早就放弃斗争，那你也就放弃了生命中最主要的事业。

不可强迫自己去爱他人。但如果你不爱他人，并不是说在你的身上没有爱，只不过在你的身上存在着某种妨碍爱的东西。就好比一只堵着塞子的瓶子，不管你怎样颠来倒去，不管你怎样晃动，如果不拿掉瓶塞，水就不会流出来。爱也是如此。你的灵魂充满了爱，但这爱是不会显现的，因为你的罪孽堵住了它的通路。将你的灵魂从堵塞住它的东西中解放出来，你就会爱所有的人，甚至包括被你称作仇人的和被你憎恨的人。

当一个人对自己说，他已从罪孽之中解放了出来，这个人就是可悲的。

为了让自己习惯于和罪孽作斗争,有时停止做一些你已习惯做的事,以明白是你控制肉体而不是肉体控制你,这样做是有好处的。

知道自己的罪孽,对人来说是痛苦的,然而,最大的快乐也在于,你感受到你正脱离罪孽。没有黑夜,我们也就没有见到阳光的喜悦。没有罪孽,人也就不懂得道德的生活。

假如人没有灵魂,他就不知道肉体的罪孽,而假如没有肉体的罪孽,他也就不知道他有灵魂。

罪孽、邪念和迷信——这就是一片土壤,它必会在上面撒满爱的种子,以让它们生根发芽。

(以上出自《生活之路》)

恶

……您谈论恶,却没有看到令您震惊的最新的恶正是来自斗争……虚无主义者是一些仅仅与人类有相似之处的可怕的人。您正在研究这些人。您的研究表明,即使他们为达到精神目的而牺牲自己的生命,他们也不是行善,而是受某种心理规律的驱使不自觉地行恶。

我不能同意这个观点,并且认为它是有害的。一个人一向很好,如果他行恶了,就应该在诱使他行恶的因素中,而不能从骄傲、无知等坏习性中去寻找行恶的根源。因此,要找出促使革命者去暗杀的诱因绝非难事。人满为患的西伯利亚、监狱、战争、人民的赤贫、亵渎行为、为官的贪婪和残暴——这些都是真正的罪恶根源。

(《1881年6月1—5日?致尼·尼·斯特拉霍夫的信》)

一切恶皆非起因于富人剥夺了穷人。这只是小部分原因。真正的原因是,富有的、中等的、贫穷的人,都像野兽一样活着,人人为自己,人人攻击他人。苦难和穷困即由此而来。拯救的唯一良策是在自己和他人的生活中注入一些新的东西,即尊敬一切人,爱一切人,关心他人,尽可能克制自己以及个人的利己的快乐。

你、我、一切人都知道,人类之恶定将被人类消灭,人类的使命和生命的意义正在于此。

(《1886年5月4日致索·安·托尔斯泰娅的信》)

统治者所以会不断腐化,首先总是因为这些人生性不讲道德,好逸恶劳,蛮横强暴。他们一把持政权,就利用它来满足自己的淫欲和其他欲望,于是日益沉湎于这些欲望和罪恶之中。

(《论俄国革命的意义》)

为了上帝,为了执行上帝的诫命,就不会有恶。
(《1881年3月8—15日致亚历山大三世的信》)

如果一个人并未瞧见人民正生活于其间的那种可怕的野蛮状态,他也就不会因此而感到痛苦,而如果他是看到并感到了痛苦,那么这种痛苦的必然结果便是唤起他的行动,而行动会抑制痛苦。只有伪自由派人士才喜欢一方面卖弄他们如何同情怜悯人民的贫困和无知,一方面却仍继续骑在人民的脖子上,与之格格不入。
(《1889年10月15日致谢·捷·谢苗诺夫的信》)

用什么来解释这个事实,就是人常常要用伏特加、酒精、啤酒、印度大麻所制成之麻醉剂:鸦片烟、香烟以及其他较不常用的醇精、吗啡、红丸、白面等等,来把自己弄得昏昏沉沉的呢?为什么要使自己昏昏沉沉呢?为什么它流毒如此之迅疾,明知为毒,却还在各种人——不管是野蛮人或文明人——中间广为流毒呢?怎么会在没有人喝伏特加、酒精、啤酒的地方,却有人吸鸦片、大麻制的麻醉剂、红丸、白面等等呢?怎么会到处有人抽香烟呢?

为什么人类希望把自己弄得昏迷不醒?

随便问一个人,为什么他要喝酒?为什么他一直在喝?他回答说:"啊,喝酒是很愉快的,而且大家都在喝酒。"也许他还想补充说:"喝酒时的我兴奋起来。"有些人——这些人是从来没有花费过脑筋想一想他们喝酒是对还是不对的——也许还会说喝酒有益于健康,可以增加人们的体力,就是说,他们说出一套早已经证明了的没有根据的理由来。

问一个抽香烟的人,他是怎样开始抽起香烟来的,为什么他现在还在抽,他会回答说:"抽烟可以消磨一点时间,反正大家都抽香烟的。"

或许抽鸦片烟,食用大麻制的麻醉剂、吗啡或者红丸、白面的人们会作出同样的回答来。

"消磨一点时间,兴奋起来,大家这样做的"。如果一个人弹他的手指,吹吹口哨,哼哼歌曲,或者吹箫弄笛,或者做这一类的事,说他是为了"消磨一点时间",为了使自己"兴奋",或由于"大家都这样做",这也许是很好的推诿——就是说,做这样的一件事,并不需要浪费大自然的资源,可以这样推诿,或者生产这一类的物资,并不花费大量的劳动,也并不损人不利己的,更可以这样推诿。可是生产烟草、酒、麻醉剂和鸦片,要花费百万人的劳动,而且百万亩最肥沃的土地(这种情形时常还偏偏发生在缺少土地的人民中间),用来种植大麻、罂粟、葡萄和烟草,而且,服用这种显然有害的毒物会造成可怕的罪恶是人人都知道、人人都承认的。被它毁灭的人口,比一切战祸和疫病所毁灭了的加起来还要多。人人都知道这点道理,所以他们服用这种毒物决非"消磨一点时间",决非为了"兴奋",决非因为"大家这样做"的缘故。

那么,一定有别的理由了,在任何地方,你不断地遇到一些人,爱他们的孩子,肯随时随地为他们的孩子牺牲一切,可是他们在伏特加、酒精和啤酒上面,或者在鸦片、麻醉剂甚至在香烟上面,花掉了那么多本来堪可保育他们的饥寒交迫的孩子们的钱财,至少是花掉了足够他们摆脱困境的钱财。自然喽,如果在下面的两者中间,人可以任选其一:一方面是他让深爱着的家庭遭受贫苦;另一方面使他戒绝烟酒,他却宁取前者——为什么他们这样做呢?他一定有一个不能自己做主的理由,比"大家都这样"或"它能使人兴奋"要更为理直气壮。自然人要弄得他自己昏昏沉沉,不是为了"消磨一点时间",或仅仅为了"兴奋"起来,一个更强有力的动机在刺激他。

这个动机——据我研读了这题目的著作之后,观察了别人,特别观察了以前我自己也喝酒抽烟时的情形之后,从所观察得来的来看——这个动机,我想是可以作如下解释的:

在观察他们自己的生活时,一个人常常可以发现他们的两重性格：其一是盲目的、肉体的；其二是明察的、精神的。前者如动物的兽性，吃、喝、休息、睡眠、生殖以及活动，很像一部开足了发条的机器，而明察的、精神的性格，跟兽性的是结合在一起的，却什么事也不做，它只鉴定兽性的各种活动，在赞许这个活动时跟它一致，在不赞许那个活动时，便叛离了它。

……

不是为了味道好，不是为了它们供给愉快、休息或欢乐。世人服用麻醉剂、鸦片、酒精和香烟的动机，简单得很，是因为他要回避良心的要求。

有一天，我在街上从几个在谈话的车夫身旁走过，我听到他们中间有一个说："自然，一个人要是清醒着，他做出这样的事来是可耻的。"

一个人要是清醒着，对于他酒醉时认为很正当而做出来的事是要羞愧的。在这几个字底下，我们就有了那真正的、潜伏的、使人乐意变成一个昏迷之物的动机了。人已变成一个昏迷之物，如不是在违反自己的良心，做出了一些什么事后，想要免除自惭内疚的心情，便是因为他们的兽性在怂恿他们做出什么违反良心的事，因此事先得做一番准备工作。

一个人在清醒的时候是耻于嫖妓、耻于盗窃、耻于杀人的。一个喝醉了酒的人对于这些事中间的任何一件，却是一无所耻的，所以，一个人如果想做什么受到良心谴责之事——他把自己弄得昏迷不醒就行了。

我记得一个男厨子，谋杀了我的一个亲戚（一个雇用他的老太太），在受审时他的供状使我大吃一惊。据他供称，在他送走了他的情妇（一个女佣）之后，正是他应该动手的时候了，他拿一把刀子走进老太太的卧室，可是觉得他在清醒的状态下不能执行这一计划中的任务……"一个人清醒时是有廉耻的"。他回去喝下他早已预备了的两大碗伏特加，然后他才有恃无恐犯下了这个罪行。

10件罪孽中有9件是这样犯的："仗着醉意"。

堕落的女人之堕落，有一半是仗着酒醉的影响。到娼家去寻花问柳的人几乎全是酒醉之徒。人们知道酒精有这个能耐,可以窒息良心的声音,才存心为了这缘故喝酒的。

人们不仅仅弄得他们自己昏迷不醒,以窒息他们自己的良心,而且(明白酒精有这个能耐),在他们希望别人执行一些违反良心的任务时,他们也存心弄得他们昏迷不醒——就是说,要想法子来办到,把别人弄昏迷,使得别人也没有良心。在战争中,肉搏之前总是先把士兵灌醉的。向塞伐斯多波尔冲锋的法国兵全喝醉了酒。

在一个堡垒被攻破之后,士兵却没有掠夺它,也没有屠杀无抵抗的老人和孩子时,就常常有命令下来允许士兵纵酒,然后上峰默许他们做的事,他们就自会去做了。

每一个人都知道,这些喝酒上了瘾的,是因为做了错事而受到良心呵责的人。人人可以注意到,过着不道德生活的人比旁人更缺少不了能使自己昏迷的毒物,强盗或小偷,赌徒与妓女没有麻醉品是不能生活的。

每一个人都知道而且承认,服用那种使自己昏迷不醒的毒物是良心苦痛了的结果。在某些不道德的生活方式中,麻醉品只是用来窒息良心的。每一个人也知道而且承认,服用了麻醉品是的确可以窒息良心的。一个酒鬼可以做出他清醒时想也不会想到的事情来。人人都同意这个,可是,说起来很奇怪,服用了这些麻醉品的人,若没有做出这种偷盗、谋杀、强奸的行为来——人若没有在犯了这些弥天大罪之后,服用这些麻醉品,而且这些使人昏迷的毒物若不是大量服用,而且经常少量服用——那么(为了某些理由,下详)人们又有了一个假定,说这些麻醉品并无窒息良心倾向。

因此,一个小康的俄国人,就餐之前喝一杯伏特加,或一个法国人,喝一杯阿布桑酒,或一个英国人,喝一杯葡萄酒或黑啤酒,或一个德国人,喝一杯陈年啤酒,或一个小康的中国人抽少许鸦片烟,以及他们日常的抽吸香烟——据认为都是为了享受,对于这些人的良心是毫无影响的——就有了这等说法。

因此才有了这种假定:假如服用麻醉品已养成了习惯之后,是不会犯罪的——不偷、不杀,只是偶尔有点失检行为或笨拙举动,那么这种坏的或笨拙的举止行为是他们自己干出来的,无关乎麻醉品了。还有这种假定:假如这些人没有做出违反法律的行为来,他们就不需要窒息良心的声音了,而且用麻醉品已成习惯的人们,过得还是很好的生活,就是他不把自己弄得昏迷,他的生活也还是一样好的。总之是假定常常服用麻醉品的人是一点也不会把他们的良心弄黑的。

虽然人人都在经验之中知道喝酒、吸烟会使一个人改变形态,还知道这种行为本身是并不可耻的,可耻的只是服用之后刺激出来的行为,还知道良心的每一次谴责,不管如何的微小,倒会使人不知不觉地产生再去服用那原来的麻醉品的冲动,还知道在麻醉品的影响之下,一个人难以正常思考他的生活和他的地位,还知道经常有节制地服用麻醉品在生理上的影响,正同那偶然的无节制地服用一样——然而,虽然知道这一切,在有节制地服用麻醉品的人看来,他们服用麻醉品不是为了窒息良心,而是为了满足口腹,为了享乐。

可是一个人只要无私地——不要为自己推诿其辞——严肃地把这事情想一想——就会明白:第一,偶尔地服用大量的麻醉品的人如果是窒息了他的良心的,经常服用一定也有同样的效果(总是先促进了脑子的活动而后使脑子愚昧的),不管他们服用的数量是大是小。第二,一切麻醉品都有窒息良心的功能,当人们在它影响之下,犯下杀人越货或强奸的行为时,当人们在其影响下说了不该说的话,想了或是感到了他们本不该这样想或本不该这样感觉的事情时,就是产生这种窒息良心的功能的表现。第三,如果小偷、强盗和娼妓的良心需要服用麻醉品来协调、来窒息,那么,另一些人的职业,尽管在别人看来是正当的、荣耀的,他们自己却看透了它的无耻,这些人也需要服用麻醉品。

一句话,要佯为不知是不可能的。服用麻醉品,不管是大量的或少量的,偶尔的或经常的,上流社会的人也好,下等社会的人也好,都只因为一个动机,需要窒息良心的声音,以免看到他的生活怎样与他的良心的要求不协调。

……

可怕啊，据所描写的看来，鸦片和麻醉剂，影响到个人的后果多么可怕啊，我们都知道，酒精给罪恶昭彰的醉鬼留下的后果！可是更可怕的不知多少倍的，对于我们全社会最为可怕的，是一般均认为无害的，饮吸少许的火酒、酒精、啤酒和烟草，而大多数人，特别是我们所谓的文化人，却已经饮吸成癖了。

自然，后果一定是可怕的。若承认了这事实，事实是非承认不可的——原来社会活动的领导者：政治家、公务员、科学家、文艺家——大多数是一些变态的人们，是一群酒醉之徒。

大家都是这样假定了的，一个人，正如我们大多数的富裕阶级的人士，虽然每饭必饮，第二天办公的时候，不是照常在十分正常而且十分清醒的情况下进行的吗？可是这话完全错了。一个人，昨天喝了一瓶酒，一杯酒精或两杯麦酒的，现在是在恍恍惚惚之中，或者是在随着紧张而来的忧郁之中，所以他是在智力的疲劳状态中的。外加他吸了不少香烟，所以他已经格外疲劳了。至于一个养成习惯了的饮少量酒、吸少量烟的人，若要他的脑力真正恢复常态，至少得禁酒戒烟至一星期或一星期以上。可是这种禁酒或戒烟的事情却很难做到。

原来在我们中间所发生的事——不管是统治者或教育者做出来的——大都是由昏迷不醒的人在做的。

不要以为这是笑话，或是夸大其词：我们的生活的混乱，尤其是我们的生活的低能，主要的，是导源于大多数人生活在里面的、经常的陶醉状态。不是昏迷不醒的人，怎么能做出现在我们周围全是的事情来——从建造巴黎铁塔起，到服兵役为止？

（《为什么人要把自己弄得昏迷不醒》）

可怕的不是无知，可怕的是虚假的知识。世间的一切恶都是因它而起。

一切恶都是因软弱而生。

——卢梭

没有什么比佯装善良更坏的了。佯装善良比公开的恶更令人反感。

"对于恶要抗争,对罪人要容忍"。要恨人身上的不良之处,但是要爱他。

将自己的生命意识移植于自己的精神的"我"之中的人是无法体验生命或死亡中的恶的。

摆脱一切——是人对自我精神方面的意识。一个人若意识到自己的精神方面,不管他发生什么事,恶都无法触及他。

要留心邪恶的出现。人的灵魂之中有股内在的声音,不断提醒你邪恶的逼近。你会感到不舒服,觉得羞耻。要相信这股声音,停下来寻找改善自我之道,然后你便能战胜邪恶。

要铲除现世的既有邪恶,必须从开放宗教着手。只有如此,世上的每个人才能够公开宗教生活,才能讨论、创造与发现宗教的真义。

邪恶的行为不仅破坏灵魂,而且往往会为作恶的人带来恶果。
恶人在恶行尚未成熟时是快乐,但当恶行成熟准备就绪后,他将了解恶行是什么。而且,就像逆着风撒灰尘一样,他的恶行终将带给他恶报。

犯罪就像激怒野兽一样危险。在这个世界上,多数作恶的人都会获得最坏、最凶恶的恶报。

有时候我们看不出我们的苦难与罪恶之间有何关联,但两者的关系确定存在。"我的善行获得恶报",然而,如果你爱你施惠的对象,那你已获得报酬。因此,怀着爱心做的一切,都是为自己而做。

要探讨让自己受苦的罪恶起因。有时罪恶是自己行为的直接结果,有时是自己长久前所做坏事转化而成。但根源一定在你身上,拯救之道在于改变自己的行为与生活方式。

世人犯的多数恶行不是邪恶意志的结果,而是人们不经意而接受与遵循邪念,并加以散播后的结果。

人应该只动善念,日久就会化为善行。

促成恶行的恶念比恶行本身更坏。人可以停止做坏事,忏悔,从此不再犯。但恶念一再重复,引发其他恶行,恶念并且会接二连三地不断产生。

恶念在心头浮现后,便再也驱赶不开,但可以创造其他想法来削弱或加以破坏。例如,你或许会想象某个朋友或邻居有若干缺陷,而这些想法一直盘旋下去,但只要你能专心体会人并非完美,批判别人是不好的念头,而且他和你我一样,都有同样的神常驻身上,那你就无法不去爱他。

人造成的物质伤害,不会回到施恶的人身上,但罪恶行为所创造的恶念会在他的灵魂中化脓溃烂,迟早都会让他受苦。

没有任何物质的善可以弥补你的恶行对灵魂造成的伤害。

罪恶本身并不存在于世上,所有的罪恶都存在于灵魂之中,而且可以被摧毁。

(以上出自《阅读圈》)

一个人意识不到自己所做的恶——这样的一种灵魂状态,往往发生在他不希望用理性来检验其行为的时候,或者更糟,他要利用自己的理性,来为他在堕入邪念及与之相关的迷信中时的所作所为加以辩解。

无论在任何时候,谁也不会喝醉酒、抽足烟,以便去做好事:如工作,思考问题,看望病人,向上帝祷告。大多数邪恶的事都是在醉醺醺的状态下干出来的。

这种三位一体是应诅咒的:酗酒、食肉和吸烟。
很难想象,如果人们对伏特加、葡萄酒、烟草、鸦片不再迷恋,而是戒掉它们,那在我们的生活中将会发生一个多么幸福的转变啊。

那占有土地大大超出维持个人和家庭生计范畴的人,相对于造成劳动人民痛苦的贫穷、灾难和堕落来说,他们不仅是参与者,而且是罪恶的根源。

人们在判断事物时最常犯的一个重大错误是,把他们所喜欢的就看作是好的。人们喜欢财富,所以,尽管财富的罪恶是显而易见的,他们还是极力让自己相信,财富是好的。

对异教徒来说,财富——就是善与荣耀,而对基督徒来说,财富——就是恶与卑鄙。
如果说"富有的基督徒",那么这就等于说"液体的冰"一样。

贪食、怠惰及淫逸的罪孽其本身就是不好的。但这些罪孽最不好的地方在于,由此而生出最为恶劣的罪孽——对他人的仇视和憎恨。

早晨起来就应该关照自己,对自己说:今天也许会碰到不愉快的事,也许不得不跟粗暴无礼、不知羞耻、口蜜腹剑、令人厌烦、心狠手辣的人打交道。这些人都是不知好歹的人。但如果我自己非常清楚什么是善和恶,如果我明白,对我来说,恶只有当我自己去促成它的时候它才会出现,如果我懂得了这些,那么任何恶人都不能伤害我。因为任何人都不可能强迫我去做恶。如果我能进一步记住,每一个人都不是在肉体和血缘上而是在灵魂上与我亲近,我们每个人身上都存在着同一的上帝的灵魂,我就不会去对那与我亲近的生命发怒。我知道,我们被创造是要相互依存,我们的使命是互相扶助,有如手足相依,唇亡齿寒,彼此相帮,而共同维持整个躯体,这样的话,如果一个人即使违背其真正的天性,而对我以恶相待,我又怎么能背弃他呢?

——马可·奥勒留

哪怕是对仇人也不做恶——这就是伟大的美德。

那盘算着要别人死的人必死无疑。

不要做恶。贫穷不可成为做恶的理由。如果你做恶,你将更加贫穷。

人们能够逃脱敌人仇恨的追逐,但无论何时都不能逃脱自己罪孽的追逐。这些罪孽的影子将一直寸步不离地跟踪着你,直到它们被消灭。

谁不想生活在悲哀和苦难之中,那就不要对他人做恶。

如果人爱自己,那就不要做恶,无论多么轻微,也不要去做。

——印度《古拉尔》[①]

滴水可以注满大桶;人亦如此,如果他任凭自己对他人发怒,即使是一点一点蓄积,仇恨也可以充满心田。恶会返回那做恶者,

[①] 《古拉尔》,又名《蒂鲁古拉尔》,古代印度泰米尔语格言诗集,作者为蒂鲁瓦尔卢瓦尔。

正如迎风抛出的灰尘。

无论在空中,在海里,还是在山谷深处,人在世界上没有任何地方可以逃脱他自己心中的恶。

谨记勿忘。

——《法句经》①

本来这个道理之明显是毫无疑问的:因为每个人对恶都有自己的理解,所以,用恶的手段来对抗由不同的人所认定的那种恶,不仅不能减少恶,反而只能增加恶。就是说,如果彼得做的事,伊万认为是恶,他也就认为自己有权对彼得作恶,出于同样的理由,彼得也可以对伊万作恶,因此,恶便只能增加。

但奇怪的是,人们可以弄明白星际之间的关系,却不能理解这个道理。为什么会这样呢?因为,人们相信,暴力可以发挥好的作用。

一个人任何时候都不能够,也不应该为了他认为善的事而行使暴力,这种学说是合理的,其原因只有一个,所有人对于善与恶的理解并不是统一的。被某个人所认定的恶,乃是含有疑义的恶(其他人认为它是善),他为了消灭这种恶所行使的暴力——殴打,致残,剥夺自由,致死——这才是毫无疑问的恶。

如何解决人们关于什么是善、什么是恶的无休止的争吵,对这个问题,基督教义的回答是,因为一个人无法确切地断定什么是恶,那么他也就不必极力用暴力之恶去征服他所认定的恶。

可以用暴力安排他人的生活,这种迷信的主要危害是:人只要接受了这种观点,即为了多数人的幸福可以对某些人行使暴力,那么从这种假设出发而产生的恶就会无限度地膨胀。过去年代里的

---

① 《法句经》,印度巴利文佛经,宣传基本教义的箴言集。

严刑拷打、宗教裁判所、奴隶制,今天的法庭、监狱、死刑、战争等,都是建立在这种假设的基础之上的,有千百万人正是因此而葬送了生命。

不以暴力抗恶的学说不是什么新的法则,它只不过指出了人们肆意放弃爱的法则的现象,它只不过指出,种种纵容以暴力对付他人的行为,尽管打着惩戒和使自己或他人摆脱恶的旗号,但与爱却是格格不入的。

人们说,可以以恶报恶,为的是对人加以改造。这是错误的。他们是在自欺欺人。以恶还恶不是为了改造人,而是为了施加报复。不能采用作恶的方式来改造恶。

恶就在我们心中,即在那能够取出恶的地方。

(以上出自《生活之路》)

骄 傲

请记住,竞争不会产生任何美好事物,骄傲不会产生任何高尚事物。

——约翰·罗斯金

折磨人的诱惑有三种:肉体的欲望、骄傲和贪财。由此而产生——人的贫穷。假如消除了肉欲、骄傲和贪财,所有人都会幸福地生活。该如何避开这些可怕的病症呢?要避开它们是很难的,其主要原因在于,它们是我们的天性中与生俱来的。

要使自己避开它们只有一种方式:每个人的自我提高。人们常常以为,法律和政府能够予以帮助,但是这没有可能,因为制定法律和领导众人者是那些自己也受肉欲、骄傲和贪财之诱惑折磨的人。因此不可寄希望于法律和统治者。人们为了自己的幸福所要做的只有一件事,那就是消除自己身上的肉欲、骄傲和贪财。如果一个人不从自我的改善做起,任何的改善都无从谈起。

——拉门奈[①]

骄傲会防卫自己与其他罪恶,骄傲憎恶谦卑,所以也拒绝治疗,而且会为隐藏罪恶寻找借口,了解罪恶对人有正面的影响,甚至比善行更有益,因为善行会加深骄傲。

人多数是骄傲的,但他们引以为傲的不是能令人尊敬的事物,

[①] 费利西泰·罗伯尔·德·拉门奈(1782—1854),法国政论家、宗教哲学家、天主教神甫、基督教社会主义的创始人之一。

而是那些没有必要,或者甚至是有害的东西:名气、权力与财富。

骄傲的人起初会让人高估他实际的重要性,但这样的影响力照例消失后,他便成为众人的笑柄。

(以上出自《阅读圈》)

摆脱罪孽一般很难做到,主要的原因是某些邪念在维持这些罪孽。骄傲的邪念就是如此。

骄傲的人总是忙于去教训他人,以至于没时间考虑自己,当然也不必考虑:他们已经足够好了。正因如此,他们教训他人越多,自己就跌得越低。

正如人不能自己举起自己一样,他也不能自己抬高自己的名声。

骄傲是可鄙的,因为人们为之骄傲的是本应为之羞愧的东西:财富、荣誉、名望。

如果你们比别人强大、富有、学识渊博,你们就要用你们比别人多出来的东西去为别人服务。如果你们强大,就去帮助弱者;如果聪明,就去帮助不聪明的;如果学识渊博,就去帮助没学识的;如果富有,就去帮助穷人。但骄傲的人并不这样想。他们想的是,如果他们拥有他人所没有的,他们不应去与他人分享,而只是用来在他人面前夸耀。

人不是去爱兄弟,而是对他们发怒,这不好。但更坏的是,人使自己确信,他不是像大家一样的普通人,而是优于他人的人,因此,他可以不用本应对待他人的方式去对待他人。

人为自己的脸蛋，为自己的身体而骄傲是愚蠢的，但更愚蠢的是为自己的父母、祖先、自己的朋友、自己的阶级、自己的民族而骄傲。

任何人也不能认为自己比他人聪明、善良、美好，原因只有一个，任何人也无法知道自己的智慧和美德的价值，而更无法知道他人的智慧和美德的真正的价值。

骄傲的人们认为只有他们自己比别人都善良、都好。而另一些骄傲的人认为，上述的那些人并不好，只有他们才是最好的人。但这些骄傲的人并不为此而感到尴尬，他们完全相信，所有自认为高于他人的人都错了，只有他们自己是对的。

两个骄傲的人走到一起，每个人都认为自己高于世上所有的人，这种情景是可笑的。从旁观者来看是可笑的，但这两个骄傲者自己不会感到可笑：他们互相仇视，并因此而受到折磨。

愚蠢可以不伴随着骄傲，但骄傲不能不伴随着愚蠢。

物体越轻，越松，占的地方越大。骄傲也是如此。

坏车轮吱吱响，空稻穗立得高。坏而空的人也是如此。

人对自己越满足，他身上值得满足的东西就越少。

骄傲的人就像浑身长了一层冰壳。这层冰壳没有为任何善良的情感留下出路。

最愚笨的人也比骄傲的人更容易启迪智慧。

一旦骄傲的人懂得，他们的骄傲正在被某些人所利用以获益，他们就不再骄傲了。

一个人越骄傲,那些把他作为蠢人看待并利用他的人就越多,这些利用他的人想法是对的,因为他们用最明显的手段去欺骗他,而他却视而不见。骄傲无疑就是愚蠢。

谁如果自认为比所有人都好——这是糟糕而愚蠢的事。这我们都知道。把自己的家庭看得比所有家庭都好——这更糟,也更蠢,但我们往往不仅不知道这一点,还把这看作特殊的优点。认为自己的民族优于所有其他的民族——则是一切所能有的蠢事中最愚蠢的事。但人们不仅不把这当成坏事,反而当成伟大的美德。

只爱自己一个人,这就是骄傲的根源。骄傲——就是无法自制的自私自利。

人们相互仇视,他们知道这不好,于是,为了欺骗自己,便昧起良心,为自己的仇恨心理想出辩解的理由。这些理由之一是——我优于其他人,其他人却不明白这一点,因此我跟他们无法合得来;另一个理由是——我的家庭比其他家庭都好;第三个理由是——我的阶级比其他阶级都好;第四个理由是——我的民族优于其他民族。

没有任何东西像个人的、家庭的、阶级的和民族的骄傲这样,把人们搞得四分五裂。

每一个骄傲的人只认为自己高于所有其他人,这还不够,他们认为自己的民族也是这样:德国人对德国民族,俄罗斯人对俄罗斯民族,波兰人对波兰民族,犹太人对犹太民族,他们都自认为优于所有其他民族。无论某些个人的骄傲多么有害,这种民族骄傲的危害更是数倍于前者。由于它的原因,过去和现在已有千百万人为之而丧生。

只有当一个人以肉体为生的时候,他才会自认为高于所有其他人。一个人的肉体也许比别人的更强大,更优越,但是如果人以灵魂为生,他就不会自认为高于他人,因为所有的人都有着同一的灵魂。

人们总是认为有些人比他们高贵,有些人比他们低贱。然而一旦想到在所有人身上都存在着同一的灵魂,他们就会发现,那种想法是多么没道理。

如果一个人相信,世上没有任何人比他高贵,那么他是对的;但如果他想,世上总会有个把人比他低贱,那他就大错特错了。

一个人为他身上存在着上帝的灵魂而感到自尊,这是好事;但一个人为了他的某些世俗的东西——自己的才智、学问、见多识广、财富、自己的善行——而骄傲,那这就是坏事了。

那推崇自己神圣的灵魂之"我"的人是好的;但如果他想把自己动物的、空幻的、虚荣的、个别的"我"置于他人之上,那这个人就是极为恶劣的。

如果一个人因自己外在的特点而骄傲,那么这只能表明,他没有明白自己内在的优点,与它比较起来,所有外在的特点就像阳光下的蜡烛一样。

一个人不能在别人面前感到高傲。因为人最宝贵的是灵魂,人类灵魂的价值除了上帝之外,谁也不知道。

骄傲完全不是人的优越感的体现。骄傲因别人对你虚伪的恭敬和虚伪的赞美而膨胀;人的优越感正相反,它因你对别人虚妄的侮辱和责难而提升。

骄傲所保护的不仅是自己,还有人的所有其他罪孽。人赞美自己的时候,他已看不到自己的罪孽,于是这些罪孽便与他相伴而生。

莠草在麦田里生长,从土地里吸收水分和养分,并把麦苗遮住,使其照不到阳光,同样,骄傲把人的所有力量都集拢于自身,并把人遮住,使他照不到真理之光。

骄傲的人会受到许多惩罚,其中最主要的和最重的惩罚是,无论他有多少优点,无论他对此多么在意,人们并不爱他。

人只要沾沾自喜,说:瞧我有多好呀,这就是堕入泥淖的开始。

一个人如果骄傲自大,他就会与别人疏远开来,并因此而剥夺了生活中最大的快乐——与所有人自由而愉快地来往。

骄傲的人害怕任何批评。他之所以害怕,是因为感到他的伟大并不牢固,只要在他自己所吹起来的泡上哪怕出现一个小洞,这种伟大也就维持不下去了。

如果骄傲的品性是令人喜欢的,它把所有人都吸引了过来,那它还是能被人所理解的。然而没有任何一种品性像骄傲这样更具有排他性。

但人们仍一如既往地骄傲自大。

自负的人最初会令人迷惑。一开始的时候,人们把自负者自封的重要性确实看作是自负者固有的。但这种迷惑很快就会过去。人们很快就会大失所望,并为他们受到的欺骗而对自负者报以蔑视。

一个人知道他生活得不好,但是他不是去改善自己的生活,而是极力让自己相信,他不是像大家一样的普通人,而是高于他人,因此,他就应该像他现在这样生活。由此可见,那生活得不好的人,往往是骄傲的人。

要消灭骄傲的罪孽,只有认清存在于所有人身上的灵魂的同一性。明白了这一点,就不会把自己、自己的亲人或自己的民族看得比其他人更高贵、更完美。

只有既不认为自己优于他人,也不认为他人优于自己的时候,人们才会相处得轻松愉快。

生活中最主要的事就是完善自己的灵魂。而骄傲的人始终都认为自己是十全十美的。正因如此,骄傲极为有害。它妨碍人去完成人生的主要事业,妨碍人改善自己的生活。

灵魂的生活区别于世俗生活的原因是,为了灵魂而生的人不管做了多少好事,都不会自我满足;他认为他只是做了应该做的事,并且还远远不够,因此他只会责备自己,而不会骄傲,不会成为自我满足的人。

"你们中间谁为大,谁就要作你们的用人。因为凡自高的,必降为卑;而那自卑的,必升为高。"(《马太福音》23:11—12)

那在人们心目中抬高自己的,必将降为卑贱的,因为被人们视为好的、聪明的、善良的人,就不再努力去做得更好、更聪明、更善良。

那自视卑贱的将成为高贵的,因为那认为自己不好的,就会努力去做得更好、更善良、更有智慧。

骄傲者的行为,正如走路的人不开动自己的双脚,而要踩到高跷上去一样。在高跷上站得高,沾不到泥污,步子也大些,但不幸的是,踩着高跷你无法走远路,并且说不定还会摔倒在泥污中,遭到人们的讥笑,最终落在别人的后面。

　　骄傲的人就是如此。他们远远地落后于那些并不拔高自己身材的人,不仅如此,他们还常常从高跷上摔下来,成为人们的笑柄。

(以上出自《生活之路》)

虚 荣

建筑在虚荣之上的幸福会被虚荣毁掉。

(《1851年3月至5月日记》)

我发现我的癖好主要有两个,一是好赌,一是好虚荣,而虚荣心有数不清的表现形式,诸如要表现自己、轻率、不在意等等,因此更加危险。晚上把到莫斯科来以后写的日记看一遍,加注总的评语,并且清查在莫斯科的现金支出和债务。

(《1851年3月20日日记》)

好虚荣是一种莫名其妙的癖好,是像饥馑、蝗灾、战争等瘟疫一样的灾祸,上天用来惩罚人类。这种癖好的根源无法探明。然而使它得到发展的原因是无所事事,无所用心,不愁衣食,穷奢极侈。

这是一种类似麻风的道德病,它不仅会坏一个局部,而且会使得整体畸形。它一点一点地,难以觉察地潜入机体,然后扩散开来。没有一种表现不受这种疾病的传染,好比性病,把它从一个局部驱赶出去,它会在另一个局部更加厉害地发作起来。好虚荣的人不懂得真正的快乐、痛苦、爱情、恐惧、绝望、仇恨,一切都是不自然的、勉强的。虚荣心是一种未成熟的好名心,一种转移到他人的看法中去的自爱——爱的不是自己的本来面目,而是自己在别人眼里的形象。这种癖好在当代特别流行,人们只嘲笑它,但却不谴责它,因为它对别人无害。不过对于染上这种癖好的人,它比一切其他癖好更坏,它会毒化整个生活。它有一个与麻风共同的突出特点,那就是特别容易染上。不过在议论这件事的时候,我以为我发现了这种癖好的根源是出于好出名之心。

这种癖好弄得我好苦,它毁了我一生中最好的年华,永远从我身上夺走了青年的天真、勇敢、快乐和进取心。

我不知用什么办法把这种癖好压了下去,甚至走向另一个极端,时时提防着它,事事先做好思想准备,唯恐旧病复发。我不知道是缺少机会还是上天使然,这种癖好很少得到满足,因此我只感受到它给我的痛苦。或许是几乎不懂得虚荣为何物的哥哥对我产生了影响,或许由于我远离浮华的社交圈子,我的生活方式促使我严肃对待自己的处境,总之,在我卧病第比利斯期间,我完全克服了这种癖好。我不敢说这种癖好已经消失殆尽,因为我还常常惋惜它给过我的快感。但是我至少懂得了不慕虚荣的生活,而且有了不慕虚荣的习惯。不久前我才在童年之后第一次体验到祈祷和爱的纯洁的欢乐。从我去年冬天写的日记中也可以看出,我想根除这种癖好,但是我只谴责了那些我不喜欢的表现,不懂得要摆脱这种癖好,必须将它连根拔除。现在我觉得我这样做了,但是还有这种倾向,因此要警惕,别让自己重新染上。

(《1852年1月2日日记》)

虚荣是没有止境的。

在乎声名与别人的赏识是不明智的事,因为没有两个人对善的意见是一致的。

(以上出自《阅读圈》)

没有什么比一种习惯更严重地扭曲着人们的生活,并不可避免地剥夺他们真正的幸福,这种习惯就是,不按照世上哲人的教导和自己的良知去生活,而是按照他们周围那些人所认可和赞许的方式生活。

人在做一件事时,不是为了自己的肉体,也不是为了自己的灵魂,而只是为了博得人们的赞许,这是人们生活恶劣的主要原因之一。

对荣誉、对获得人们的赞许、尊敬和夸奖而操心,没有哪一种邪念会像这一种一样,能把人们久久地控制在自己的掌握之中,并使他们疏于去理解人类生活及其真正幸福的意义。

人摆脱邪念只有靠顽强的自我斗争,并坚持不懈地提醒自己,要觉悟到自己与上帝的同一性,因而褒奖只能从上帝那里得到。

许多情况下人作恶是出于自己的肉欲,而更多的情况下人作恶是为了得到赞赏,为了世俗的荣誉。

当你很难或者几乎无法弄明白,一个人为什么要做他正做的事时,那么请你相信,他行为的动机——就是希望获得世俗的荣誉。

大人摇晃孩子哄他,不是为了防止有什么会引起他哭喊,而是为了使他无法哭喊。我们面对良知的时候也是如此,我们让良知沉默不语,乃是为了讨好他人。我们无法使良知平静下来,而是力求达到我们所需要的一种效果:对它听而不闻。

应该注意的不是你的崇拜者人数多少,而是他们的品质如何:不被好人喜爱令人不快,但不被坏人喜爱——永远是好事。

每一个好的举动都隐含着想博得人们赞许的成分。但如果你所做的事只是为了获得世俗的荣耀,这便是不幸。

一个人问另一个人,他为什么要做他不喜欢的事。
"因为所有人都这么做。"后者回答说。
"不见得所有人都这样吧,我就不这么做,还有别的人也不这么做。"

"不是所有人,但很多,大部分人。"
"但是请告诉我,什么样的人多些:是聪明人,还是蠢人?"
"当然,蠢人多些。"
"既然如此,那么就是说,你这样做是在步蠢人的后尘。"

坏的东西之所以总是无法好转,是因为有太多的人在做坏事,更坏的是这种行为往往受到赞赏。

对同一种信仰信奉的人越多,对这种信仰就越需要谨慎看待,越需要对它仔细地加以审视。

一旦你习惯于按"所有人"的要求去做事——你就顾不上考虑你要做的是坏事,你也就将把这坏事看作好事。

只要我们明白,人们是出于什么原因赞扬或者侮骂我们的,我们就不再那么看重人们的赞扬,不再惧怕他们的指责了。
即使那能够诱使我们堕落的坏人同样能够败坏我们的生活,但也比不上那些没有头脑的群众,他们能像洪水一样把我们随身卷走。

不仅不要自我夸奖,也不要让别人夸奖你。夸奖会葬送灵魂,因为它使人放弃对灵魂的关心,转而关心世俗的荣誉。

人们不可避免地会常常看到,一个善良、聪明、诚实的人,尽管他知道战争、食荤、土地私有、法庭等等这些事都是不好的,但他还是泰然自若地继续做这些事。这是为什么呢?这是因为,这种人重视他人的看法胜于重视自己良知的评判。

只有用受制于他人的看法这个原因,才能解释人的一种最普遍同时也是最奇怪的举动:撒谎。人懂得的是一套,说的是另一套。为什么？对此没有别的解释，只能说，他想的是，如果他说了真话，人们不会赞扬他，而如果撒了谎，人们就会赞扬他了。

不尊重传统——这种恶远不及对旧的习俗、法律和体制保持尊重所带来的恶的千分之一。

人们早已不再信奉旧的习俗、法律和体制，但仍旧听命于它们，因为人人都在想，如果他拒绝服从，大多数人就会来指责他。而实际上大多数人早已不再信奉那些旧的东西，只是人人都怕做第一个。

人在生命之初，在童年时代，更多的是为了肉体而生活：吃、喝、玩、乐。这是第一个阶段。随着人的长大，他就开始越来越多地关心起周围人们的意见来，并且为了这种意见而渐渐忘掉了吃、喝、玩、乐等肉体的要求。这是第二个阶段。第三个阶段，即最后一个阶段，这时人已主要听命于灵魂的要求，并且为了灵魂而对肉体的享乐和世俗的荣誉持蔑视态度。

虚荣是对付动物性肉欲的首要的也是最拙劣的手段。用了药后还需要来医治这个药。医治的方法只有一个：为灵魂而生。

你一个人很难放弃传统的习俗，而与此同时，在改善生活的路途上每走一步，你就不得不与传统习俗发生冲突，并遭到别人的指责。凡认为生活在于自我牺牲的人，对此都必须做好准备。

因不遵守被众人所接受的习惯而惹恼他人，这是不好的，但更坏的是，不遵守良知和理性的要求，而姑息人们的习惯。

无论现在还是以前，人们既嘲笑那些沉默不语的人，也嘲笑那些夸夸其谈和少言寡语的人，世界上没有哪个人是没受过指责的。过去从不曾，将来也不会有哪个人总是在所有事上受到指责，同样也不会有人总是在所有事上都受到赞扬。因此，无论是别人的赞扬，还是指责，都不值得多虑。

对于你来说最重要的是如何看待自我,因为你将来是否幸福就取决于这一点,而绝不取决于别人如何看待你。因此,不要考虑世人的议论,需要考虑的只是,怎样加强自己的精神生活,而不是削弱它。

每一个从年轻时起便被最粗野的动物性动机所左右的人,将会不断地屈服于这种动机,尽管他的良知提出的是另一种要求。他之所以这样做,是因为别的人也都像他这样做。而别的人这样做,与他这样做,都是出于这同一个原因。而摆脱它的出路只有一个:每一个人都使自己从对他人看法的忧虑中解放出来。

一个长老曾经见到过幻影。他看到有个天使从天而降,手里拿着一个光环,四面张望着在找一个人,好把这光环颁赐给他。这长老的心开始燃烧起来了。他对那天使说:"怎么做才理应得到这顶光环呢?为了得到这个奖赏,我什么都肯做。"

于是天使说:"往那儿看。"天使转过身,用手指着北方。长老也回头一望,看到了一大片乌云。这片乌云遮住了半边天,并向地面降下来。一时间乌云散了开来,眼看着变成了一大群黑黑的人,向着长老拥过来;在这些人后面,站着一个极为高大而恐怖的黑人,他巨大的双脚站立在地面上,而毛发蓬乱的头却顶在天上,上面长着可怕的眼睛和红红的嘴唇。

"去跟他们战斗,战胜他们,我就把这光环颁赐给你。"

长老吓坏了,说:"我可以跟所有的人战斗,但对这个顶天立地的黑人,我却力所不及。我不能跟他战斗。"

"糊涂的人哪,"天使说道,"你因为害怕这个黑色的巨人,也就不想跟这些小黑人战斗,而所有这些小黑人——就是人的所有罪恶的欲望——他们是可以打败的,而这黑色的巨人——就是世俗的荣耀,有罪的人们就是为它生活的。与这个黑色巨人不必斗争——他只是个空壳。只要打败了那些罪恶,他自然而然就会在世界上消失不见了。"

谁不按自己的方式去考虑问题,谁就会服从于别人的思想。而使自己的思想服从于别人——比起使自己的肉体服从于别人来,这是一种更为卑劣的奴性。要用自己的头脑去考虑问题,而不要关心人们会怎样谈论你。

如果你总是关心别人是否赞成,那你无论何时何地都会优柔寡断,因为事情总是某些人赞成这一点,另一些人则赞成另一点。凡事应当自己决定。这个做起来很简单。

为了在别人面前表现自己,你会当着别人的面对自己不是吹嘘,就是咒骂。但如果你自我吹嘘,人们不会相信。如果你说自己的坏话,他们会认为,你比你说的更坏。因此,最好的办法是什么也不说,只关心自己良心的评判,而不去理睬别人的评判。

当人习惯了只为世俗名望而生的时候,他就觉得做人很难,如果不照所有人的行事方式去做,他就会落个愚蠢无知的名声,甚至被人视为彻头彻尾的坏人。但所有困难的事都应该去做。而对于这些事应当从两个方面去做:一个方面——是学会藐视人们的议论,另一个方面——是学会把生活看作是为了做这样的事:即这些事尽管会受到人们的指责,但做了总是好的。

所有人都是按照自己的思想和别人的思想来生活和行事的。在多大程度上按自己的思想生活,在多大程度上按别人的思想生活,人与人之间最主要的区别就在于此。

有些人看上去很奇怪,他们既不为自己的幸福,也不为别人的幸福,而只是为得到人们赞扬而生活。而与此同时,那些不看重别人对他的行为是否赞同而更看重自己和他人幸福的人又太少了。

一个人永远不会受到所有人的夸奖。如果他是个好人,则坏人会把他看作坏人,并且不是嘲笑他,就是指责他。如果他是个坏人,则好人就不会赞扬他。一个人要想得到所有人的夸奖,他就必须在好人面前装成好人,在坏人面前装成坏人。但当这两类人都识破他的伪装时,则这两类人都会瞧不起他。好的方法只有一个:做一个好人,不去关心别人的看法,不去在世人的心目中,而在自己的心灵中为自己的生活寻求奖赏。

"没有人把新布补在旧衣服上,因为所补上的反带坏了那衣服,破的就更大了;

"也没有人把新酒装在旧皮袋里;否则皮袋就会裂开,酒漏出来,连皮袋也坏了;但是把新酒装在新皮袋里,两样就都保全了。"(《马太福音》9:16—17)

这话的意思就是,为了使生活变得更好(不断地改善自己的生活——人的全部生活都在于此),不可局限在过去的习俗里,而应当开始新的习俗。不可顺从那被人按老规矩认定为好的习惯,而应当为自己树立新的习惯,不要去关心被人们评头品足的东西。

你为别人服务是为了灵魂,为了上帝,还是为了得到他们的奖赏,这很难区分。检测的方法只有一个:在你做一件你认为是善的事时,就问自己,如果你明知此后无论何时都不会有人知道你做了善事,那么你还做不做这件事。如果你对自己的回答是,无论如何都要做,那么你就会确切地知道:你所做的事,是为了灵魂,为了上帝而做的。

要独自生活,一个哲人说。这话的意思就是,对生活中的问题,要由你自己,和存在于你身上的上帝来决定,而不要由别人的劝告和议论来决定。

相对于侍奉人来说,侍奉上帝的好处在于,在人面前你会不由自主地想做出一个好人的样子来,而当人们把你看作坏人时,你就会感到伤心。在上帝面前不会有这种事。他了解你,知道你是什么样的人,在他面前你既得不到任何夸奖,也不会遭到诋毁诽谤,所以说,在上帝面前不需要做样子,需要的只是做一个好人。

如果你想得到安宁,就要去满足上帝,而不要去迎合他人。不同的人所想的也不同:今天想的是这样,明天就成了另一样。你永远也无法使他人满足。存在于你身上的上帝所想的始终如一,而你也知道他想的是什么。

人必须为之服务的对象只有两个选择:灵魂或者肉体。如果为灵魂服务,你就必须与罪孽作斗争。如果为肉体服务,无须与罪孽斗争,你需要做的只是去做人们常做的事就行了。

应当使自己习惯于这样生活:不去考虑世人的想法,甚至不去希望得到世人的爱,而只是遵循着自己生活的法则,为完成上帝的意志而生活。的确,在这种只与上帝同在的孤独的生活中,已经失去了为世俗的荣誉而做善举的动机,然而却在灵魂中确立了自由、安宁、忠贞和走正确道路的坚定觉悟,而这些是那为世俗荣誉而生活的人永远也不会了解的。

实际上每一个人都可以使自己习惯于这样生活。

(以上出自《生活之路》)

淫　欲

好色的根由(与赌博)正好相反,这种欲望越节制越强烈。这种癖好的起因有二:即肉体和想象。抗拒肉体容易,而抗拒也作用于肉体的想象却很难。对付这两种起因的办法是劳动和工作,包括体力的——体操,和脑力的——写作。其实这种欲望是正常的,只因我处在非正常状态下(23岁单身),我才把满足这种欲望看成坏事。除了意志力和祈祷上帝而外,什么也不能帮助我摆脱这种诱惑。

(《1852年3月20日日记》)

我希望说的是:在我们这个社会的所有阶层中,无不根深蒂固地有着这样一种思想,势力甚大,虚伪的科学在那里支撑着,竟说性生活为健康所必需,因此有时候,发生非婚性交,或发生除了付一笔夜度资之外,男人再没有其他义务的性交,人们竟说是十分自然的事,因此,似乎还应该鼓励哩。

这种思想散布得这样广,又这样的根深蒂固,因此在医生的劝导下,竟有父母为他们的子女安排下淫乱之途的,同时,许多政府——它们唯一的目标应该是他们的公民的道德健康——进而组织淫乱,对整个这一阶层的妇女(她们是命里注定的,要为了满足男人的需要,连身体和道德都得灭绝的)加以管理监督,而没有结婚的人去逛妓院,良心上更是一点也不内疚,可以去放荡行乐了。

我要说的是,这是错的,如果认为,有人为了别人的健康,灵魂和肉体都应该受蹂躏,这怎么会对呢? 这如同说,有人应该为了他们的健康的缘故,去喝别人的血,这一样是荒谬至极的。

我从这里面所得到的结论就是我们断不能容许这个错误,断不能容许这种欺骗。为了抗拒,我们必须接受不道德的教条,不管虚伪的科学如何支持他们。还有,我们必须了解这种性生活,若不抛弃他们因为发生性行为而生下来的孩子,便是把他们的一切责任委诸妇女,或者便是预防可能的生育,凡此都是违反了道德的最明白的要求,都是羞耻的。未结婚的人,若不愿意做出可耻的行为来,就应该不去干这种事。

为了使他们不干出这种事来,他们必须过一种自然的生活:不要喝醉人的酒,也不要吃得过分饱,也不要吃肉,也不要逃避劳动(却不是体育,也不是游戏,而是真正的、使人疲劳的劳动),还有,他们必须不容许自己甚至想也不能想跟陌生的女人性交的事,正如他们不能跟他们自己的母亲、姊妹、近亲或朋友们的妻子性交一样。

自我节制不仅是可能的,而且比无所节制对一个人的健康更少危险,更少害处,这是一个事实,任何人可以在他的周围找到成百的证据。

这是我要说的第一件事。

其次——事实是人们认为跟情人性交是健康所必需的,是一种快感,而且更进一步地,是把它作为诗意的、提高灵魂的行为,其结果当然是造成对婚姻的不忠,这在我们这个社会的所有阶层中,变得十分普遍了(在农民中,不忠实的婚姻特别是因为服兵役的缘故)。

我要说的是,这是错的。而从这里所得到的结论仍然是——人们不应该这样做。

为了使他们不这样做,这种对于性爱的看法必须改变。男人和女人必须由他们的父母以及公共舆论来教训一番,他们不能把和妻子以外的恋人谈情说爱以及随之而来的性欲——不论是婚前或婚后——视作诗意的、提高灵魂的,而应该视作禽兽的行为,人类是应该以此为耻的。而结婚时所誓言的贞节,若不遵守,公共舆论应该制裁它,至少应该严肃得如同不遵守金钱的契约,或营业上的舞弊,在任何情形之下都不应该赞美它,不应该像现在的小说、诗歌、歌剧等等那样极尽赞美之能事。

这是我说的第二点。

第三(还是因为我们社会中所信服的,对于肉体之爱的虚伪看法,才有这样的结果),人们对于生育儿女的看法也是不正当的,它本是结婚的目的,结婚的理由,现在却变成快乐的恋爱关系不能继续下去的障碍了,结果是不论已结婚或是未结婚的人(由医药科学的代表人物给以指导)用各种方法来节制生育,这种方法现在散播很广了,还有一种行为,从前绝没有存在过的,现在在组长制的农民家中也是不存在的——就是怀孕以后,与女人还在哺乳的时期内,继续性的关系。

我认为这种行为是错误的。

……

第四,在我们的社会中——被当作享欲的障碍物的孩子,或被当作一个意外、一个不幸的孩子,或者(如果生下的孩子还没有超出父母预期的数目则是)被当作一个特殊宠物的孩子——难怪父母对孩子们的教养,是不预备孩子们将来履行人生的职责的,不预备将来他们有理性、有爱心的,难怪所期望于孩子的,只要他们能满足父母。其结果是人类的孩童像小动物一样地养大了,父母关心孩子的,(在虚伪的医学的鼓励之下)倒并不是筹备他们将来的一些人类应该从事的活动,父母给孩子们过度的营养,使他们的躯体器官过度地长大,他们清洁、白胖、健康而且漂亮好看(如果下层社会没有这样做,那只是因为他们供养不起,他们对于这方面的看法,却跟上层社会并无二致)。

而这些娇养惯了的孩子们,正如一切喂养得过分饱的牲畜一样,在过早的年龄里就很不自然地显露了强烈的性欲的敏感。这在他们尚未发育成人的时候,就是他们可怕的痛苦了。他们的生活环境,周围又尽是这些:衣服、书本、旅行、音乐、跳舞、美食——从他们的糖果匣上的画片到他们所阅读的小说、传奇和诗歌,总之是一切——或多或少,无不是增强他们的这一敏感的。作为结果,就是男女小孩子都染上了最可怕的性的恶习惯和性的疾病,常常在他们成年以后,还改不过来。

我认为这是错的,从这里得出的结论是,人类的小孩子不应该像小动物一样地喂大,教养人类的孩子应该有别的目标,绝不是以使他们长得漂亮好看为唯一目标。

这是第四点。

第五,在我们的社会中,青年男女坠入情网(是以肉欲最为根源的)反而大受颂扬,仿佛恋爱是人类行为中最高尚的、最富于诗意的目标(我们所有的艺术和诗歌中都找得出证据来)。年轻人把他们一生中最好的青春献给恋爱了——总是男子出去猎艳、追求,然后(不管是结婚也好,或自由结合也好)占有了那些最吸引他们的女人,而妇人和少女也在尽情引诱、在设陷,使男人和她们自由结合或结婚。

在这种方式之下,许多人的最优秀力量消耗在不仅无益而且有害的活动中了。我们的无意识的奢侈大都是这种方式下的结果。此外的结果还有男子的懒惰。至于女人没有廉耻,她们总是向堕落的女人学习流行的翻新样式,裸露她们的一部分刺激性欲的肉体。

这个,我相信也是错误的。

它是错误的,因为它虽可以说得如何高尚理想,与爱情结合——不论经不经过爱情的结合——不论经不经过结婚的仪式——作为一个目标是没有意义的,正同吃的丰富一样的没有意义,但许多人却认为吃是至善至美的哩。

从这里得出的结论是,我们必须煞住不再把性爱当作什么特别提高灵魂的东西,我们必须了解,不论是为人类、为祖国、为科学或为艺术的服务(为上帝的不必说了)。绝没有一种目的可以借爱情的结合(不管有没有结婚的仪式)而达到的可能。从反面言之,坠入情网对于任何有价值的志向,不仅不会省力(虽然人们可以在散文和韵文中间找出这种证明来),却常常是障碍。

(《〈克劳爱采奏鸣曲〉后记》)

人们在年轻的时候不懂得生活的真正目的——以爱达到统

一,而把满足肉体的种种欲望作为自己的生活目的。如果这种谬误只是停留在头脑的谬误上那还好;但事情在于,满足肉欲会玷污灵魂,这样一来,那用肉欲生活玷污了灵魂的人,就已失去了在爱中找到自己幸福的能力。这就类似于,一个人想要取用纯净的饮用水,但却弄脏了他必须用来舀水的罐子。

说童贞有违人的天性,这是不对的。童贞可以赋予人以莫大的幸福,甚至幸福的婚姻与之也无法相比。

放纵饮食对善的生活是有害的,同样,放纵性生活对善的生活更为有害。因此,人越少耽于这两种行为,对他真正的灵魂生活越有益。不过,这两种行为之间的差别是很大的。彻底放弃饮食,人就会毁掉自己的生命;而放弃性的生活,人既不会断送自己的生命,也不会断送种族的生命,后者并不仅仅依赖于某一个人。

虽然只有少数人能保持完全的童贞,但也要让每一个人都明白并记住,他随时都可以做到比从前更为贞洁,并能回复到已被破坏了的童贞,人越走近完全的童贞,他因此而获得的真正的幸福就越多,他也就有能力更多地给他人带来幸福。

有人说,如果所有人都来保持童贞,那么人种就将灭绝。可是大家知道,按照教会的信条,世界的末日终将来临;而科学也坚信,地球上的生命和地球本身终将消亡;那为什么因为道德的善的生活导致人种完结,却如此令人愤愤不平呢?

主要的问题是,人种是否灭绝并不是我们的事。我们每个人的事只有一样:过好的生活。而就性欲方面来说,好的生活就是指尽可能保持童贞。

有位学者作过一个统计,如果人口每 50 年翻一番的话,那么从现在开始,7 000 年之后,由一对夫妇所生育的人口有这样多:如果他们在地球表面肩并肩紧紧站好,则整个地球只能放下这些人口的二十七分之一。

为了避免这种事的发生,我们需要的只有一样——即在世上所有哲人身上所显示出的,已植入所有人灵魂中的东西——童贞,和对最大限度的童贞的追求。

"你们听见有话说,"基督想起摩西律法中的话,说道,"不可奸淫。只是我告诉你们:凡看见妇女就动淫念的,这人心里已经与她犯奸淫了。"(《马太福音》5:27—28)

这些话没有别的意思,就是说,按照基督的教义,人总是要致力于完全的童贞。

"这怎么可能做到呢?"人们会说,"人们要是保持完全的童贞,人种就要被消灭。"可是,他们说这话的时候忘记了一点,所谓人必须要追求完美的指示,并不是说人必须要达到完美无瑕的地步。人在任何方面都不具备达到完美的能力。人努力的目标是接近完美。

未堕落的人总是厌恶和羞于去想或谈论有关性交的事。要珍视这种情感。它被置于人的灵魂之中并不是徒劳无益的。这种情感有助于戒绝淫乱罪和保持贞洁。

人们用同一个词来称呼灵魂的爱——对上帝及他人的爱——和男人对女人或女人对男人的肉欲的爱。这是一个大错误。这两种感情之间没有任何共同之处。前者——对上帝及他人的灵魂的爱——是上帝的声音,后者——男女之间的性爱——是动物的声音。

在所有的人——女人和男人身上都存在着上帝的灵魂。而把上帝灵魂的载体视为获得快感的工具,这是何等的罪孽啊!任何一个女人对一个男人来说首先是姐妹,而任何一个男人对一个女人来说首先是兄弟。

上帝的法则就是爱上帝及他人,就是无差别地爱所有人。在性爱中,一个男人最爱的是某一个女人,而一个女人爱的是某一个男人,这就是说,性爱是诱使人违背上帝法则的最常见的因素。

在你尚未根绝对女色的迷恋之心时,你的灵魂也便迷恋于凡尘,正如吃奶的牛犊迷恋于它的母亲。

被淫欲所纠缠的人有如脱兔奔向罗网。一旦被淫欲的绊索套住,他将长久地无从挣脱苦难。

——佛教哲理

夜晚的飞蛾扑向火中,因为它不知道火会烧着翅膀;鱼吞吃钓勾上的丘蚓,因为它不知道这会害了它。而我们明明知道,淫欲一定会纠缠住并毁掉我们,可仍旧沉湎于此。

正像沼地上的萤火虫把人引入泥潭,而自己却飞走一样,淫欲的美妙也是这样欺骗人的。人们深陷于其中,败坏了自己的生活。当他们醒悟过来,回首观望时,已看不到他们为此而葬送自己生活的那个东西的迹象了。

——据叔本华

人,如果作为动物,就需要与其他生命进行争斗,需要繁殖,以扩大种类的数目;而作为有理性、有爱心的生命,人需要的不是与其他生命争斗,而是去爱一切生命,需要的不是繁殖,扩大自己的种类,而是保持贞洁。致力于争斗和淫欲,与致力于爱和贞洁——这两种截然相反的追求,就构成了人本来如此的生活。

当那些纯洁的少男少女身上性的感情觉醒的时候,他们该怎么做呢?靠什么来加以引导呢?

要使自己保持纯洁,在思想和欲望方面追求最大限度的童贞。

那些已堕入邪念、已被盲目的爱和对熟人的爱所吞没的少男少女们又应该怎样做呢?

还是如此:不要放纵自己堕落,要知道,这种放纵并不能使自己摆脱邪念,而只能陷得更深,所以还是要追求最大限度的童贞。

那些无力克制自己而堕落的人们该怎么做呢?

不要把自己的堕落看作合法的享受,像如今的人们那样,拿婚礼来作为挡箭牌,也不要把它看作一时的享乐,可以与他人再次发生,同样,当这种事是与不般配的人发生的,或是不经婚礼仪式的,也不要把它看作一种不幸,而要把它看作进入一种稳定婚姻的前奏。

那些已婚的男人和女人该怎么做呢?

还是如此:共同致力于把自己从性欲之中解放出来。

与淫欲斗争的主要手段——就是对自己精神层面的觉悟。一旦人想起了他是谁,那么情欲在他眼中就恢复了其本来面目:动物的低级的本性。

同淫欲作斗争是必要的。但要预先了解敌人的全部力量,不要用速战速决的虚假期望夸大自己:同这个敌人的战斗是艰难的。但不要在灵魂上被打败。即使被打败了也不要灰心丧气。婴孩在学走路时,会跌倒上百次,摔疼了,哭了,再爬起来,又摔倒,但不管怎样,最终他是能学会走路的。失败并不可怕,**可怕的是为失败而辩解**,可怕的是那些谎话,把这种失败或者说成是命中注定的、不可避免的,或者说成是美好而高尚的行为。当我们在从卑污之中走向解放,走向完善的路上,即使由于软弱而一时偏离方向,我们终将竭尽全力在这条路上走下去。不要说,堕入泥淖——就是我们的命运,不要用"哲理的"或"诗意的"谎话为自己辩解,我们会牢牢记住,恶就是恶,我们是不想做恶的。

——纳日文[1]

---

[1] 纳日文,伊万·费奥多罗维奇(1874—1940),作家、编辑家,托尔斯泰学说的支持者,十月革命后移居国外。

同淫欲作斗争——凡是要从淫欲中解脱出来的人,除了初生的婴儿和已界耄耋之年的老人,不论他的地位和年龄如何,这对他来说都是一种最艰苦的斗争。因此,尚未老朽的成年人,不论男女,都应该随时警惕这个敌人,一旦等到合适的时机,它便会发动进攻。

所有欲望都由意念而生,并由意念得到强化。但任何一种欲望都不像淫欲那样更强烈地受到意念的支配和强化。不要执着于淫欲的意念,而要将它驱赶出去。

在饮食方面人需要学习动物的克制——只有当饥饿时才进食,吃饱时不过量进食,同样,人在性的交往中也要向动物学习:像动物那样,在性成熟之前一直保持克制,只有当那种吸引力不可克制的时候才发生性关系,而一旦导致怀胎,便停止性的活动。

人真心想要过善的生活的一个最可靠的标志——是严格控制自己的性生活。

(以上出自《生活之路》)

贪 婪

要试着克服贪婪、怠惰、好色和愤怒,作他们的主人。

噢,寻求真理的你,要控制自己的思想,如果你想达到自己的目标!要将自己心灵的视线集中到那统一的不受贪欲影响的纯洁的世界。

——婆罗门哲言

折磨人的诱惑有三种:肉体的欲望、骄傲和贪财。由此而产生——人的贫穷。假如消除了肉欲、骄傲和贪财所有人都会幸福地生活。该如何避开这些可怕的病症呢?要避开它们是很难的,其主要原因在于,它们是我们的天性中与生俱来的。

要使自己避开它们只有一种方式:每个人的自我提高。人们常常以为,法律和政府能够予以帮助,但是这无可能,因为制定法律和领导众人者是那些自己也受肉欲、骄傲和贪财之诱惑折磨的人。因此不可寄希望于法律和统治者。人们为了自己的幸福所要做的只有一件事,那就是消除自己身上的肉欲、骄傲和贪财。如果一个人不从自我的改善做起,任何的改善都无从谈起。

——拉门奈[1]

(以上出自《阅读圈》)

想象一下,人们只过着牲畜般的生活,而不与自己的贪欲斗争,这是多么可怕的生活呀,所有人都彼此憎恨,到处都是淫乱,到

---

[1] 费利西泰·罗伯尔·德·拉门奈(1782—1854),法国政论家、宗教哲学家、天主教神甫、基督教社会主义的创始人之一。

处都是残忍！人只有懂得了自己的弱点和贪欲,同自己的罪孽、邪念和迷信作斗争,他们才会过上共同的生活。

为了维持肉体生命所需并不多,但肉体却是贪得无厌的。

放纵肉体,把大量超出于它所必需的东西都给予它,这是一个大错误,因为奢华的生活非但无益,而只能减少饮食、休息、睡眠、衣服和居所给人带来的愉悦。在没有饥饿感的时候吃下大量美味的食品,因此搞坏胃口,丧失掉了对进食和获得满足感的兴致。本可以步行的路却要乘车,习惯于睡绵软的床榻,吃精致的美味佳肴,住陈设豪华的房子,习惯于支使别人去做自己本可以做的事,失去了劳动后的休息、寒冷后的温暖所带来的快乐,失去了香甜的睡梦,身体一天天衰弱下去,生活中平静而自由的快乐不仅不能增加,反而日益减少。

人应该向动物学习怎样恰当地对待自己的肉体。动物一旦得到了它肉体所需的东西,就会安静下来;而人不仅要解除饥饿,躲避雨雪天,保持温暖,而且还挖空心思弄出些甜美的饮料和食物,建造宫殿,置下过多的衣服,以及种种并不需要的奢侈品,然而这些东西不是使人生活得更美好,而是更糟糕。

如果人只是在饥饿时进餐,并以简单、洁净而有益健康的东西为食,那么他们将不知病痛,也就能更方便地与贪欲作斗争。

吃,应是为了活着,而活着不是为了吃。

惯于奢华对自己并无益处,因为你为自己的肉体需求越多,那么为了使这肉体吃、穿、住得更好,它所受得苦累也就越多。注意不到这个谬误的,只是那些善于用种种欺骗手段安排生活的人,他们让别人不是为自己而是必须为他们劳作,由此可见,对这些人,对这些富人来说,奢华已不仅是于己无益,而且也是一种败坏道德的事。

美味的食物,豪华的服饰,种种的奢侈——你们把这叫作幸福。可我认为,一无所求——这才是最大的享受,为了接近这最高的幸福,应当保持不作奢求的习惯。

贪这种罪孽指的是无餍足地攫取他人所需的钱物,把这些钱物置于自己的控制之下,以便按照自己的愿望去利用他人的劳动。

10个善良的人挤在一条毡子上睡觉,也会友好相处,睡得踏实,而两个富人住10个房间,也不能和睦相处。如果一个善良的人得到一片面包,他也会分一半给饿肚子的人。但如果一个皇帝占有了半壁江山,他不把另一半据为己有,是不会高枕无忧的。

3个富人占着15所房子,也不会放一个穷苦人进来暖暖身子,过一夜。

一个农家的7尺小屋,住上7个农奴,他也愿意收留过路人,并说:上帝吩咐要有福同享。

富人的欢乐是用穷人的眼泪换来的。

过富人的日子越来越可耻,而过穷人的日子越来越苦恼。

劳动阶层的人常常竭尽全力要进入富裕的、靠他人劳动为生的阶层。他们把这称为过上好人的日子。然而应该是正好相反,要把这称为放弃好人的日子而去过坏人的日子。

无论什么样的财富都是有罪的和卑劣的。但没有哪一种财富像建立在土地所有基础上的财富罪孽更大,卑劣更甚。所谓的土地**所有权**剥夺了地球上一半人口的法定的、自然继承的遗产。

掌有土地所有权的人,常常在交谈时,以及在法庭上,对侵占处都是残忍！人只有懂得了自己的弱点和贪欲,同自己的罪孽、邪念和迷信作斗争,他们才会过上共同的生活。

为了维持肉体生命所需并不多,但肉体却是贪得无厌的。

放纵肉体,把大量超出于它所必需的东西都给予它,这是一个大错误,因为奢华的生活非但无益,而只能减少饮食、休息、睡眠、衣服和居所给人带来的愉悦。在没有饥饿感的时候吃下大量美味的食品,因此搞坏胃口,丧失掉了对进食和获得满足感的兴致。本可以步行的路却要乘车,习惯于睡绵软的床榻,吃精致的美味佳肴,住陈设豪华的房子,习惯于支使别人去做自己本可以做的事,失去了劳动后的休息、寒冷后的温暖所带来的快乐,失去了香甜的睡梦,身体一天天衰弱下去,生活中平静而自由的快乐不仅不能增加,反而日益减少。

人应该向动物学习怎样恰当地对待自己的肉体。动物一旦得到了它肉体所需的东西,就会安静下来;而人不仅要解除饥饿,躲避雨雪天,保持温暖,而且还挖空心思弄出些甜美的饮料和食物,建造宫殿,置下过多的衣服,以及种种并不需要的奢侈品,然而这些东西不是使人生活得更美好,而是更糟糕。

如果人只是在饥饿时进餐,并以简单、洁净而有益健康的东西为食,那么他们将不知病痛,也就能更方便地与贪欲作斗争。

吃,应是为了活着,而活着不是为了吃。

惯于奢华对自己并无益处,因为你为自己的肉体需求越多,那么为了使这肉体吃、穿、住得更好,它所受得苦累也就越多。注意不到这个谬误的,只是那些善于用种种欺骗手段安排生活的人,他们让别人不是为自己而是必须为他们劳作,由此可见,对这些人,对这些富人来说,奢华已不仅是于己无益,而且也是一种败坏道德的事。

美味的食物,豪华的服饰,种种的奢侈——你们把这叫作幸福。可我认为,一无所求——这才是最大的享受,为了接近这最高的幸福,应当保持不作奢求的习惯。

贪这种罪孽指的是无餍足地攫取他人所需的钱物,把这些钱物置于自己的控制之下,以便按照自己的愿望去利用他人的劳动。

10个善良的人挤在一条毡子上睡觉,也会友好相处,睡得踏实,而两个富人住10个房间,也不能和睦相处。如果一个善良的人得到一片面包,他也会分一半给饿肚子的人。但如果一个皇帝占有了半壁江山,他不把另一半据为已有,是不会高枕无忧的。

3个富人占着15所房子,也不会放一个穷苦人进来暖暖身子,过一夜。

一个农家的7尺小屋,住上7个农奴,他也愿意收留过路人,并说:上帝吩咐要有福同享。

富人的欢乐是用穷人的眼泪换来的。

过富人的日子越来越可耻,而过穷人的日子越来越苦恼。

劳动阶层的人常常竭尽全力要进入富裕的、靠他人劳动为生的阶层。他们把这称为过上好人的日子。然而应该是正好相反,要把这称为放弃好人的日子而去过坏人的日子。

无论什么样的财富都是有罪的和卑劣的。但没有哪一种财富像建立在土地所有基础上的财富罪孽更大,卑劣更甚。所谓的土地**所有权**剥夺了地球上一半人口的法定的、自然继承的遗产。

掌有土地所有权的人,常常在交谈时,以及在法庭上,对侵占他人财产的行为大加指责。

难道他们不明白吗,他们无休止地攫取民众最难割舍的财产,当人们只是提到"盗窃"这个词,而不去谴责和惩罚他们这种无休止的勾当时,他们难道不应该为此而感到羞耻和无地自容吗?

人们总是抱怨贫困,千方百计去获取财富,但实际上,贫困与不幸赋予人以坚强的力量,与此相应,放纵与奢侈引导人走向衰败和毁灭。

贫困的人想要把有益于肉体和灵魂的贫困转变为有害于肉体和灵魂的财富,这是徒劳无益的。

穷人苦恼,而富人加倍苦恼。

富人的日子不好过,因为他不得安宁,终日为自己的财富担心,也因为他的财富越多,他的操劳也越多。而富人的日子不好过的主要原因是,他所能交好的只是少数与他相同的富人。而与其他的人,与穷人,他却无法交好。如果他与穷人交好,他的罪孽就将真相大白。他也就不能不感到羞耻。

富人们的生活,已放弃了生活中必须的劳动,所以无法不成为疯狂无度的生活。人如果不劳动,也就是说不奉行所有人的这条生活法则,他就无法不意乱神迷。他们这时的样子就像那些喂得过饱的家畜:马、狗、猪。他们又跳又闹,东奔西窜,而自己却不知这是为什么。

人们总是寻求财富,而一旦他们明白了,人积累起财富并以此为生,将会失去多少善德,这时,他们就会以如今人们极力追求财富的热忱,去极力远离财富。

不应尊敬富人,不应艳羡他们,而应远离富人的生活,可怜他们。富人不应为自己的财富而骄傲,而应为之感到羞耻。

富人能看到自己的财富的罪孽,不因穷人的嫉妒和仇视而指责他们,这是好事。但如果他们因穷人的仇视而对穷人大加指责,却又看不到自己的罪孽,则是坏事。同样,穷人能看到自己嫉妒和仇视富人也是罪孽,所以不去指责,而是可怜他们的话,这就是好事。但如果他们只是指责富人,而看不到自己的罪孽的话,则是坏事。

如果穷人嫉羡财富,那么他并不比富人好。

富人沾沾自喜并不好。但穷人嫉羡富人也是坏事。有许多这样的穷人:他们对比他们更穷的人所做的,正是他们所指责富人的。

只有那相信自己不是凡人而是高于所有人的人,才会身处穷人中间而去占有财富并心安理得。只有抱着自己胜过所有人这种想法的人,才会为自己在穷人中占有财富而自我辩白。而最令人惊讶的是,这种对财富的占有——即本应令人感到羞耻的事——却成为他比别人更为进步的主要证据。"我享有财富,因为我高于他人。而我高于他人,因为我享有财富"。这种人是这样说的。

没有什么能比这种现象更清楚地表明我们所持信仰的虚伪:即那些自认为基督徒的人,身处贫困的人们中间,不仅能占有财富,而且为此自豪。

人能够养活自己只有靠三种手段:抢劫、施舍或者劳动。靠劳动为生的人很容易与其他人区别开来;同样,那靠施舍的人也很容易瞧出来;只有抢劫者无法让人一下子认清,因为靠抢劫为生的人有两种:一种——是一般的抢劫者,他们或者强行夺取他人的钱财,或者暗中偷窃。这种人大家都知道,他们自己也承认是抢劫者和盗贼,于是这种人就被逮起来处以刑罚。另一种抢劫者是这样的——他们自己不承认是抢劫者,也不会被逮起来处以刑罚,他们用政府所允许的手段去抢劫劳动大众，攫取他们用劳动创造的产品。

一个在光天化日之下抢劫而被逮住的人，他无论如何也不能让大家相信，他当时并不知道那被抢的人不愿意把钱包给他，如同这个人一样，当今世上的富人，看来也无法让自己和别人相信，他们并不知道，那些被迫在地矿里，在水中，在高温下每天工作10—14个小时，那些每天夜晚在各个工厂里上班的劳动大众，他们之所以从事这类难堪的工作，只是因为富有的人们以这类工作给了他们以生存的可能性。看起来，如此明显的事实是无可否认的。但实际上富人们并没有看到这一点，就像儿童有时眯起眼睛，为的是看不到那令他们感到可怖的事。

看来，一旦了解了因贫困和过度劳累而死的劳动者的全部苦难（不了解这些是不可能的），那些利用着这以人的生命为代价的劳动的富人，如果他们不是野兽的话，就不可能保持片刻的安宁。但实际上，这些富人，这些自由主义者和人道主义者，这些十分善于感受人的甚而是动物的痛苦的人，却在不停地享用着以生命为代价的劳动，极力获取越来越多的财富，也就是说，他们享用着越来越多的这种劳动，一面却保持着完全泰然自若的心态。

产生这种现象的原因是，当人们做坏事的时候，总是在内心作出这样的推断，由这个推断得出的结论是，坏事并不是坏事，而是一种不可更易的、不受人左右的法则作用的结果。在古代，这样的推断指的是，那不可思议而不可更易的上帝意志把低贱的地位和劳动指定给一些人，而给另一些人的是高贵的地位和享有生活的幸福。

最初出现奴隶的时候，有人说这证明上帝确定了人的地位——奴隶和主人，这两者都必须满足于自己的地位，因为奴隶在世上将过着更好的日子：主人对奴隶必须待以仁慈之心；此后，当奴隶获得解放的时候，又有人说这证明上帝将财富授予一些人，是要让他们用这财富的一部分去做善事。

这些解释曾使穷人和富人,尤其是富人感到满意,并且长久以来都是如此。然而,一个新的时期已经到来了,这些解释已让人感到是不完满的。于是出现了基于科学的新政治经济学的解释,它揭示了某些规律,由此得出结论,劳动的分工和对劳动的利用取决于供求关系,取决于资本、地租、劳动报酬、价值、利润,等等。

有关这个问题在短时期内就出现在许多书籍和小册子中,出现在许多演讲报告中,其数量之多不亚于就过去的那个问题所写成的论著,所做的神学布道演说,并且如今这个问题还在不停地被写成如山的书籍及小册子,不停地被到处演说。

这种科学所得出的结论是,如果社会中孳生大量劫掠劳动者劳动产品的强盗和窃贼,那么造成这种现象的原因不是强盗和窃贼行为恶劣,而是不可改变的经济规律使然,这种规律即使可以改变也是缓慢的,由科学、进化所决定的,因此,按照科学的学说,属于强盗、窃贼或者窝赃者的人,利用劫掠和偷窃的手段,可以坦然地继续享用偷窃和劫掠来的财物。

当今世上的大多数人,尽管并不知道这种使人宽慰的科学解释的细节,像过去许多人不知道证明他们地位的神学解释的细节一样,但是他们毕竟知道,这种解释乃是那些有学问的聪明人借以继续证明,如今事物的秩序就是如此,它也本当如此,因此,在这种事物的秩序之下是可以坦然生活下去的,而不必努力去改变它。

这些理由只能解释一种令人惊异的日蚀现象,我们社会中的那些善人们置身于这种日蚀现象之中,一边真诚地为动物们祈求幸福,一边心安理得地吞食着自己兄弟们的生命。

"不要为自己积攒财宝在地上。地上有虫子咬,会锈坏,也有贼来偷,只要积攒财宝在天上。天上的财宝没有虫子咬,不会锈坏,也没有贼来偷。你的财宝在哪里,你的心也在哪里。"①

积攒天上的财宝,就是说要增加自己心中的爱。而爱与财宝

---

① 参见:《马太福音》6:19—21。

不仅是不相容的,而简直就是势不两立的。以爱为生的人既不会积攒财宝,也不会保留财宝,如果他有的话。

有两种方法可以避免贫困:一种——就是增加自己的财富;另一种——就是养成知足常乐的习惯。增加财富并不是随时都可做到的,并且几乎始终伴随着欺诈;而节制自己的奢望一直由我们自己掌握,并且永远有益于灵魂。

最坏的窃贼不是那盗取他所需物品的,而是那把他并不需要而别人不可或缺的东西据为己有,不还给别人的窃贼。富人们所做的正是这样。

仁慈,只有当你施舍的是从你身上取下的,才是真正的仁慈。只有这样,那收到物质馈赠的人所收到的才是精神的馈赠。

如果施舍并不是牺牲,而不过是拿出多余的,则这只会激怒那收取者。

富有的行善者看不到,他们施舍给一个穷人的东西,往往又从更多的穷人手里把它夺回来。

"一个人不能同时侍奉两个主人。一个满意了,另一个便得罪了。不能既侍奉上帝,又侍奉肉体。或者为尘世的生活劳作,或者为上帝劳作。所以不要忧虑吃什么,喝什么,穿什么。要知道生命胜于吃穿,而上帝把这生命给了你。

"你们看那上帝所造的,那飞鸟。它们既不种,也不收,也不积蓄,而上帝却养活它们。人并不次于飞鸟。如果上帝给人以生命,就会养活他。而你们自己也知道,无论你们怎样操劳,也不能为自己做什么。你们不能使自己的寿数多加一刻。何必为穿衣忧虑呢。田野里的花不劳作,也不纺线,而它却打扮得那么漂亮,就是所罗门备极荣华的时候,他所穿戴的也从不如这一朵花呢。像这些野草,今天还长着,明天就被割掉了,可上帝还给它们如此的装饰,更何况你们呢,上帝会不给你们衣穿吗?

"不要忧虑,不要操劳,不要说:必须考虑我们得吃什么,穿什么。这些是所有人都需要的,上帝也知道你们的需要。所以不要为明天忧虑。今天的日子就今天过。你们要关心的是听从上帝的意志。你们只要盼着那唯一重要的,其他的自会来到。你们要努力去做的只是听从父的意志。这样就不必为明天忧虑。明天到来时自有明天的忧虑。"①

耶稣就是这样说的,这些话的正确性每个人都可在自己的生活中去加以检验。

人们是以何等的努力和罪孽去聚敛和保护财富啊! 然而从聚敛的财富上我们只能得到一种快乐。这种快乐就是,明白了财富的所有罪恶之后而摈弃它。

(以上出自《生活之路》)

---

① 参见《马太福音》6:24—34。

怒

我们不仅在批评上,而且在文学中,以至在社会上,都已经形成了一种舆论,认为做一个愤懑、易怒、刻薄的人——十分可爱。而我却认为十分可恶……一个人易怒、凶狠,不是正常的状态。一个人仁爱才是正常的,且只有在正常的状态下才能做好事,才能看清事物。

(《1856年7月2日致尼·阿·涅克拉索夫的信》)

引起争执是容易的,但是要消除它却犹如扑灭熊熊大火一般困难。

就让说者去发狂吧,只要听者保持清醒!简短的回答能消除仇恨,辱骂的言辞只会激起怒火。

罗马贤人塞内加说,当你怒火中生,想要摆脱自己的愤怒,最好的方法是停止下来。不要做任何事:不要走路,不要移动,不要说话。如果你的身体或舌头在这个时候有所动作,你的愤怒还会燃烧得更加炽热。

盛怒对所有人有害,对亲身体验的人伤害尤深。

任何事都不能作为盛怒的借口,愤怒的理由永远来自你的内心。

易激怒是一种卑贱的素质,受他摆布的往往是生活中的弱者。

人在愤怒时千万要注意两点:第一,不可恶语伤人,这不同于一般的对世情发牢骚,而会植下犯毒之种;第二不可因怒而倾泄他人的隐秘,这会使人不再被信任。

(以上出自《阅读圈》)

如果你感觉到肉体的疼痛,你就明白,是有些地方不对劲了:或者是你做了不该做的事,或者是你没有去做你应当做的事。在灵魂生活上也是如此。如果你感到苦闷、愤怒,你要明白,这是有些地方不对劲了:或者是你所爱的是本不该爱的,或者是你没有爱那本该爱的。

贪食、怠惰及淫逸的罪孽其本身就是不好的。但这些罪孽最不好的地方在于,由此而生出最为恶劣的罪孽——对他人的仇视和憎恨。

可怕的不是抢劫,不是杀戮,不是死刑。抢劫是什么呢?就是把财物从一些人手中转移到另一些人手中。这种事过去有,将来也总会有,没什么可怕的。那么死刑和杀戮是什么呢?就是把人从生转变为死。这种转变过去、现在、将来都永远存在,同样也没什么可怕的。可怕的不是抢劫和杀戮,而是人与人之间相互憎恨的情感,可怕的是人的仇恨心理。

佛教徒说,任何一种罪孽都源于愚蠢。这话适于所有的罪孽,尤其是仇视罪。渔夫或捕鸟人对鱼或鸟发怒,是因为他没有捕到它,而我对人发怒,是因为他做的是他需要的事,而不是我想让他做的事。这种事的愚蠢不是如出一辙吗?

人得罪了你,你便对他报以大怒。事情过去了。但在你的心里却埋下了对这个人的仇恨,每当你想到他时,便怒气横生。这就好比魔鬼一直站在你心灵的门前,伺机而动,一旦你心中生出对人的仇恨,他就会打开这扇门,窜入你的心灵之中,并成为你心灵的主宰。把他赶出去吧。往后要小心谨慎,不要打开这扇魔鬼可能进入的门。

从前有个傻丫头,她得病瞎了眼睛,但她怎么也弄不明白,她的眼睛是瞎的。不管她走到哪儿,路上的东西都碍着她,磕碰她,她便对这些东西发怒。她想的不是她碰到了这些东西,而是这些东西碰到了她。

当人们在灵魂生活中瞎了眼睛的时候,情形也是如此。他们会觉得,他们遇到的一切都跟他们过不去,便对别人发怒,但他们不明白,他们就像那个傻丫头一样,不顺心不是因为别人的缘故,而是因为,他们在灵魂的生活中瞎了眼睛,只为了肉体而生活。

一个人自视越高,就越容易对他人抱有恶意。一个人越谦逊,他就越善良,而少怒气。

不错,你也许忍无可忍而对那侮辱、得罪你的人发怒。但是你随时都能够在这一点上克制自己,即无论是言还是行,都把自己心里的事隐而不露。

愤恨永远出于无能。

"小心点,当你想痛打人身上的魔鬼时,设法不要碰到他身上的上帝。"这就是说,责备一个人时,不要忘了,他身上有上帝的灵魂。

如果你对一个人发怒,这就是说你过的不是上帝的生活,而是肉体的生活。如果你过的是上帝的生活,那么谁也不能伤害你,因为上帝是不能被伤害的,这个存在于你身上的上帝,是不会发怒的。

的确，与品质恶劣的人、与好说谎的人相处，很难做一个善良的人，特别是如果他还欺侮我们的话，但是，与他们，恰恰是与这些人相处，无论就自己，还是就对方来说，都应该保持善良的情感。

当你对别人发怒的时候，往往是在为自己的心灵寻求辩护，只是极力地去发现你对之发怒的那个人的坏处。而这只会增加你的仇恨。我们应当做的恰恰相反：你越是发怒，越要多用心寻找你对之发怒的那个人身上所有好的地方，如果你在他身上成功地找到了好的地方，并以爱心待他，那么这不仅会使你的心灵轻松起来，而且你将体验到一种特殊的快乐。

如果因一个人做了你认为不好的事而对他发怒，那你要设法弄清楚，他为什么会做那种你认为不好的事。而一旦你明白了原委，你就不会对他发怒，这就像你不能因石头只往下落不往上飞而发怒一样。

没有爱时只能与物打交道：没有爱，可以伐树，烧砖，冶铁，但和人打交道不能没有爱，就像同蜜蜂打交道不能不小心一样。蜜蜂的本性是这样的，如果跟它们打交道不小心，就会伤害到它们，也会伤害你自己。与人交往也是如此。

感觉不到对他人的爱，就心平气和地坐下来，自己做点想做的事，但只要不是有关他人的事。一旦你在没有爱的时候放任自己与人交往，那你就无暇顾及你是如何失去人性而变为兽的，你就会伤害他人，同时也折磨你自己。

如果你受了别人的欺侮，你会对这欺侮作出反应，就像狗，像牛，像马一样：如果欺侮你的人比你强壮，你就会逃走，否则就会吠叫，用头去抵，或尥蹶子去踢。而作为一个有理性的人，你会对别人的欺侮作出这样的反应——对自己说：这个人欺侮了我，这是他的事；而我的事——就是做我认为好的事：对他做我想为自己做的事。

当你看到那些总是对所有人都不满、一直在责备所有人的人时,很想对他们说:"要知道你们生在世上,并不是只为了弄明白生活的荒谬并去指责它,发泄一通怒气然后死去。这是不可能的。你们要想一想:你们不应该发怒和指责,而应该劳动,进而去矫正你所看到的坏事。"

要消灭你所看到的坏事,用激愤的方式无论如何是不行的,而只能用对待所有人的善良的情感,这种情感始终存在于我们身上,只要你们不再窒息它,你们立刻就会感受到它。

应当养成这样的习惯:只有当你对自己不满的时候,才可以对他人表示不满。对自己不满只应对自己的行为,而不是对自己的灵魂不满。对他人也同样应当如此:责备他的行为,但同时去爱他。

为了不对自己周围的人做坏事——而是爱他们,就应当养成不对他们说坏话和不说他们的坏话的习惯,而为了习惯于这样做,必须习惯于不把人往坏处想,不允许仇恨的情感进入自己的灵魂,哪怕是这样的念头也不行。

有这样一些人,他们喜欢保持暴躁的习性。他们总是有事可干,遇到有人跟他们打交道,他们便很高兴有机会把这人骂一个狗血喷头了。这样的人非常令人厌烦。但是应当记住,他们也非常不幸,因为他们从不曾体验过灵魂中充盈着善良情感时的喜悦,因此,对他们不应当发怒,而应当怜悯。

当你不爱他人,也不想爱时,那可就千万别装成你爱和想爱的样子。但是,当上帝把他对仇敌的怜悯和爱的火花遣入你的心中时,也千万要记住去捕捉到它,并让它熊熊燃烧起来。要知道最宝贵的东西莫过于它。

如果你心中有些怒气，在你动手和动口之前，先数 10 个数。如果你怒气大盛，就先数 100 个数。

当你发怒的时候，只要想起这个，那也就不必数了。

人越是为灵魂而生，他在所有事情上遇到的阻碍越少，因此他也就越少怒气。

水深的河不会因投入一块石头便怒涛汹涌；人也是如此。如果一个人受到欺侮便勃然大怒，那么他就不是大河，而是小水洼。

无论愤怒对他人多么有害，危害最大的是那发怒的人。愤怒永远比你发怒的原因更为有害。

你总是想，你对之发怒的那个人是你的敌人；其实你的主要的敌人——是深嵌在你心中的愤怒。因此，要尽快地与你的敌人和解，熄灭你心中这种痛苦不安的情感。

如果我知道，愤怒会剥夺我真正的幸福，那我就不会故意与他人为仇，也不会像我过去所做的那样为自己的愤怒而兴奋，而骄傲，将怒火烧得更旺，并为它辩解，把自己看得高贵而聪明，而把别人看得微不足道——看作堕落的、丧失理智的人，而当我一想到我正屈服于愤怒的时候，我就不会不承认，错的只是我一个，也就不能不去和那与我为仇的人寻求和解。

但这还不够。如果现在我知道，我的愤怒——就是我灵魂的恶，那我还将认清引我趋向这恶的是什么。引我趋向这恶的，是我忘记了，在我身上存在的，也存在于所有人。现在我看到，把自己与他人分离和自视高于他人——乃是我与他人为敌的主要原因之一。我想起了自己过去的生活，于是我看到，我从不曾对那些我认为地位更高的人燃起仇恨的怒火，从不曾欺侮过这样的人；但是，对那些我认为地位更低的人，即使他们有微小的举动令我不快，也会引起我对他们的愤怒和侮辱,我越是认为自己比他们高贵,就越是轻易地去侮辱他们;甚至有时当我猜想到一个人地位低贱时,这也会引起我对他的侮辱。

一年冬天,方济各和他的一个兄弟利奥①从佩鲁萨去往波齐昂库尔②;天气寒冷,他们冻得浑身直发抖。方济各叫住走在前面的利奥,对他说:"利奥兄弟啊,上帝保佑,让我们兄弟在这大地上做一个圣洁生活的榜样:但是,要记住,这并不是完美的快乐。"

走了一会儿,方济各又叫住利奥,说:"还要记住,利奥兄弟,如果我们兄弟能使病人痊愈,驱走魔鬼,能使盲人变成明眼人,能使死去4天的人复活,要记住,这也不会是完美的快乐。"

又走了一会儿,方济各又对利奥说:"还要记住,利奥兄弟,如果我们兄弟懂得了所有的语言,所有的学问,读过所有的书,如果咱们不仅能预知未来,还知道了良知和灵魂的全部奥秘,要记住,这也不是完美的快乐。"

又走了一会儿,方济各又叫住利奥,说:"利奥兄弟,上帝的羔羊啊,还要记住,如果我们学会了用天使的语言说话,如果得知了星辰运行的规律,如果大地向我们打开了所有的宝藏,我们了解了鸟、鱼、一切动物、人、树木、石头和水的全部奥秘,要记住,这也不算是完美的快乐。"

走了没几步,方济各又叫住利奥兄弟,对他说:"还要记住,如果我们成为这样的传教士:能够让所有的异教徒都信奉基督的信仰,要记住,这也不算是完美的快乐。"

于是利奥兄弟就对方济各说:"那么,方济各兄弟,什么是完美的快乐呢?"

方济各回答道:"听我说。是这样,当我们到达波齐昂库尔时,

---

① 方济各,又称阿西西的方济各(1182—1226),天主教方济各会创始人,意大利人。利奥是方济各的门徒。
② 佩鲁萨和波齐昂库尔均为意大利地名。

脏兮兮的,湿漉漉的,浑身冻僵,饥肠辘辘,我们请求看门人让我们进去,可是他却对我们说:'瞧你们这些流浪汉,满世界乱逛,蛊惑人心,偷穷人们靠施舍得来的东西,从这儿滚开吧!'他这样对待我们,不给我们开门。而那时我们不感到委屈,而是谦逊地以爱心去想,看门人是对的,于是,我们在雪地上,在泥水里待到天亮,而对看门人并无丝毫抱怨,这时,利奥兄弟,只有这种时候,才是完美的快乐啊。"

(以上出自《生活之路》)

不劳而食

攫取别人的劳动成果超过你所给予别人的,这是不公平的。但你给予的多还是你攫取的多却无法衡量,此外你随时都可能丧失劳动能力或病卧不起,那时就只能索取而不能给予,所以,趁着你还有力气,要尽力去为别人多劳动,而尽可能少索取别人的劳动成果。

无论使用什么东西,都要记住,这些都是人类的劳动成果,消费、毁弃、损坏这些东西,那么你就是在耗损人的劳动,甚至是人的生命。

谁不靠自己的劳动为生,而迫使他人养活自己,他便是食人者。

基督教的全部道德观,在实际运用中可以概括为一点:把所有人当作兄弟,与所有人平等相处。而为了实现这一目标,首要的是禁止强迫他人为自己劳动,而在当今世界的体制之下——就是尽可能少地享用他人的劳动成果——这些用金钱可以获得的东西,尽可能少耗费金钱,尽可能过简朴的日子。

自己能做的事,不要让别人去做。自家的门前自家扫。如果人人这样做,整条大街都会干干净净。

对于富人们来说,哪怕偶尔放开一下自己奢华的生活,短时间去体验一下劳动者过的日子,亲手为自己去做一下你的雇工所做的一切,这也是非常有益的。富人只有这样做,才会看清自己从前犯下的大罪孽。只有这样生活,他才会明白富人生活的全部欺骗性。

人们已习惯于这样想:做饭、洗衣服、看孩子都是女人的事,男人做这些事是可耻的。然而恰恰相反,男人应该感到羞耻的是:悠闲自在,为一些琐事消磨时光,甚至当劳累的、往往也是衰弱的、带着身孕的女人在费力地做饭、洗衣物、照看孩子的时候,他们却无所事事。

在奢华中生活的人们,不可能去爱他人。他们缺少爱的原因是,所有他们使用的东西,都是那些出于贫困、被迫为他们服务的人,常常是一边诅咒着,一边不情愿地创造出来的。为了使他们能去爱他人,首先必须让他们停止折磨那些穷人。

一个教士到荒野中去拯救自己的灵魂。他不停地做着祈祷,每天夜里还要起来两次祈祷上帝。每天有一个农夫来给他送食物。他脑子里出现了一个疑问:他这样的生活是好还是不好?于是他就去找一个长老寻求解答。他来到长老这里,讲述了自己的生活,他如何祈祷,话是怎样说的,如何夜里起来,如何靠施舍吃饱肚子,然后问:他这样做好不好?"你做的都好,"长老说,"但你去看一下,那个给你送食物的农夫是怎样生活的。也许,你在他那儿会学到一些东西。"

教士就去到农夫那里,在他那儿过了一天一夜。农夫早晨起得很早,只是说一声"主啊",就去干活,耕一整天地。晚上回到家来,当他上床睡觉时,第二次说一声:"主啊。"

教士就这样看到了农夫的生活。"在这儿我没什么可学的。"他一边想,一边奇怪,长老为什么让他到农夫这儿来。

教士回到长老那儿,把情况全说了:他怎样在农夫那儿过的,但没发现任何可学的东西。"他心里没有上帝,一天只有两次提到主。"

这时长老对他说:"你拿上这只盛满了油的碗,绕着村子走一圈再回来,但是要看着点,不要让一滴油洒在地上。"

教士按照吩咐去做了,回来以后,长老问他:"告诉我,当你端着油的时候,你有几次想到了上帝?"

教士承认,他一次也没想到。"我,"他说,"光是想怎样不让油洒出来了。"

于是长老说道:"这就是说,一碗油就把你占住了,一次也没想到上帝。而农夫呢,他要不停地操劳,来养活自己、养活一家人和你,尽管这样,他还是一天两次想到上帝。"

人惧怕死亡,并屈服于它。那不懂得善恶的人,看上去更幸福些,但他还是止不住地极力想懂得这些。人喜欢闲散和不经痛苦地满足淫欲,然而却只有劳动和痛苦才能给他和他的家族以生命。

如果一个人自己养活自己,而又让自己背离劳动的律条,他立刻就会追悔莫及,因为他的肉体因此而委顿、衰朽。如果一个人让自己背离劳动的律条,靠的是强迫他人来替他劳动,则他同样立刻会追悔莫及,因为他的灵魂因此而黯淡、萎缩。

人过着肉体和灵魂的生活,也存在着肉体生活的律条和灵魂生活的律条。肉体生活的律条——就是劳动。灵魂生活的律条——就是爱。如果人破坏了肉体生活的律条——即劳动的律条,他不可避免地也要破坏灵魂的律条——即爱的律条。

如果你为别人付出了许多劳动,不要把这劳动看成累赘,也不要希望为此而得到赞扬,而是要懂得,如果你喜欢这劳动,并且是为了他人而做,那么受益最大的是你本人,和你的灵魂。

上帝的力量使人人平等,夺取那占有多的,给予那占有少的。富人的东西多,但这东西带来的乐趣少。穷人的东西少,但乐趣多。一捧泉水,一片面包干,对于凭借体力劳动为生的穷人来说,比无所事事的富人吃的最昂贵的饮食,还要香甜可口。富人对一切都吃腻了,一切都索然无味,无论什么都引不起兴趣。而对劳动者来说,每一次进食、每一次饮水、每一次休息,都会带来新鲜的乐趣。

不从事手工劳动就没有健康的身体,头脑中也就没有健全的思维。

要想永远保持善的灵魂——就要劳动,直至疲劳,但也不要过于劳累。由于闲散,人往往不满而易怒。而过于劳累也会如此。

农活不是人所特有的事务**之一**,而是一种**所有人**特有的事务;这种劳动赋予人以最大的自由和最大的幸福。

当今世界上人们的生活竟成了这个样子:最大的奖赏给予那些最为有害的工作——警察局、军队、法庭、报业和印刷业的工作、军需部门、糖果厂、烟厂、药房、银行的工作、商业活动、写作、音乐、等等,而把最小的奖赏给予农事劳动。如果把工作的重要性归因于金钱的奖赏,这是非常不公平的。而如果更重视劳动的乐趣,和它对身体健康、美好天性的影响,这才是最为公平的。

手工劳动,特别是农活,不仅有益于肉体,也有益于灵魂。不从事手工劳动的人,往往难以用健全的头脑去理解事物。这些人在不停地思考、说话、听讲或者阅读。头脑不得休息,激愤而繁乱。而农活是对人有益的,它除了能使人得到休息之外,还可以帮助人简捷、明快而富有理性地去理解人在生活中的位置。

人像每一种动物一样,都需要劳动,用手和脚去工作。人可以迫使别人为他做事,但人总是需要在某些方面使用自己的体力。如果他不去从事必需的、理智的工作,就会去从事无谓的、愚蠢的工作。这种事常常发生在富有的阶级中间。

富裕阶层的人们一面享用着别人的劳动,把民众束缚在不间断的沉重劳动之中,一面在为自己的不劳而食进行辩解,说他们为人民创造了他们所需的宗教、科学和艺术。他们搞出了这些东西,交给劳动大众,然而遗憾的是,他们送给民众的这些东西,在宗教、科学和艺术的外衣下,掩盖的往往是伪宗教、伪科学和伪艺术。由此看来,他们不是为人民的劳动而有所报偿,却只是用他们送给民众的那些东西去欺骗和败坏他们。

一个欧洲人对一个中国人炫耀机器生产的优越性:"它把人从劳动中解放出来。"欧洲人说。"从劳动中解放出来也许是个巨大的灾难,"中国人说,"没有劳动就不可能有幸福。"

所有自己不劳动,而靠他人劳动为生的富人,无论他们怎样称呼自己,如果他们自己不工作,而是攫取他人的劳动,那所有这样的人就都是强盗。这些强盗一般有三种类型:一种人看不到,也不想看到他们是强盗这一事实,而揣着平静的灵魂去抢劫自己的兄弟;另一种人看到了他们的行为是不正当的,但却想,他们想必是能够为自己的抢劫开脱罪名的,比如他们是在军中服役的,或者是政府官员,或者是教书的,写作或印书的,有了这些理由,他们便继续抢劫。还有第三种人,感谢上帝,这类人越来越多了,他们懂得了自己的罪孽,因而尽力去避免再犯。

游手好闲的人所干的事大部分是这样的,这些事不仅不能减轻劳动者的劳动负担,相反,却把更多的劳动加到他们身上。

像套在碾米磨盘上的马不能停下来,而必须一直走下去一样,人也不能无所事事。因此,人在劳动中取得的功绩,就像马在拉磨时移动脚步所取得的功绩一样。重要的不是人在做什么,重要的是他在做。

人的优越性,以及人的神圣的义务和责任就在于,把天赋的手和脚用于本来应做的事上,把消耗的食物用于创造这些食物的劳动,而不是让手脚萎缩退化,不是只为了把它们洗得干干净净,用来往自己嘴里填食物、水和烟卷。

手工劳动之所以特别重要,是因为它可以打乱头脑的闲逸状态——对琐事的思虑。

游手好闲者的大脑——是魔鬼所喜爱的存身之处。

还不曾有人统计过当今世界耗费在营造娱乐设施上的数以百万计沉重而紧张的工作日,以及成千上万的生命。由此可见,当今世界的娱乐并不可乐。

像每一种动物一样,人被创造出来,就必须为避免饥寒致死而劳动。这种劳动对人来说,像对每一种动物一样,不是痛苦,而是快乐,如果没有人来干扰这种劳动的话。

但人们却是这样安排自己的生活:一些人自己无所事事,却迫使别人为自己工作,他们为此而感到寂寞,便千方百计想出种种愚蠢和卑劣的活动,以让自己有事可做;另一些人却疲于奔命地工作,他们因这工作而感到寂寞,主要的原因是,他们是出于不得已而为了自己,也为了别人去工作。

这两种情况都不好。第一种不劳动的人日子不好,是因为他们因闲散而戕害了自己的灵魂;第二种人的日子也不好,是因为他们拼命工作而损耗了肉体。

但无论如何劳动者比无所事事者还是要好一些。灵魂比肉体更宝贵。

为了某种工作,哪怕是最不干净的工作,不会也不应该让人感到羞耻,可耻的只有一样:无所事事的生活。

尊敬一个人,不应根据他的身份和财富,而应根据他所从事的工作。他的工作越有益,他就越值得尊敬。但世上的事往往背道而驰:那些无所事事的、富有的人受到尊敬,而那些从事最为有益的工作的人——庄稼人、工人——却受不到尊敬。

无所事事的、富有的人们所操心的是,要大肆炫耀他们的奢侈。他们觉得,不这样做,大家都会蔑视他们的,因为他们本应受到蔑视。

最令人惊异的谬误——是认为人的幸福就是无所事事。

无所事事的人总是有许多帮手。

"劳动分工"在很大意义上是某些人的一种借口,他们无所事事,或者只干些无谓的琐事,而把他们应做的事都推到别人的身上。那些操纵这种分工的人,总是把他们觉得惬意的工作据为己有,而把他们觉得沉重的工作分派给别人。可事情很怪:这些人总是会搞错,以至于被他们认为惬意的工作到头来却是最沉重的,而他们所逃避的工作,却是最惬意的。

无论何时也不要用你自己能做的事去麻烦别人。

魔鬼在引诱人上钩的时候,会安放各种各样的诱饵。但对于游手好闲的人来说,不需要任何诱饵,光秃秃的钓钩他也会去咬的。

有两句谚语:"干活累得背驼腰弯,却挣不来万贯家产。"另一句是:"虔诚的劳动攒不出一座宅子。"这两条谚语说得都没有道理,因为背驼腰弯的人,好于用不道德的手段致富的人,虔诚的劳动更大大优于豪华的宅邸。

如果你不想劳动,则要么卑躬屈节,要么强取豪夺。

施舍时只有拿自己劳动挣得的东西给人,这才是善举。
谚语说:干净的手——手紧,汗污的手——手松。《十二使徒遗训》里也是这样说的:拿你流过汗的东西去施舍。
一个穷寡妇微薄的布施不仅与最丰厚的捐赠价值相等,而且只有这种布施才是真正的慈善。
只有贫穷的劳动者才能拥有行善的幸福。富有的、无所事事的人们已被剥夺了这种幸福。

从前有个财主,他所希望有的都有了:百万钱财,陈设豪华的宅邸,美貌的妻子,成百上千的仆人,丰盛的饮食,各式各样的美酒佳肴,马厩里满是名贵的马匹。但所有这一切都使他感到厌倦,他整天待在自己富丽堂皇的房间里,不停地叹息,抱怨生活没意思。他唯一可做的事和乐趣就是吃。睡觉醒来——就等着早餐,早餐完了就等着午餐,午餐完了再等晚餐。但是这点乐子也很快就失掉了。他吃得太多,太甜腻,把胃口搞坏了,吃东西的欲望再也没有了。他叫了许多大夫来。大夫们给了他药,并让他每天散步两个小时。
有一天,他按照规定的两个小时去散步,脑子里却一直想着自己没有食欲的伤心事。有个乞丐走到他跟前。
"看在基督分上,"乞丐说,"给一个可怜人点吃的吧。"
财主一直惦着自己不想吃东西的伤心事,没有听到乞丐的话。
"可怜可怜吧,老爷,我整整一天没吃东西啦。"
财主听到吃东西,停住了脚。
"怎么了,想吃东西吗?"
"怎么不想吃啊,老爷,想得要死!"

"这才是幸福的人啊,"财主想,心里对这个穷人十分羡慕。

穷人们羡慕富人,而富人们羡慕穷人。

事情都是平均的。穷人好在他们并不常常为自己的贫穷而愧疚,而富人却总是为自己的财富而懊悔。

(以上出自《生活之路》)

信 仰 篇

无 为

人们败坏了自己的生活,原因是他们不仅不去做该做的事,还做了不该做的事。因此,人为了善的生活而必须在自身所作的主要努力是,不去做不该做的事。

对于所有人来说有一件最为重要的事。这件事就是过好的生活。而过好的生活——就意味着不仅是尽我们所能做好事,还要不做我们本可不做的坏事。最主要的——是不做坏事。

今天所有人都知道,我们的生活是恶劣的,人们一边谴责我们的生活制度,一边照他们的想法去做肯定会改善生活的事。但是生活并没有因此而得到改善,而是变得越来越坏。这是为什么呢?这是因为,人们为改善生活去做那些最繁杂、最沉重的事,但却不去做那些最简单、最容易的事:即并没有克制自己不去参与那些让我们的生活变坏的事。

人只有明确地理解了他不应当做什么,他才可能知道他应当做什么。只要他不去做不该做的事,他就必然会去做该做的事,尽管他不知道他为什么去做那些事。

问题:当你时间紧迫的时候,最好做什么事?回答:什么也不做。

当你精神颓丧的时候,应当把自己当作病人来看待;最主要的是——什么也别干。

如果你遇到不知所措的情况，那么请你先记住，保持克制总是好于有所行动。假如你无法保持克制，假如你大概知道那件事是好事，那么你就不要问自己，是做还是不做；而假如一定要问，那么，首先，你知道你是可以保持克制的；其次，你大概知道，那件事不完全是好事。假如那件事完全是好事，你也就不会有什么疑问了。

如果你十分渴望一件事，甚至觉得你已无法克制了，那么你不要相信自己。如果说一个人什么事也不能克制，这不是真的。不能克制自己的，只有那事先就让自己相信他不能保持克制的人。

每个人都应随时想到自己的生命，年轻人也不例外。如果你有一次因没有做该做的好事而懊悔，那么你就会千百次地因你做了不好的事和不该做的事而懊悔。

不幸的不仅是没做该做的事，还有对不该做的事没有保持克制。

在一件事上不加节制，会削弱我们在其他事上节制的能力。无节制的习惯——这就是一座房子下面的暗河。这样的房子是不免要倒塌的。

做了再改，比没有做更糟；仓促行事，比延误时间更糟。
因做过的事而产生的良知的谴责，永远比因未做过的事而产生的良知的谴责更痛切。

越觉得处境艰难，越不要轻举妄动。轻举妄动往往把本已开始改善的事搞坏了。

大多数被称作恶人的人之所以落到这个地步，是因为他们把自己恶劣的心态看作合情合理的事，便沉浸于这种心态之中，而不去努力对此加以克服。

如果你觉得无法克制肉体的欲望，其根源大概就在于，当你还能够克制的时候，你却没有加以克制，所以这些欲望对你来说就习以为常了。

这种想法是十分错误的：只要你有所作为，不考虑这个行为的性质如何，你所做的事都是值得尊敬的。问题在于，这个行为是什么性质的，人在什么情况下应当保持无为。一个人整天忙于诉讼事务，把人判处刑罚，或者教士兵们学射击，或者放高利贷，他在做这些事的时候，是在利用别人的劳动来满足自己的需求。

人们常常高傲地拒绝那些无害的娱乐，他们说没有时间，因为他们有事要做。实际上，善意而有趣的游戏比起许多事来都更必要，也更重要，而放开这一点不谈，那些大忙人们借以拒绝玩乐而做的事，往往是些最好什么时候也不要做的事。

对于真正改进生活来说，那些浮华的表面事务不仅是不必要的，而且是有害的。在不以他人的劳动为自己换得欢乐，而又不以内心的劳动来充实自己的话，无所事事就是一种沉重的状态，所以说，如果人脱离了以他人劳动换来的奢华条件而生活，这个人就将无法得到清闲。对人有害的主要不是清闲，而是做那些不必要而有害的事。

为了学会克制，应当学会把自己分为肉体的人和灵魂的人，并制止肉体的人去做他想做的事，而让他去做灵魂的人想做的事。

当灵魂在沉睡而停止工作的时候，肉体会不可遏制地听从由周围的人们所唤起的种种情感。别人打呵欠，他也打呵欠；别人悲伤，他也悲伤；别人发怒，他也发怒；别人感动，哭泣，他的眼里也会涌出泪水。

这种不由自主地对外部影响的服从，往往就成为违背良知的要求而做坏事的动因。所以要警惕这些外部影响,不一味地听从它们。

只要你从年轻的时候就习惯于让肉体的人服从于灵魂的人,你就会很轻易地克制自己的欲望。而习惯于克制个人欲望的人,在现世的生活中就会轻松而快乐。

为了像尊重自己一样尊重他人,为了像我们希望他人对待我们一样对待他人——生活的主要任务也就在于此——我们必须要控制自己。而为了能够控制自己,必须要习惯于控制自己。

每当你非常想做一件事时,要冷静地想一想:你非常想做的这件事是不是好事。

为了不做恶事,除了要克制自己不做这样的事之外,还必须学会克制自己不说恶言恶语,而最主要的——是克制自己不产生恶的念头。一旦你醒悟到,你的谈话有恶意——对别人嘲笑、指责、辱骂——那就立刻停止,闭上嘴巴,也不听别人谈论。同样,当你脑子里出现了不良的念头,即把别人往坏处想时,也应当这样做,不管那人是否该受指责,都一样,应立刻停止,并尽力去想些别的事。只要你学会克制自己的恶言恶语和恶的念头,你就有足够的力量克制自己不做恶事。

你要想自由——就要学会克制自己的欲望。

有人说,基督教是一种弱者的学说,因为它规定的不是行动,而主要是克制行动。基督教——就是弱者的学说!弱者的学说是好的,它的创始者殉难于十字架上,而并没有背叛自己,它的追随者们又有成千上万的人成为殉难者,但只有他们勇敢地面对邪恶,并与之奋起抗争。那些处死基督的犹太人,还有如今主张国家暴力的人,他们都知道,这是怎样一种弱者的学说,他们最怕的就是这种学说。他们凭着敏锐的嗅觉感受到,只有这种学说才无疑会将他们所维护的全部制度从根本上彻底摧毁。为了克制恶欲,比起做我们认为最困难的善事来,需要付出大得多的努力。

我们在世上地位的差异,比起人把握自己的能力来说是不足挂齿的。比如一个人掉到海里,不论他是从什么样的海里掉下去的——黑海也好,地中海也好,大西洋也好——都是一样的,重要的是这个人是否会游泳。关键不在于外部的条件,而在于人把握自己的能力。

主要的不是努力做善的事,而是努力去做一个善的人;主要的不是努力去照亮别人,而是努力去做一个洁净的人。人的灵魂就好像存在于一个玻璃器皿中,人既可以弄脏这个器皿,也可以使它保持洁净。这个器皿的玻璃有多洁净,真理之光透出的就有多少,它既可照亮人自身,也可照亮他人。因此,人的主要工作在于内心,在于存在于自己洁净器皿中的内容。只要你不去玷污自己,你就将是光明的,并将照亮他人。

只要你不做不该做的事,你必会做一切应该做的事。

为了做我们希望的事,常常只需要放下我们手里正做的事。

只要看一下如今人们过的日子,看一下芝加哥、巴黎、伦敦,看一下所有的城市,所有的工厂、铁路、机器、军队、大炮、军事堡垒、教堂、印刷厂、博物馆、30层的高楼大厦,等等,就会产生这样的问题,即为了让人们过上好日子,首先应当做什么?答案大约只有一个:首先应当放弃今天人们正在做的这一切多余的事。而在我们整个欧洲,这样多余的事——占了人们活动的99%。

由我们的生活和我们的意识所产生的谎言,不管它已变得多么浅薄,多么透明,它还是要继续变薄、延展,但却不会绷裂。这种谎言不断地变薄、延展,便把事物间现存的秩序缠绕起来,并阻止新秩序的产生。

基督教世界的大多数人早已不再相信引导异教徒们生活的基本原则,而只相信他们在自己意识中承认的基督教原则,然而生活仍旧按老样子延续着。为了消除今天在肉体和精神上都折磨着人们的所有不幸和矛盾,为了实现在1900年前已对人类预言的天国,今天人们需要做的只有一点:精神上的努力。就像为了使低于冰点的冷凝液回复到固有的晶体状态需要一定的动力一样,为了使人类转变到它固有的生活状态,需要的是精神上的努力,正是这种努力可以促使天国的降临。

这种努力不是行动的努力,而是打开新的世界观、新的思维和完善独特的新行为的努力。这种为了进入天国或新的生活方式而需要作的努力,是一种反向的努力,逆流而上的努力,是一种放弃有违内心意识的行为的努力。

今天,严酷的生活和基督教义的明确和普及,使得人们已经意识到了这种努力的必要性。

(以上出自《生活之路》)

我以为,倘若一个人,不说读过福音全书,哪怕就只读过登山训众一节,却仍不信,勿以暴力抗恶乃是基督教世界观的基本组成条款——这个人便是不可理喻的。

(《1894年10月7日致尼·谢·列斯科夫的信》)

假如道是我们人生的基础,那人们的幸福就应当是勿抗恶及仁爱,道也应当合乎理性,亦即指其中不存在矛盾。我怎能不喜爱、不相信、不追随那光呢,因为在那光照下:1.我所认为的幸福,就是我的心所向往的;2.是有可能实现的;3.是能给所有的人以最大幸福的,只要他们大家也作如是幸福观;4.是能使整个活人世界不致沦为某人的某种恶毒的戏谑,而成为道与最大幸福实现于一堂的环境的。

(《1880年10月5—10日致阿·阿·费特的信》)

什么是幸福?外部世界没有绝对的幸福。一束最强的道之光乃是一个真正的幸福,因为在其光照下人能作出最为准确的选择。在完全的黑暗中我将会磕了脑袋碰了腿,在微弱的光照下我至少可以使自己免遭不幸,找到我所需要的东西,在强烈的光照下我便可以作更多令我称心的事。因而一束最强的光乃是一个最大的幸福。基督的教义给予我们的恰是这样一束最强的光,它射进了我曾生活于其间的黑暗环境,在那样一束光照下,生活在我看来已不像先前那样是一种没有理性的邪恶,而成了对于我、对于大家,并在一切可能情况下都是合乎理性的幸福。这个道的本质如下:幸福并不表现在能给他人构成哪怕最微小的痛苦,而表现在直接有助于他人的愉悦和幸福。勿抗恶,对他人仁爱、宽恕,这就是幸福之所在——我看,这是从这一角度对幸福所作的最简略明了的表达。

(《1880年10月5—10日致阿·阿·费特的信》)

谦　逊

忍耐到底者将获救。诚如我在自身的生活及他人的生活中所常常见到的那样,只要稍稍忍耐一会儿,再坚持一会儿,虽不改变自己的处境,那处境也会由特别沉重转而成为特别愉快的,反之,我也见到过,忍耐不住,改变处境,可处境不是变得更轻松,而是变得更困难了。

(《1902年12月23日致谢·捷·谢苗诺夫的信》)

我的朋友,确立并保持这种和睦,避免一切可能破坏这种和睦的行为,乃是您生活中最重要的大事,您应当随时准备不惜牺牲一切,以求和睦相处。我们的傲慢向来就是实现和睦相处的最主要的障碍。唯有谦卑:准备忍受屈辱,遭人诽谤,被人误解,唯有作了如是准备,人才能在与他人的关系上,在人际之间和睦相处。

(《1889年3月12日致谢·捷·谢苗诺夫的信》)

最了解自己的人往往是最谦卑的人。

要努力认识自己的能力。不要怕贬低自己的能力,怕的是将其夸大。

人自视愈高,地位愈不稳固,愈谦卑则站得愈稳。要努力发掘自己的潜力,知道自己的潜力后,却要尽量含蓄,切莫太夸大自己的潜力。

平静与谦逊带来的乐趣,是自私与骄傲的人所无从体会。

自认为是生命主人的人,不会懂得谦卑,因为他自觉对别人没有任何的义务。以服侍人为生命目的的人,则永远谦卑,因为他会觉得从未实践自己的义务。

谦卑的人忘掉自我时,他已与世界合而为一。

人欲谦卑,便欲自由与坚强。

(以上出自《阅读圈》)

人在现世最高的幸福就是与自己的同类结合在一起。骄傲的人在把自己与他人脱离开来的时候,也剥夺了自己的这种幸福。而谦逊的人已在自身清除了通向这种幸福之路上的障碍。因此,谦逊是真正幸福的必要条件。

能够保持谦逊的,只有那懂得上帝活在他灵魂中的人。无论世人如何评判他,这样的人都泰然自若。

我们常常为自己做了好事而骄傲,也为有些事是**我们所做的**而骄傲,但却忘了上帝活在我们每个人身上,当我们做好事时,我们只是工具,上帝利用它来做他的事。

上帝用我来做他需要做的事,而我却感到自己很了不起。这就好比是这样,一块挡在泉水出口的石头,因为泉水从它那儿流出来并且供人和野兽饮用,它便感到自己了不起。但有人会说,石头可以骄傲,因为是干净的,没有污染了水。这种说法也同样不对。如果说石头是干净的,那仅仅是因为这股泉水把它冲洗干净了,并且还在不断地冲洗着它。没有任何东西是我们的,一切属于上帝。

我们——是上帝的工具。我们应当做的事——我们知道,但为什么要做这些事——我们不必知道。凡懂得这一点的人,不会不是谦逊的人。

每个人生活中最主要的事——就是让自己成为更善的人,更好的人。但你若是认为自己已是个完美的人,那还怎么能成为更好的呢?

一个劳动者只有明白了自己的位置,才能圆满地做好他的事。一个人只有清楚地理解到,他的生命不是他的,而是那赋予他生命者的,生命的目的不在于人,而在于那赋予他生命者的意志,人可以阻止上帝的力量在自己身上显现,但靠他自己却做不成任何美好的事,人只有理解了这些,才能够理解基督的教义。

一旦你承认自己不是主人,而是仆人,你心中的彷徨、焦虑、不满就会立刻被明朗、安详、和平和喜悦所代替。

如果一个人向往上帝,那么他就永远不会自我满足。无论他已前进了多少,他总是觉得自己距离完善始终是那样遥远,因为完善是没有尽头的。

自负——是动物的本性;谦逊——是人的本性。

那最能理解自己的人,必对自己最少敬意。

凡自我满足的,必常常对别人不满。
凡常常对自己不满的,必常常对别人感到满意。

一个哲人听说别人认为他是个坏人,他回答说:"还好他们不完全了解我,否则他们连这种话也不说了。"

对灵魂最有益的东西,莫过于永远铭记,你是渺小的,无论就时间还是就空间来说,你都是个微不足道的小虫,你的力量仅仅在于,你能够明白自己的渺小,并因此而保持谦逊。

自以为是、蠢笨而道德败坏的人,常常想让谦虚、聪明而道德纯洁的人来尊敬自己,这是因为谦虚的人总是审视自己,而从不会想要一个坏人来尊敬自己。

往往是那些最普通的、没有学问、没受过教育的人能够最为明确、自觉而容易地接受真正的基督教义,与此同时,那些最有学识的人却仍旧沉溺于野蛮的异教观念之中。这种现象的原因是,大多数普通的人都是谦逊的,而大多数有学问的人都是自负的。

为了从理性的高度理解生与死,并平静地等待死亡,必须要理解自我的渺小。

你——只是某一个事物无限微小的一个部分,假如你没有肩负着一定的使命——事业,你就等同于无。只有事业赋予你的生命以意义。而你的事业就是,像所有的生物一样,利用你被赋予的工具:为完成既定的使命而耗尽自己的肉体。因此所有的事都是一样的,你所做的事不可能超出给你指定的范围。你可以做到的,不是成为上帝的敌人,便是上帝事业的承担者。所以说,人不可能把任何重要的、伟大的事归功于自己。只要你把某种伟大的、特殊的事归功于自己,随之而来将是无休无止的争斗的失望、妒忌和种种的痛苦;只要你认为自己的意义大过能结出果实的植物,你的生命便完结了。能够在有生之年保持安宁、自由和喜悦,在死亡之时毫无畏惧的,只有那认识到自己的一生不为别的,只是为其主人而劳动的人。

善良的人——就是牢记自己的罪孽、忘掉自己的善举的人,而邪恶的人——正相反,就是牢记自己的善举而忘掉自己的罪孽的人。

不要宽恕自己,你就容易宽恕别人了。

善良而聪明的人的标志是,他们总认为别人既比自己心地好,也比自己聪明。

那些自以为是的、高傲的、自吹自擂的人,很难让人去爱、去可怜他们。由此可见,谦逊不仅是美好的,而且也是可以得到益处的。谦逊比起别的来,能够更强烈地唤起生命中最宝贵的东西:对他人的爱。

谦逊的人会得到所有人的爱。我们都希望被人所爱,那么为什么不去努力做一个谦逊的人呢?

人们要想生活得好,就必须做到彼此和平相处。而在那每个人都想凌驾于他人之上的地方,不可能存在和平。人们越谦逊,越容易过上和平的生活。

最强大的莫过于谦逊的人,因为谦逊的人在舍弃自己的时候,给上帝腾出了地方。

这句祷告辞是非常好的:"愿你来驻留在我们心中。"这句话中包含了一切。如果上帝来驻在人的心中,人就拥有了他所需要的一切。而为了使上帝驻留在人的心中,要做的只有一点:降低自己,以给上帝腾出地方。人一旦降低了自己,上帝立刻就会来驻在他的心中。因此,一个人要想拥有他所需的一切,首先必须保持谦逊。

对道德完善危害最大的莫过于自我满足。
幸运的是,如果我们得到了改善,这种改善是潜移默化的,不经过很长一段时间,我们就难以发现自己的成就。
而如果我们注意到了我们的成就,那么这就意味着,我们不是根本没有进步,就是反而退步了。

要小心这样的想法——你们好于其他人,你们有着别人所没有的美德。无论你们有什么美德,只要你们以为自己好于其他人,这些美德就一钱不值。

尽力不要去想自己做的好事。如果你意识不到自己做的坏事,那么要知道,你意识不到自己的坏事,这已是坏事。

任何拿自己与别人比较以证明自己正确的做法都是一种邪念,是对善的生活及其主要事业——道德完善的阻碍。只能把自己与更高的完善相比较,而不能与或许比你还差的人相比较。

为了学会谦逊,必须靠自己的力量捉住自己种种骄傲的念头。

被人骂,被人指责——应该高兴;被人夸奖,被人赞赏——应该惧怕。

不要怕受屈辱:如果你能谦逊地接受它,这屈辱就会被与之相连的灵魂幸福加倍地抵偿。

要尽力不把有关自己罪孽的可耻记忆隐藏在黑暗的角落,正相反,要努力做到时刻不忘,以便在评判别人的罪孽时,想到自己也身负罪孽。

要永远把自己看作小学生。不要以为在学习方面你已经老了,你的灵魂已经定型了,不可能再有好转。对于富有理性的人来说,学习的功课是无止境的:直到走入坟墓他仍是学生。

人类的优点——力量、美丽、财富、身份、智慧、教养、学识甚至善良,这之中没有哪一种在缺少谦逊的时候而不会消失,不会由优点和良好品质转化成被厌弃的个性。最令人厌恶的莫过于因自己的财富、身份、智慧、教养、学识和善良而自命不凡的人。人们希望被他人所爱,他们知道,骄傲会拒人于千里之外,但他们仍旧无法做一个谦逊的人。这是为什么呢?因为,拥有谦逊不是一件孤立的事。谦逊是人把自己的欲望从物质领域转向精神领域的结果。

对灵魂最有益的,莫过于以高兴的心情接受屈辱。正如经受了酷热的"傲慢"太阳曝晒之后,下过一场温暖的细雨一样,谦逊地接受屈辱会给灵魂带来一片新的生机。

进入真理和幸福殿堂的门是低窄的。能走进这殿堂的,只有那低下身来的人。而那走进这门的人是幸福的。这殿堂中广阔的空间是自由自在的,人们在里面彼此相爱,互相帮助,不知忧伤。

这个殿堂——就是人们真正的生活。殿堂的门——就是智慧的教诲。而智慧为谦逊的人所拥有,为那不是抬高自己而是降低自己的人所拥有。

人自视越高,他就越弱小;人自视越低,无论对人对己,他就越坚强。

水是液态的,轻盈而随和,但如果它攻击那牢固的、坚硬的和顽固的东西,则没有能与之匹敌的:它冲垮房屋,把巨大的船只像碎木片一样掀翻,冲毁土地。空气则比水更为柔弱,轻忽而随和,而当它攻击牢固、坚硬而顽固的东西时也更为强大。它连根拔起大树,同样能摧毁房屋,把水也掀起巨浪,甚至把水赶入乌云之中。柔弱的、轻盈的、随和的能战胜坚硬的、猛烈的、顽固的。

在人们的生活中也是这样。你想成为胜利者,就要柔弱,轻盈而随和。

为了成为强大的,必须要像水那样。水奔流起来——则势不可挡;遇到堤坝——它停下来;但它会冲垮堤坝——又继续流淌;在方的容器中它是方的;在圆的容器中它是圆的。正因为它是这样随和,所以它既是最柔弱的,又是最刚强的。

(以上出自《生活之路》)

忏　悔

如果人不承认自己的罪孽,那么他就好像一个紧紧封死的瓶子,无法接受那从罪孽中解脱出来的东西。谦逊,忏悔——这就意味着打开瓶口,使自己成为能从罪孽中解脱出来的人。

忏悔——就是说意识到了自己的罪孽,准备好与之进行斗争,因此,趁着还有力量的时候加以忏悔是件好事。

应当在灯还没有熄灭的时候添油。

有两个女人去找长老听取教诲。一个认为自己犯了极大的罪孽。她在年轻的时候曾对丈夫不忠,为此而痛苦不已。另一个女人循规蹈矩地过了一辈子,没有任何特别的罪孽要谴责自己的,因此对自己很满意。

长老仔细问了两个女人的生活。第一个痛哭流涕地对长老坦白了自己深重的罪孽。她把自己的罪孽看得如此之大,以至于不指望为此得到宽恕;另一个则说,她不知道自己有什么特别的罪孽。长老对第一个女人说:"上帝的奴仆啊,你去围墙外面给我找一块大石头——尽你所能搬得动的,拿来……你呢,"他又对那不知自己有何大罪的女人说,"也去给我拿些石头来,尽你所能,只是全要小块的。"

两个女人出去按照长老吩咐的做了。第一个搬来了一块大石头,另一个拿来了满满一口袋小石子。

长老看过了石头,说:"现在你们这么办:把石头拿回去,从哪儿拿的,还把它放回原来的地方,放好了,再到我这儿来。"

两个女人又出去按照长老吩咐的去做。第一个很容易就找到了她拿石头的地方,照原样放好;但另一个却怎么也记不起,哪块石头是从哪儿拿的,她没有完成长老的吩咐,又拿着口袋回来见长老。

"你们瞧,"长老说,"人的罪孽也是这样。你很轻易地就把那块又大又重的石头放回了原地,因为你记得,它是从哪儿拿的。

"而你却做不到,因为你不记得这些石子是从哪儿拿的了。

"那些罪孽也是这样。

"你记得自己的罪孽,为它承受着别人和自己良心的谴责,变得恭顺了,所以就摆脱了罪孽的后果。

"而你呢,"长老转向那拿回石子的女人,"你犯了那些小的罪孽,又不记得它们,不为它们忏悔,习惯了在罪孽中生活,一边指责别人的罪孽,却在自己的罪孽中越陷越深。"

(以上出自《生活之路》)

我变了许多,但是仍然没有达到我希望达到的完美程度(在学业上),我没有执行我为自己规定的,执行了的也执行不好,没有锻炼记忆力。为此我在这里写下几条准则,如能遵行,我以为对我定会大有裨益。(一)规定必须做到的事,要不顾一切地去做。(二)既然做,那就好好做。(三)忘了什么,别去查书本,要尽量自己想起来。(四)经常强迫自己的大脑尽其全力工作。(五)永远出声地读和想。(六)别不好意思对妨碍你的人说,他们妨碍你。先向他们暗示,如果他们不明白,再向他们道个歉,然后告诉他们。

(《1847年3月24日日记》)

无论怎样研究自己我都觉得,在我身上占上风的是三种坏的欲望,即好赌、好色、好虚荣。我早已确信,德行,甚至最高的德行,都在于没有坏的癖好。因此,只要我真的把在我身上占上风的这些癖好除去哪怕一点点,我都可以勇敢地说,我变好了。

现在让我把这三种癖好逐一加以分析。好赌由爱钱起,或者是为了模仿他人,为了赢钱去赌博,赌起来以后就不想着赢了,而是对赌博本身,对那种感觉产生新的癖好。因此,这种癖好的根源只在于习惯,除去它的方法就是除去习惯。我正是这样做的。我最后一次赌博在8月末,那么已在过去6个多月了,现在我一点也不想赌博。在第比利斯我和一个台球记分员对局,我输给他差不多1 000局,在这种时刻我会把什么都输光。可见只要染上这种习惯,就很容易再干。因此,我现在虽然不想赌博,而我随时都应该回避赌博的机会,我正是这样做的,并觉得缺少什么。

好色的根由正好相反,这种欲望越节制越强烈。这种癖好的起因有二,即肉体和想象。抗拒肉体容易,而抗拒也作用于肉体的想象却很难。对付这两种起因的办法是劳动和工作,包括体力——体操,和脑力——写作。其实这种欲望是正常的,只因我处在非正常状态下(23岁单身),我才把满足这种欲望看成坏事。除了意志和祈祷上帝而外,什么也不能帮助我摆脱这种诱惑……

好虚荣是一种莫名其妙的癖好,是像饥馑、蝗灾、战争等瘟疫一样的灾祸,上天用来惩罚人类。这种癖好的根源无法探明。然而使它得到发展的原因是无所事事,无所用心,不愁衣食,穷奢极侈。

……

这种癖好弄得我好苦,它毁了我一生中最好的年华,永远从我身上夺走了青年的天真、勇敢、快乐和进取心。

(《1852年1月2日日记》)

我是一个伪君子,但不是在他们责备我的那一方面。在那方面我是纯洁的。正是那方面对我有教益。我的伪善在另一方面,即我一面想不且说,我在上帝面前为了善而活着,因为善好,一面又为了名而活着,让名把我的灵魂弄脏到这种程度,以致我无法达到上帝那里了。我阅读报刊的时候,总在寻找自己的名字。听人谈话的时候,也总是等着别人谈起我来。我的灵魂已这般污秽,我不可能追求到上帝,不可能追求到以善为目的的善的人生了。而我应该如此。我每天说:我现在不愿意为了个人人生的肉欲,为了尘世的虚名活着,而无论何时何地都要为了爱而活着,可我还是为了今生个人的肉欲,为了尘世的虚名活着。

(《1891年2月11日日记》)

我的朋友帕威尔·伊万诺维奇·比留科夫着手为我的法文版全集撰写我的传记,要求我为他提供一些传记资料。

我非常愿意实现他的愿望,于是在头脑中构筑自传。起初我不知不觉地,自然而然地只想到我一生好的一面,至于我一生的阴暗面,不良行为,那只是好的方面的搭配,就像画面上的阴影一样。可是当我更加认真地思考我一生中的各种事件时,我发现,这种传记虽然不是赤裸裸的谎言,但由于不能正确地阐述和展现好的东西并且对一切坏的东西闭口不谈或轻描淡写而必定流于谎言。我要写出全部的真实,不掩饰我生活中任何坏的东西,可是一想到这一点,我不禁对这种传记可能产生的印象大为震惊。

就在这个时候我生了一场病。病中不得不无所事事,我的思想无时无刻不陷入回忆之中,而这些回忆是可怕的。我以一种巨大的力量体验了普希金在一首诗里所说的:

回　忆

喧嚷的白昼在尘世里寂静下来,
夜色半明半暗的影子和睡眠
笼罩着城市无言的街道广场,
这是对白日劳动的奖赏,
这时对我来说,无眠的时间
却在寂静中痛苦地拖延:
思想的小蛇在黑夜的无为中
活跃起来,啃食着我的心灵;
幻想沸腾;头脑被痛苦所压抑,
塞满沉痛的思虑;
回忆在我面前无言地
展开自己长长的画卷:
我厌恶地读着自己的生活,

> 浑身颤抖,愤怒地咒骂,
> 痛苦地抱怨,痛苦地流泪,
> 无法把悲惨的字行洗掉。

要是换了我,我会在最后一行中作这样的改动:用"无法把可耻的字行洗掉"来取代"……悲惨的字行"。

在这种印象中,我在自己的日记里写下如下的文字:

1903年1月6日

我如今正在经受着地狱般的煎熬:我回忆起自己从前全部肮脏的生活,这种回忆纠缠着我,并且毒化着生活。人们往往为一个人无法阻止死后的回忆而惋惜。幸好不是这样。如果我在活着的时候能记着我以前所做的一切折磨良心的坏事,那倒是莫大的痛苦。幸好记忆会随着死亡而消逝,只剩下从好与坏中得出的一般性结论,好像是个复杂的方程式被归结为一个简单的公式:X = 正数减负数,大数减小数。现在我们消除了记忆,进入一种新的生活,揭开洁白的一页,在这上面可以重新书写好的和坏的。

(《回忆录》)

忏悔——意味着全面审视自己的恶习、弱点。悔过就是否定自己身上一切的恶,是心灵的净化,是使心灵做好准备接纳善。

如果善人不承认自己的错误,而总是努力认为自己无罪,那么他很快就会由善人变成一个不好的人。

你的本质中是否固有某种罪过,自己赶快承认吧。

没有什么比意识到自己的错误更使心发软的,没有什么比希望永远正确这一愿望更使心发硬的。

——犹太法典

如果人内心里感到自己在上帝面前是有罪的,但是却既不在他人面前,也不在自己面前承认自己的罪过,那么这样的人就总是乐意责怪他人,尤其是责怪实则是他自己有负于对方的人。

善良人——就是记得自己的罪过但忘记自己的善行的人,而恶人——则恰恰相反,他总是记得自己的善行而忘记自己的罪过。

不要宽恕自己,那么你就很容易宽恕别人。

——犹太法典

忏悔永远优先于追求完善。有人认为忏悔并不重要,是令人遗憾的事。不接受错误,就是增加错误。要活得安心,让自己可以放心对心灵倾吐一切。

(以上出自《阅读圈》)

有机会我要讲一讲我的生活史,我青年时代10年的生活史既感人又有教益。我看,许许多多人都有同样的体验。我真心诚意想做一个好人,但我年轻,有多种欲望。当我追求美好的东西时,我茕茕一身,十分孤单。每当我企图表现出构成我最真诚的希望的那一切,即成为一个道德高尚的人,我遇到的是轻蔑和嘲笑;而只要我迷恋于卑劣的情欲,别人便来称赞我,鼓励我。虚荣、权欲、自私、淫欲、骄傲、愤怒、报复——所有这一切都受到尊敬。沉湎于这些欲望,我就像一个成年人了,我便感觉到别人对我是满意的。那位抚养过我的善良的姑妈,一个非常纯洁的人,老是对我说,她最希望我与有夫之妇发生关系:"Rien ne forme un jeune homme comme une liaison avecune femme comme il faut"。[①]她希望我还能得到另一种幸福,即成为副官,最好是皇帝的副官。而最大的幸福则是我和一位非常富有的姑娘结婚,并因此而获得奴隶,越多越好。

---

① 法语:"没有什么能比与一个体面的妇女发生关系更能使年轻人有教养的了。"

想到这几年,我不能不感到可怕、厌恶和内心的痛苦。在打仗的时候我杀过人,为了置人于死地而挑起决斗。我赌博、挥霍,吞没农民的劳动果实,处罚他们,过着淫荡的生活,吹牛撒谎、欺骗偷盗、形形色色的通奸、酗酒、暴力、杀人……没有一种罪行我没有干过,为此我得到夸奖,我的同辈过去和现在都认为我是一个道德比较高尚的人。

我这样过了10年。

当时我出于虚荣、自私和骄傲开始写作。在写作中我的所作所为与生活中完全相同。为了猎取名利(这是我写作的目的),我必须把美隐藏起来,而去表现丑。我就是这样做的。有多少次我在作品中以淡漠,甚至轻微的讽刺作掩护,千方百计地把自己的、构成我的生活目标的对善良的追求隐藏起来。而且我达到了目的,大家都称赞我。

我26岁于战争结束后回到彼得堡,①和作家们有了来往。他们把我当作自己人,奉承我。转眼之间,我与之接近的那些作家所特有的生活观被我接受了,而且完全抹掉了我身上原有的想变得好一些的任何打算。这些观点为我的放荡生活提供理论并为之辩护。

这些人——我在创作上的同行的人生观是:生命总是向前发展的,我们这些有见地的人是这种发展的主要参加者,而在有见地的人中间,最有影响的要算我们——艺术家、诗人。我们的职责是教育人。为了不给自己一个合乎自然的问题:"我知道什么,能教人什么?"就说这在理论上已经解决,不必追究,艺术家和诗人是在不知不觉间教育人。我被认为是一个非常出色的艺术家和诗人,因此我接受这种理论是很自然的。我是艺术家、诗人,我写作,教育别人,连自己也不知道教的是什么。为此人家付给我钱,我食有佳肴,住有高楼,美女作伴,高朋满座,名满天下。由此可见,我所教的一切都是非常好的。

---

① 1855年11月19日,托尔斯泰于克里木战争结束后来到彼得堡。

相信诗的意义和生命的发展是一种信仰，我曾为之献身。为它献身是非常有力和愉快的。我依靠这一信仰生活了很久，并不怀疑它的正确性。可是这样生活到第二年，特别是第三年，我就开始怀疑这一信仰的正确性，并开始研究它了。使我怀疑的第一个原因是，我发现献身于这一信仰的人并不都一致。一些人说：我们是最好的和有益的导师，我们教的东西都有用，而别人教得不对。另一些人则说：我们才是真正的导师，你们教得不对。他们又吵又闹，互相指责，勾心斗角。除此以外，他们当中许多人根本不关心谁是谁非，只想利用写作达到自己的自私的目的。这一切都使我怀疑我们的信仰的正确性。

另外，由于怀疑作家的信仰的正确性，我更加注意观察献身于创作的人，并且确信，几乎所有献身于这一信仰的人，即作家，都是不道德的人，而且大部分都是坏人，性格猥琐，比我以前放荡不羁和当军人的时候见到的要低下得多。但是他们很自信，自我欣赏，只有十全十美的圣徒或者对圣洁的东西一无所知的人才能这样自我陶醉。我讨厌这类人，也讨厌自己，终于我理解到，这种信仰是骗人的。

奇怪的是，虽然我很快就明白了这一信仰有多虚伪，并且抛弃了它，但是这些人给予我的称号——艺术家、诗人、导师的称号我没有抛弃。我天真地想象我是诗人、艺术家，我能够教导一切人，虽然自己也不知道教什么。我就是这样做的。

由于与这些人接近，我沾染了一个新的弱点——近乎病态的骄傲和疯狂的自信，相信我的职责是教导人们，虽然自己也不知道教什么。

现在回想起这段时间，当时自己的情绪和那些人的情绪（现在这种人还有成千上万），我感到可怜、可怕、可笑，会出现只有在疯人院里才能体验到的那种感觉。

那时我们都相信，我们必须不停地讲话、写作、出版——尽量快，尽量多，认为这一切都是人类幸福所必需的。我们成千上万的人，一面互相否定、责骂，一面不断地出版、写作，教训别人。我们不觉得自己很无知,连最简单的生活问题,即什么是好,什么是坏,我们都不知该怎样回答。我们大家一起讲话,不听对方说什么,有时互相姑息和吹捧,以便别人也姑息和吹捧我,有时则情绪激动,争吵不休,完全和疯人院的情况一样。

成千上万的工人日日夜夜拼命干活,排字,印刷了亿万字的作品,邮局把它们分发到俄国各地,而我们总是说教,没完没了,越来越多,而且无论如何也来不及把什么都教给人家,还要生气,说人家听得少。

这太奇怪了,但现在我完全理解。我们真正的、内心深处的想法是,我们希望获得金钱和称赞,越多越好。为了达到这一目的,我们除了写书和出版报纸以外,其他什么也不会做。我们就是这样做的。但为了我们能进行这些无益的事业并信心十足地认为自己是非常重要的人物,我们还需要有一种能为我们的活动辩论的论点。因此我们就想出了这样的论点:凡是存在着的都是合理的,凡是存在着的都在发展。发展又都是通过教育。而教育就以书籍和报纸的推销情况来衡量。由于我们写书,出版报纸,人家付给我们稿酬,并且尊敬我们,因此我们是最有教益的好人。要是我们大家意见一致,这种论断当然非常之好。可是一部分人讲出来的想法往往与另一部分人的想法截然相反,这就不得不使我们反省。然而我们没有看到这一点。人家付给我们稿酬,我们的同伙夸奖我们,因此,我们,我们当中的每一个人,都认为自己正确。

现在我清楚了,与疯人院相比较,情况完全相同,那时我只不过模模糊糊地怀疑到这一点,而且只不过和所有的精神病患者一样,把别人都叫作疯子,而自己除外。

……

我似乎是在经历了漫长的生活道路之后,走到了深渊的边上,并且清楚地看到,前面除了死亡以外,什么也没有。欲停不能停,欲退不能退,闭眼不看也不行,因为不能不看到,前面除了生命和幸福的幻象,真正的痛苦和死亡——彻底灭亡以外,什么也没有。

生命已经使我厌烦,某种难以克制的力量诱使我找机会摆脱它。不能说我想自杀。诱使我摆脱生命的力量比生的欲望更强大，更充沛，更带有一般性。这种力量和原先求生的力量相仿佛，只不过方向截然相反罢了。我竭尽全力要抛弃生命。自杀的念头自然而然地产生了，就好比过去产生过改善生命的念头一样。这个念头的诱惑力很强，为了避免贸然实现这种想法，我不得不采用一些巧妙的办法来对付自己。我之所以不愿意仓促行事，只是因为希望全力以赴地去解开这个疙瘩！我对自己说，如果疙瘩解不开，再干也不晚。因此，那时候，我——一个幸福的人——在自己的房间里（我每天晚上一个人在这里）脱下衣服就把带子拿出去，生怕会吊死在衣柜的横梁上。我也不再带猎枪打猎了，因为担心不能控制自己而用这种极简单的办法摆脱生命。连我自己也不知道我要什么，我害怕生命，力图摆脱它，同时又对它抱有某种希望。

这些情况发生在我从各方面都得到了所谓完美幸福的那个时期，那时我还不到50岁。我有一位善良的、体贴的、可爱的妻子，一群好孩子，巨大的田产，我不花力气它也在不断地发展，扩大。我受到亲戚朋友们的尊敬，比过去任何时候更加为人称颂，我可以认为（这不是一种特殊的自我陶醉）我有名望。同时我的肉体、精神都没有病，相反，我的力量——精神的也好，肉体的也好，在与我同年龄的人中间是少见的。拿体力来说，我能刈草，不会落在庄稼人后面；在智力方面，我能连续工作8—10小时，不会因为这样紧张工作而产生不良的结果。就是在这种情况下，我得出了活不下去的结论。因为怕死，我只好采用一些巧妙的办法来对付自己，以免扼杀自己的生命。

这种心理状态在我是这样表现的：我之所以有生命，是某一个人对我开了一个荒唐而恶毒的玩笑。虽然我从来也不承认"某一个人"创造了我，但是这种思想模式，即某一个人把我送到尘世上来是对我开了一个荒唐而恶毒的玩笑，是我的最自然的思想模式。

我情不自禁地想象，在我不知道的某个地方，有一个人，他冷眼看着我生活了整整三四十年，看着我一面生活，一面学习、发展，肉体上和精神上都逐渐成长；而现在，当我在智力方面已经完全成熟,登上生命的顶峰,全部生命的奥秘已经一览无余的时候,我却傻乎乎的站在这个顶峰上,清楚地懂得了生命的空虚,过去、现在、将来都是子虚乌有,——这个人一定觉得挺开心。"他觉得好笑……"

这个嘲笑我的人存在也罢,不存在也罢,我都不会因此觉得轻松一些。我不能认为我的任何一种行为,乃至我的全部生命是合理的。使我惊讶的只是,我如何未能一开始就理解到这一点。这一切早就是尽人皆知的了。不用多久,疾病和死亡就会落到(也已经落到)心爱的人和自己身上,除了尸臭和蛆虫以外,什么也不会留下来。我的事业,无论是怎样的事业,会被统统忘掉,或迟或早,连我本身都不会存在。那么又何必忙碌呢?一个人怎能对此视而不见,并且活下去——真令人吃惊!只有陶醉于生命的时候才能够活下去,而头脑一清醒,就不能不看到,这一切都是幻觉,而且是荒唐的幻觉!正是这样,一点儿可笑和俏皮的成分也没有,简直就是残酷和荒唐。

很久以前就流传着一个东方寓言,讲一个旅行者在草原上遇到一头猛兽。为了躲避猛兽,旅行者跳入一口枯井,但他看到一条龙伏在井底,张开大口要吞噬他。于是这个不幸的人,既不敢爬出来,怕被猛兽咬死,又不敢跳下井底,怕被龙吞掉,只好抓住长在井壁裂缝中的野生树杈子,吊在上面。他的手劲快用完了,他感到,他不久就要听任在两边等着他的死神的摆布,但他一直坚持着,他环顾四周,看到有两只老鼠,一只黑的,一只白的,在他抓住的那根树杈上从容地爬着,啃着。眼看这树杈子就要折断,他掉下去必然落入龙口。旅行者看到这一点,而且知道,他难免一死。但当他还吊在树杈上的时候,他四下张望,发现树叶上有几滴蜜,于是就伸出舌头舔蜜。我也是这样挂在生命的枝丫上面,知道那条准备把我撕裂的龙一定在等着我死,而且不理解为什么我会遭到这样的折磨。我也想吮吸原来使我感到快慰的蜜,但那几点蜜已经不能使我高兴了,而白鼠和黑鼠,即白天和黑夜,都在啃着我牢牢抓住的树枝。我清楚地看到龙,蜜对我来说也不甜了。我看到的只有躲避不了的龙和老鼠,而且也不能把我的视线从它们身上移开。

这不是寓言,而是真实的、无可辩驳的、每个人都能理解的真理。

原先的生的乐趣的幻觉曾经掩盖了对龙的恐惧,现在却不能欺骗我了。不管多少次对我说:你不能理解生命的意义,别去想了,活下去吧,但我都不能这样做,因为过去我这样做得实在太久了。现在我不能不看到,交替着的白天和黑夜在引我走向死亡。我只看到这一点,因为只有这一点是真实的,其余的一切都是谎言。

《忏悔录》

舍弃自我

一个人可以达到的最大幸福,他是最自由、最幸福的状态,乃是自我弃绝和爱的状态。理智给人揭示出唯一可行的幸福之路,情感则驱赶他往这条路上奔去。

(《给罗曼·罗兰的一封信》)

越是为自己费脑筋,越是一心想到自己,我们就越软弱,自己就越受束缚。反之,越不以自己为重,越少注重自己,我们就越坚强,越自由。

若能做到自我否定——自我意欲的否定,那么所有的事情都可以迎刃而解了。

只有以牺牲形式出现的慈善行为,才是真正的美好,只有在这种情况下,接受物质援助的人,也接受精神的援助。如果不是牺牲,而是分配剩余,则只会恼怒收受的人。

(以上出自《阅读圈》)

人生的幸福就是通过爱和上帝与他人相结合。阻挠这种幸福的是罪孽。罪孽的根源在于,人把自己的幸福视为满足肉体的私欲,而不是爱上帝和他人。因此,人的幸福也就是摆脱罪孽。而摆脱罪孽——靠的是为舍弃肉体生活而努力。

所有肉体的罪孽:淫荡、奢侈、不劳而食、贪图私利、阴险狡诈,这一切——都出自一种观念,即把自己的**我**看成自己的肉体,进而使自己的灵魂屈服于肉体。要摆脱罪孽——只有把自己的**我**看成自己的灵魂,使自己的肉体屈服于灵魂。

人可以舍弃自己的肉体生活,这清楚地表明,在人的身上存在着一个他为之而舍弃肉体生活的对象。

没有牺牲就没有生活。人的一生,不论你是否愿意这样,就是为了灵魂而牺牲肉体。

沉湎于属于肉体的东西越多,失去的属于灵魂的东西越多。
献出的属于肉体的东西越多,得到的属于灵魂的东西越多。看一下,这两者哪个是你更需要的。

舍弃自我不是完全弃绝自己,而不过是使自己的我由肉体生命转为灵魂的生命。舍弃自我并不意味着舍弃生活。正相反,舍弃肉欲的生活意味着加强自己真正的灵魂的生活。

理智对人指出,肉体需求的满足不可能成为他的幸福,因此,理智坚定不移地将人引向其固有的而其肉体生活所无法容纳的幸福。

人们常常想,并且声称,舍弃肉体的生活是一个功绩,这是不对的。舍弃肉体的生活不是什么功绩,而是人生活的必要条件。对于动物来说,肉体生活的享乐和由此而实现的物种延续是生命的最高目的。而对于人来说,肉体的生活和物种的延续只是生存的一个阶段,从这个阶段起人的真正幸福才开始显现,而这种幸福并不等同于肉体生活的幸福。对于人来说,肉体生活不是全部的生活,它只是真正生活的一个必要条件,而真正的生活,就是越来越紧密地与世界的灵魂本源结合在一起。

一个婴儿刚出生的时候,觉得世界上存在的只有他一个。他无论对谁对什么东西都不会服从,不想知道任何人,只知道要他所需要的东西。他甚至连母亲也不知道,知道的只是她的乳房。但随着一天天、一月月、一年年地长大,孩子开始懂得,世上还有着像他一样的许多人,懂得了,他想要的东西别人也同样想要。年龄越大,他就越来越多地懂得,他并不是世上唯一的宠儿,一种情况是,如果他有力量,就必须为获得他想拥有的东西而与别人争斗;另一种情况是,如果他没有力量,就忍从于既有的东西。除此之外,人生活得越久,他就知道得越来越清楚,他的一生只是暂时的,每一刻都可能因死亡而告终。他会看到,正像他今天亲眼目睹的,明天死亡仍将剥夺某个人的生命,于是他明白,这种事每一分钟都可能在他身上发生,并且或早或晚这一刻终将到来。人由此而不能不明白,在他的肉体中没有真正的生命,在一生之中无论他为肉体做了多少事,这一切都毫无用处。

当一个人清楚地懂得了这一点,他也就懂得了,那存在于他身上的灵魂,并不仅仅存在于他一个人,而是存在于所有人,存在于整个世界,这个灵魂就是上帝的灵魂。而当人明白了这些,他就不再认为自己的肉体生活有什么意义,而把自己的目的转向与上帝的灵魂,与那永恒的存在相结合。

死亡,死亡,死亡每一秒钟都在等待着我们。我们生命的实现就是为了死亡。如果你们为了未来的肉体生活而操劳,那么你们自己会知道,未来对于你们来说只意味着一点:死亡。这个死亡将毁掉你们为之而操劳的一切。你们会说,你们是为了后代的幸福而操劳,但要知道,他们同样也将消亡,他们也不会留下任何东西。所以,为物质目的的生活不会有任何意义。死亡会将这种生活全部毁坏。为了使生活具有某种意义,就必须这样生活,即让死亡无法破坏生活的事业。而基督已对人们昭示过这样的生活。他告诉人们,肉体的生活只是一个生活的幻影,与它同在的是另一种形式的真正的生活,它给予人以真正的幸福,每个人在自己的心灵之中都懂得这种生活。基督的教诲告诉了我们,个人的生活是虚幻的,必须要舍弃这种生活,而应把生活的意义和目的转向上帝的生活,转向整个人类的生活,转向人子①的生活。

为了明白基督有关拯救生命的教义,应当清楚地理解所有先知们是怎样说的,所罗门是怎样说的,佛是怎样说的,世上所有的哲人在谈到个人生活时是怎样说的。按照帕斯卡的说法,我们可以不去想这些,也可以在自己面前竖起种种屏障,以遮住我们的视线,不去看那个我们大家都奔赴而去的死亡深渊,但应当想一想什么是个人的肉体生活,以便确信,人的一生,如果它仅仅是肉体生活的话,那么它不仅没有任何意义,而且对人的心灵,对人的理性,对人身上美好的一切,都是一种罪恶的嘲弄。因此,为了理解基督的教义,首先我们应该保持清醒的头脑,反省自己,应当按基督的先驱,即施洗约翰,在传道时对像我们一样误入歧途的人们所说的那样去做。他说:"你们首先要悔罪,就是要反省自己,否则你们都将毁灭。"基督在开始传道的时候也是这样说的:"你们要反省自己,否则你们都将毁灭。"基督听说了被彼拉多所杀的加利利人的死讯后,他说:"你们是不是以为,有些加利利人比其他加利利人罪孽多,才这样受难呢?我对你们说,不,并且如果你们不悔罪,所有人都将这样死去。死对我们大家来说都不可避免。我们想忘掉这个是徒劳的,这并不能使我们逃避它,相反,当它不期而来的时候,它将显得更加可怕。拯救的方法只有一个:舍弃那正在死去的生命,而以那不会死亡的生命为生。"

只要你把习惯的生活抛开片刻,从各个角度看一看我们的生活,你就会发现,我们为了得到臆想的生命保障而做的一切,根本不是为了保障我们的生命,而仅仅是为了让这种想象中的生命保障占住我们的头脑,以忘掉我们的生命是无论如何也得不到保障的。我们欺骗着自己,为了臆想的生活而葬送实际的生活,这还不够,我们在这种对保障的追求中,最常毁掉的正是我们想使之得到

---

① 人子指耶稣基督,因有肉身性而为人之子。

保障的东西。一个富翁要保障自己的生命靠的是他有钱,而正是这些钱使一个强盗受到诱惑,他就来杀死这个富翁。一个总怀疑自己有病的人想保障自己的生命,就去不断地治病,而这个治病的过程就会慢慢地杀死他,即使不会杀死他,无疑他也已经失去了真正的生命。一个民族也是如此,他们武装起来,为的是保障自己的生活和自由,但实际上正是这种保障把他们引入战争,断送了成千上万人的生命和民族的自由。

基督的教义教导我们,生命是不可能得到保障的,必须要在每一分钟都准备着死亡,这种教导比起有关必须保障自己生命的世俗教导来,可以赋予人以更大的幸福,其原因只是一点,无论世俗的教导也好,还是基督的教义也好,死亡的必然性和生命的无保障都是同样不可更改的,但生命本身,根据基督的教义,不会一点不留地完全消耗在为幻想保障自己的生命而从事的无聊事务上,生命将是自由的,并且可以奉献于生命所固有的目的:完善自己的灵魂并宏扬对他人的爱。

人舍弃自己肉体的**我**越多,上帝在他身上显现得就越多。是肉体在遮住人身上的上帝。

舍弃了一己之私的人便是强大的,因为个人私利遮掩了人身上的上帝。一旦他抛开了一己之私,支配他的已不是他,而是上帝。

只有当对肉体生活的舍弃成为一种信仰,即当一个人舍弃自我,舍弃自己的肉体,是为了完成存在于他身上的上帝的意志时,这种行为才是宝贵的、必要的和充满欢乐的。但如果一个人舍弃肉体的生活不是为了完成上帝的意志,而是为了自己的意志或者像他一样的其他人的意志,那么这种自我舍弃就谈不上宝贵、必要和欢乐,而只能是有害于自己和他人。

如果你们努力迎合他人是为了让他们感激你们,那么这种努力将是徒劳无益的。而如果在为他人做善事的时候,并不考虑他们怎样,只是为了上帝,那么你们将给自己带来快乐,人们也将会感激你们。

那忘掉了自己的人,上帝必记得他,而那记得自己的人,上帝必忘掉他。

我们只有在肉体中死去,才能在上帝中复活。

强迫自己去爱别人不行。只有抛弃了阻挠爱的东西才行。而阻挠爱的正是对自己动物的**我**的爱。

"爱人如己"——不是说你必须尽力去爱他人。不能强迫自己去爱他人。"爱他人"——是说你必须不再先爱你自己。而只要你不再先爱自己,你就会不由自主地去爱他人,像爱自己一样。

要想不只停留在口头上,而是在行动上真地去爱他人,就不应当爱自己,不爱自己,同样也不要只停留在口头上,而要付诸行动。但一般的情形是这样:我们说是爱他人的,但只是在口头上,而爱自己却不是在口头上,而是在行动中。我们会忘记给别人穿衣、喂食、找住处,对自己却从来不会忘。因此,为了使爱他人实实在在体现在行动上,应当学会忘掉给自己穿衣、喂食、找住处,就像我们忘了给别人做这些事一样。

当你与人交往的时候,应当习惯于在心里对自己说:我考虑的只是他,而不是我自己。

在谈话中间只要你想到了自我——你就会失去你思想的线索。只有当我们完全忘记自我,走出自我的时候,我们才会卓有成效地与他人交往,才能为他们服务,并对他们产生有益的影响。

一个人外在的财物越多,生活条件越完善,他离自我牺牲的快乐就越远,就越难得到这种快乐。富人们几乎完全丧失了这种快乐。对于穷人来说,任何一点有助于他人的劳动,任何一块送给乞讨者的面包,都是一种自我牺牲的快乐。

而富人呢,即使从他300万家产中拿出200万来给别人,他也体会不到自我牺牲的快乐。

很久很久以前,在地球上发生过一次大旱灾:所有的河流和水井都干涸了,草木丛林也都干枯了,许多人和动物都焦渴而死。

一天夜里,一个小姑娘拿着水罐走出家门,为她生病的母亲去找水。小姑娘哪儿也找不到水,累得倒在草地上睡着了。当她醒来的时候,拿起罐子一看,险些把里面的水洒出来。罐子里竟装满了清亮新鲜的水。小姑娘喜出望外,真想喝个够,但又一想,这些水给妈妈还不够呢,就赶紧抱着水罐跑回家去。她匆匆忙忙,没有注意到脚底下有一条小狗,一下子绊倒在它身上,水罐也掉在了地下。小狗哀哀地尖叫起来。小姑娘赶紧去捡水罐。

她以为,水一定都洒了,但是没有,罐子端端正正地在地上放着,罐子里的水还满满的。小姑娘把水倒在手掌里一点,小狗把它都舔净了,变得欢喜起来。当小姑娘再拿水罐时,木头做的水罐竟变成了银的。小姑娘把水罐带回家,交给了母亲。母亲说:"我反正都要死了,还是你自己喝吧。"又把水罐递回给小姑娘。就在这一瞬间,水罐又从银的变成了金的。这时,小姑娘再也忍不住,正想要凑上水罐去喝的时候,突然从门外走进来一个过路人,要讨水喝。小姑娘咽了一口唾液,把水罐递给了这过路人。这时突然从水罐里跳出了7颗很大的钻石,随即从里面涌出了一股巨大的清澈而新鲜的水流。

而这7颗钻石越升越高,升到了天上,变成了7颗星星,这就是人们所说的大熊星座。

你所献出的,就是你的,你所保留的,却是别人的。

如果你割舍自己的一些东西献给别人，你便为自己造了福，这种福永远是你的，任何人也不能把它从你身边夺走。

而如果你保留了别人也想拥有的，那么你保留它也只是暂时的，或者只能保留到你不得不交出它的时候。当死亡来临的时刻，你就不得不交出这一切了。

为了弄明白，为什么必须要为了灵魂生活而舍弃肉体生活，只要想象一下就够了，如果人的生活全部沉湎于肉体的、动物的欲望之中，这种生活就将变得何等丑恶和可怕。人真正的生活只能开始于当他开始舍弃动物性的时候。

基督用葡萄园户的寓言故事（《马太福音》21：33—42），来解释那些把生活的幻影——动物性的个人生活——看作真正生活的人们的谬误。

一伙人住在主人造好的园子里，就把自己当成这个园子的所有者。由这种虚假的想象引出了他们一系列疯狂而残忍的举动，最后以他们被除灭而告终。与此完全相同的是，我们也这样想象，我们每个人的生活都属于我们个人所有，我们有权随心所欲地利用它，无论对谁我们也不负有任何责任。对于我们这些抱有类似想法的人来说，也就不可避免地要做出一系列疯狂而残忍的举动，酿成种种的不幸，当然也就会从生活中被清除出去。正像葡萄园的霸占者那样，他们忘了，或者就是不愿知道，交给他们的园子已经松好了土，围好了篱笆，挖好了井，已经有人在这些事上付出了劳动，也就期望借此得到收获，而那些只以个人生活为生的人们呢，同样忘了，或者就是要忘掉在他们出生之前别人为他们所做的一切，和在他们一生中别人所做的一切，忘掉别人也因此而对他们有所期待。

按照基督的教义，那些住在并非他们开辟的园子里的葡萄园户，应当明白并感受到，他们对园子主人欠下了一笔难以偿还的债，同样，人们也应当明白并感受到，从出生直到死的那一天，他们始终欠着某些人,欠着那些前辈的人、同时代的人以及将要出世的人一笔难以偿还的债,也欠着那过去、现在及将来都作为万物本源的事物同样难以偿还的债。他们应当明白,他们生命中的每一刻都证明着这种责任的存在,因此,那只为自己生活,而否认与他的生活及其本源紧密相关的这种责任的人,自己便剥夺了自己的生活。

如果一个人懂得了自己的使命,但是却不能舍弃自我,那么这就好比一个人只拿了里屋门的钥匙,而没有外屋门的。

为了灵魂的幸福而舍弃动物性的幸福,是一种意识转变的结果,就是说,一个曾经只认识到自己动物性的人,开始认识到自己是灵魂的生命。如果实现了这种意识的转变,那么从前被视为艰难与痛苦的,便已不再被视为艰难与痛苦,而是自然而然把这看作最好的事,而不是最坏的事。

有些人想,并且说,为了完成人生的使命,为了得到幸福,必须要有健康、财产和优越的外部条件,——这是不对的:健康、财产和优越的条件对于完成人生使命和获得幸福来说是不需要的。我们已被赋予了获得灵魂幸福(这种幸福是无论如何不会遭到破坏的)、获得宏扬自身爱心的幸福的可能。我们应做的只是相信这种灵魂生活,并把全副精力都投入到其中去。

你以肉体生活为生,为了它而劳作,——然而一旦这种肉体生活出现了障碍,你就应从肉体生活转入灵魂生活。而灵魂生活永远是自由的。这就如同鸟儿长着翅膀。鸟儿可以用爪子走。但只要遇到不便或险情——鸟儿对自己的翅膀是充满信心的,它就会展开双翼,腾空而起。

在与上帝单独相处的时候,没有什么比内心的劳动更重要的了。这种劳动就是要使自己克制获取动物性幸福的欲望,提醒自己肉体生活的虚幻性。只有当你单独与上帝相处时，才能做到这一点。当你与他人相处时，则来不及做了。在你与他人相处的过程中，只有当你已准备好在独处中舍弃自我并与上帝合为一体时，你才能够妥善地做好一切。

任何一个人或迟或早，或清楚或模糊地总要体会到一种内在的矛盾：愿为自己而生，同时又愿成为有理性的人。但为自己而生是非理性的。这看上去是一个矛盾，但这到底是不是矛盾呢？如果这算是矛盾的话，那就等于说在一颗腐烂的种子上出现了这样的矛盾：它腐烂了，却长出了芽。真正的矛盾只有出现在我不想听到理性的声音之时。理性指出了人的觉悟由个体生命向不断成长的灵魂生命转变的必要。它指出了个体生命的空虚和无聊，揭示了新生命的即将出现，正如一个樱桃核正在生根发芽。真正的矛盾只有出现在这样的时候：我们紧紧抓住这种外在的、腐朽的生活形式，不想与之决裂，好比一颗种子的外壳在种子冲破它的时候，它还在极力想证明自己的生存意义。那我们称之为矛盾的，只是在新生命之前诞生的苦痛。只要不把肉体生命的必然消亡与灵魂生命对立起来，并献身于这种灵魂生命，那真正的、美好的新生活就会展现在眼前。

生活中唯一真正快乐的事——就是灵魂的成长，而灵魂的成长需要舍弃自我。舍弃自我要从小事做起。当你在小事上学会舍弃自我时，你就会有勇气在大事上舍弃自我。

摆脱肉体私欲的主要困难是，肉体私欲是生活的一种必要条件。人在童年的时候它是必要的，自然而然的，但随着理性的显现，它就应逐渐减少，最终消失。

孩子不会为私欲而感到良知的谴责，但当理性显现出来的时候，私欲对人本身来说就成为一个负担，随着生活的进展，私欲就越来越淡薄，而当死期临近的时候，它就会完全消失。

彻底舍弃自我——意味着自己成为上帝,只为自己而生——意味着彻底成为牲畜。人的生活就是不断地远离牲畜的生活而靠近上帝的生活。

我的生活是与我对立的,我感到自己身处罪孽之中,只是从一个罪孽中爬出来,又跌进另一个罪孽中去。我怎样才能把自己的生活哪怕是稍加改善呢?最有效的方法只有一个:认清自己的生命在于灵魂,而不是肉体,不要介入肉体生活的龌龊勾当。只要你全心全意地希望这样,你将看到,你的生活立刻就会自行改变。生活得不好,只是因为你让灵魂生命为肉体生命服务。

一个人如果不想舍弃自己的肉体,不抛开把肉体需求置于灵魂需求之上的做法,那么他为摆脱罪孽而做的努力都是徒劳的。

无论对每一个个人的生活来说,还是对大众的生活来说,都存在着一个同样的法则:即为了改善生活,就要准备奉献生活。

人越是舍弃他动物的**我**,他的生命就越自由,对别人越显得重要,而对他自己来说,也越是充满欢乐。

福音书里说:凡舍了生命的,必得到它。这就是说,真正的生活只有那拒绝动物性生活幸福的人才会得到。

人的实际生活,只是开始于人为了灵魂而不是为了肉体寻找幸福的时候。

人在自己的生活中就像一片积雨云,把雨洒向草地、田野、森林、花园、池塘、河流。云中的雨洒完了,给了成千上万的花草、稻穗、丛林树木以生命和活力,它便变得稀薄了,透亮了,很快就完全消失了。一个善良的人的肉体生命也是如此:他给了许许多多人以帮助,使生活变得轻松,使它走上正路,使它得到安慰,最终这个人耗尽了全部肉体的生命,死去了,去往那唯一永恒的、无形的灵魂生命的归宿。

许多人都觉得,生活中如果排除了个体和对个体的爱,那就一无所有了。他们觉得,没有个体就没有生活。但持有这种想法的,只是那些未曾体验过自我牺牲的喜悦的人。剔除生活中的个体,将它舍弃,那么剩下的就是构成生活本质的东西——能带来真正幸福的爱。

人越是把自己的生活从动物生活转向灵魂生活,他的生活就变得越自由,越快乐。为了使人能够把生活从动物生活转向灵魂生活,必须要使他觉悟到自己是灵魂的生命。而为了使人能够觉悟到自己是灵魂生命,他就要舍弃肉体的生活。信仰需要自我牺牲,而自我牺牲需要觉悟。这些都是相辅相成的。

(以上出自《生活之路》)

死 亡

一个记住了死亡的人,不可能为单独的自我而活着。

一个不忘记自己终究要死的人,他可以赋予生命的唯一意义在于他已不是一个独立的人,而仅仅是上帝的意志的工具。他按照上帝的意志出现在这个时空无限的世界上,他必须在这个世界上生活若干时间,然后永远地消失。如果正是这样,那么很显然,为了安排自己的生活而活着是极不理智的,活着的唯一意义在于履行上帝的意志,正是上帝为了实现这一意志的目的才把他送到这个世界上来。这个目的是什么呢?最终的目的我不能知道,因为它隐没在无限之中,但是我能够知道达到它的方法,但这幸福不是我个人的,而是整个世界的。我可以接近的目的就是整个世界的幸福,我对幸福的渴望仅仅是一种指示,它向我指明我应该为世界寻找些什么。

(《小绿棒》)

动物人在追求幸福的时候,实际上每时每刻都在追求最大的不幸——死亡,对死亡的预见破坏了人身的任何幸福。

(《论生命》)

我怕死吗?不怕。但是在死亡渐渐临近的时候或者想到死的时候,我不能不感到激动,同列车从极高处坠下海去或者气球向极高处升上去时旅客的感受相似。旅客知道,他不会出什么事,他只会遇到亿万人遇到过的事,他只会改变旅行方式,然而他仍然不能不感到激动。我对死的感觉也是这样的。

(《1904年1月3日日记》)

当明天就要以死神的磨难,连同其全部可鄙的下流、谎言、自欺欺人的行径开始,而以对自身来说微不足道的零告终时,这一切又有何用?滑稽可笑的把戏。

……

人到临死总觉怕,我这是在说自己,因为我越来越感到,当一个人把什么乱七八糟的东西都从口袋里往外掏,还以为这个人们需要,那个人们需要的时候,可突然间却发现,原来还有藏在旮旯里的最重要、最需要的东西竟忘记抖搂出来了。

(《1894 年 5 月 14 日致尼·谢·列斯科夫的信》)

失去人?!当妻子、丈夫、父亲亡故的时候,我们说:我失去了妻子,失去了丈夫,失去了父亲。但是常有的情况,经常有的情况是,在人们还没有亡故的时候,我们就失去了他们,我们和他们分手,这比他们亡故了还要糟。相反,往往到人们临终的时候,我们才发现他们,同他们接近。

(《1894 年 3 月 23 日日记》)

我忽然明白了,老人说他活够了,该死了这种话,是非常没有道理的。老人无权讲这种话。他是果实,是谷粒。杂草可以践踏,而谷粒却应该让人吃掉。这不是说,老人应该怕死,相反地,应该不怕死地活着。只有不怕死才容易活下去,生命也才会有益。

(《1900 年 8 月 27 日日记》)

死亡和诞生是两个极限,但在各自的背后却有些相似之处。

当你想到死后的灵魂会如何时,也要想想生前的灵魂有过什么样的经历。如果你打算去某地,其实你也从某处来。

我们死后何去何从?我们走向我们的来处。在那个国度上,没有属于我们自己的东西。因此,我们记不得在那里发生过什么事。

人过着美满的生活时，对现在的时刻感到快乐，不会想到死后的事情。如果想到死亡，他看到自己的人生开展得如何顺畅，会相信死后的一切必然与现在一样美好。但与其相信天堂的所有乐趣，宁可相信上帝为我们安排的一切都是美好的。

人不应该想太多死后的事。要顺从派遣我们来到世上的人的意志，他的意志存在于我们的理智和灵魂上。

人愈是能够把生命从物质转化到精神的领域，对死亡的恐惧便愈少。过着真正精神生活的人，无需恐惧死亡。

人害怕死亡是因为了解自己的罪恶。

人愈是过着精神的生活，对死亡的恐惧愈少。对重视精神的人而言，死亡意味着将性灵从身体释放出来。这样的人了解，他经历过的事物不会遭到摧毁。

只有不曾活过的人才不害怕死亡。

我们应该准备好面对死亡，因为早晚都会降临。最好的方法是过着良善的生活。只要你过着良善的生活，就无须畏惧死亡。

死亡摧毁我在今生借以了解世界的身体，亦即破坏我借以观看世界的镜子。我们不确定是否会有另一面镜子来取代，也不知道透视窗户的本质是否会与世界合二为一。我们无法知道。

人应该过着既不畏惧死亡，同时也不渴望死亡的生活。

如果你是个物质存在体，死亡便是一切的终结。但如果你是个灵的实体，则肉体限制灵的存在，死亡只是一种转变。

我们的肉体限制我们称之为灵魂的神圣火花。就如容器赋予存放其中的液体或气体一定的外形,我们的身体也是灵存在的形状。如果容器打破,存放其内的东西就会流出,而且不再保有原来的外形。但是否会获得新的外形,是否会与其他的存在结合一起?我们并不知道。死后的灵魂化成不同的东西,不是笔墨与言语所能形容。

死亡让灵魂从它寄存于这个世界的物质的人格中解放出来。对过着精神生活的人而言,死亡并不存在。

如果生命是善的,而死亡是生命的必要部分之一,那么死亡同样也是善的。

真正的生命只存在于现在,未来不具有意义。

死亡摧毁我今生用来看世界的身体器官,摧毁我用来看世界的镜子。但摧毁镜子不代表摧毁眼睛本身。

认识永恒就是存在于我们之内的善之声。

人同时集合动物与灵魂的存在,作为动物,人害怕死亡,作为灵魂的存在,人不会经历死亡。

在死亡之前的最后时刻,人的灵魂离开身体,与超越时间、超越限制的永恒灵魂结合为一,并转化成另一种我们不知道的形式。我们的身体死后被抛弃,成为一个被观察的对象。

死亡象征一种改变,代表良心驻留地方的消失。良心本身不会被死亡摧毁,好比剧院布景的更换不会摧毁观众。

或许你会害怕死亡带来的转变?

但同样的重大转变在你出生时已出现过一次,而且没有带来什么坏处。

我们可以把生命视为死亡,而把死亡当作苏醒。

说服你相信死后生命之必要的不是推论,而是例子:当你手牵着手和一个人走在路上时,这个人突然陷落到深渊中消失。就在那里,你停在深渊的前面,试着望进深渊里面。

你对死亡恐惧的程度,就是你对生命了解的程度。
对死亡的恐惧愈少,你所拥有而自由、宁静、对性灵伟大的认识以及生命的欢愉就愈多。
了解永恒是人类灵魂本质的一部分。

生命包含众多从出生就已经开始,直到死亡才结束的许许多多无形、不可感的转变。人们不可能观察到所有这些转变的存在。

人心中有许多种情感,其强度足以战胜死亡——仇恨压倒死亡,爱情蔑视死亡,荣誉感使人献身死亡,巨大的哀痛使人扑向死亡。唯独怯懦软弱使人在还未死之前就先死了。

死亡征服不了伟大的灵魂。

死亡与生命都是自然的产物。婴儿出世可能与死亡一样痛苦。

人生最美好的挽歌无过于当你在一种有价值的事业中度过了一生后能够说:"主啊,如今请你的仆人离去。"

(以上出自《阅读圈》)

人的整个一生,从诞生到死亡,与生命中的一天从醒来到睡下很相像。

请想一下,当你早晨从沉沉的睡梦中醒来,一开始你没弄清你待在哪儿,没明白是谁站在你身旁,是谁叫醒了你,你不想起床,觉得浑身无力。但渐渐地你就会清醒过来,开始明白了你是谁,你在哪儿,活动也自如了,脑子里开始想事情,起了床,做起事来。人生也完全如此,或者十分相像,他诞生了,一步一步地走进生活,有了力气和智慧,便开始了工作。

这之间的不同只是,人睡着和醒来的过程只发生在短短的一个早晨,而人的诞生和成长则是发生在许多岁月期间。

接下来生命中一天中的情形和人的整个一生的过程也是相像的。一个人醒来之后,便工作,操劳,越来越有精神,但工作到中午时——便会感到不像上午那样劲头十足了。而到晚上的时候,就越发感到疲惫,想要休息了。人的整个一生也完全如此。

人在青年时代精神振奋,生活得很快活,但在人生的中途则没有这种劲头了,而到老年的时候已经感到了疲惫,越来越想休息了。正如过了白天就是黑夜,人躺下休息,他头脑里的思绪开始混乱起来,当他睡熟了,进入了另一片天地,便对自己无所知觉了,人在死去的时候也正是如此。

由此看来,人从睡梦中醒来——就是一次小型的诞生,从早晨到夜晚的一天——就是一次小型的生命,而睡梦——就是一次小型的死亡。

我们知道,当雷声传来的时候,闪电早已击发过去了,因此雷声不会伤害人,但我们仍然总是在雷声轰鸣的时候发出颤抖。人对死亡也是如此。在不理解人生意义的人看来,死亡便意味着一切的毁灭,他是那样惧怕它,躲避它,就像一个蠢人躲避雷声一样,其实那时这种轰鸣早已不能伤害到他了。

一个人慢慢地从我能看到的一个地方走到另一个地方,直到我再也看不到他,而另一个人在走过这个地方时步伐很快,但我并不因此而认为,那个走得慢的人比那个走得快的人活得更长久。我只知道一点,——我知道,如果我看到一个人不论是走得快还是慢——反正都是从窗前走过,——我知道,在我看到这两个人之前,他们都是存在的,而在此之后也同样都将存在。那些在死之前我认识的人,不管他们的生命是长还是短,他们的生命与上述这两个人的情形是同样的。

死亡——不过是与我们的灵魂相连的那层外壳的转换。不应把这层外壳与外壳里所包含的内容混为一谈。

死亡就是与世界紧密相连的那些器官的毁坏,是这些器官给了我们时间的概念。因此,在谈到死亡时所谓"未来"的问题是不存在的。

死后的生命是否存在,这个问题就是说,时间是我们受肉体限制的思维能力的产物,还是所有存在物的必要条件?

时间不可能是所有存在物的必要条件,这种说法的根据是,我们在自身感觉到了某种不依赖于时间的东西:存在于现时的生命。因此,死后的生命是否存在的问题,其实就是说,在下面两者之中哪一个是合乎实际的:是我们的时间观念,还是对生命存在于现时之中的觉悟。

死亡能如此轻易地使人摆脱所有的艰辛与苦难,那些不相信长生不老的人就应当盼望着死亡。而那些相信长生不老,期待着新生活的人,就更应当盼望死亡。可是为什么大多数人还是不希望死呢? 因为大多数人过的是肉体的生活,而不是灵魂的生活。

只有当人把自己肉体的、动物的生存法则视为自己的生活法则时,痛苦与死亡才会被他看作是不幸。只有当一个人把自己降格为动物的时候,痛苦与死亡对于他来说才变得十分可怕。痛苦与死亡,就像驱赶鸟雀的稻草人,在周围发出哄叫,把他赶入唯一敞开的、服从于理性法则的、在爱中展现出来的人生之路。痛苦与死亡只是人对自我生活法则的背离。假如一个人完全过着灵魂的生活,对于他来说就不存在什么痛苦,什么死亡。

有一群铁镣加身的人。他们都被判处死刑,每天其中都有几个人被当众处死。那些留下来的人目睹了这些死刑场面,都知道要轮到自己了,心中惶悚不安。如果人们不理解自己生活的意义的话,其生活就像这些死刑犯一样。而如果一个人理解到,上帝的灵魂就存在于他的身上,并能够与之合为一体,那么对于这个人来说,不仅仅是死亡不值得害怕的问题,而是根本不存在死亡。

我喜欢自己的花园,喜欢读书,喜欢爱抚孩子。当我要死去的时候,我将失去这一切,因此我不想死,我害怕死。

可能有这样的情况,即我的一生都是由这类世俗的欲望以及满足这些欲望所组成的。如果是这样,那么我就不能不害怕,这些欲望的满足所带来的快乐总有一天会终止。但如果我的这些欲望发生了变化,而代之以另一种欲望即完成上帝的意志,以我现在的样子,并且以我所有可能有的样子献身于上帝,那么我的肉体的欲望被灵魂的欲望取代得越多,死亡对我来说就越不可怕。而如果我的世俗欲望完全被一种欲望所代替——即献身于上帝,则在我看来,除了生命之外,不存在任何别的东西,包括死亡。

以永恒的代替尘世的、暂时的,这就是生活之路,幸福之路。

肉体——是限制着灵魂的围墙,它妨碍着灵魂的自由。灵魂不断地要冲出这道围墙,一个有理性的人的一生就在于冲出这道围墙,将灵魂从肉体的束缚中解放出来。死亡是彻底的解放。因此死亡不仅并不可怕,而且对于过着真正生活的人来说,死亡是令人高兴的。

理性的生活,就好像一个人在身前远远地打着一盏灯笼,来照亮道路。这个人永远也走不到那片被照亮的地方的尽头,被照亮的这片地方总是走在他的前面。理性的生活就是这样,只有在这样的生活中才不存在死亡,因为这盏灯笼将持续不断地闪亮到最后的一刻,你跟随着它,泰然自若,并且在你整个的生命过程中都是如此。

儿子总是住在父亲的家里,而帮工在家里只是暂时的。所以儿子跟帮工的态度不一样,他要事事关心父亲的这个家,而不是像帮工那样,想的只是拿到自己的报酬。如果人相信他的生命不是以死亡而告结束,则他就会像住在父亲家里的儿子那样生活。但如果生活就像现在世上的这个样子,那么他就会像帮工那样做,加紧享受在这种生活中所能得到的一切。

每个人都必须首先解决一个问题,他是主人的儿子还是帮工,随着肉体的死亡他是彻底死去,还是并不会彻底死去。当人一旦明白,在他的身上既存在着死亡的,也存在着永生的事物,那么无疑,他就会在这种生活中更多地关心那永生的,而冷淡那死亡的,也就将像主人的儿子,而不是像雇工那样地生活。

你若想摆脱罪孽,生活在削弱你的肉体及其种种欲望时,会帮助你的。由于这个原因,人总是不自觉地想要前进——走出肉体,走出孤独。一旦把生活理解为摆脱罪孽,那么疾病、衰老,各种肉体的苦难,以及死亡,就都将是福。

你的肉体衰弱、老朽,死去了;而你的灵魂就强壮、成长,诞生了。

我们现在的处境就像一艘巨轮上的乘客,在船长的手里有一张我们不了解的名单,上面列着谁在什么时候要下船登岸。在我们还没有离船的时候,我们只有按照船上制定的规矩,而不能按别的方式去做,同样,在这个世界上,我们也只能尽力在为我们规定的时间内,与同伴们保持和谐与友爱。

人们常常说:"我什么也做不成了,我就要死了。"什么也做不成,因为要死了,这一切都是毫无意义的。然而有一种事业是必需的,离死亡越近,它就越需要:这就是灵魂事业。这种事业就在于改善自己的灵魂。

一个老农妇在临死前的几个小时对女儿说,她很高兴她死在了夏天。女儿问她:为什么?这位处在弥留之际的老人回答说,她之所以高兴是因为冬天挖掘墓穴很难,而夏天容易些。老妇人的死是轻松的,因为她在最后时刻想的不是自己,而是别人。

为了让自己做一个好人,要经常提醒自己,你一定会很快死去的。只有真切地想象到你正处在死亡的前夜,你肯定就不会狡诈,不会欺骗,不会撒谎,不会指责、谩骂、仇视他人,不会抢夺他人的东西。在死亡的前夜所能做的只不过是最简单的善事:帮助和安慰别人,对他们待之以爱。而这些事永远都是最需要而最快乐的事。因此想到死永远是好事,特别是当你误入歧途的时候。

当人们知道死亡即将来临的时候,他们会祷告、悔罪,为的是准备好带着纯洁的灵魂去见上帝。然而,实际上我们每一天都是在逐渐地走向死亡,每一分钟都可能完全死去。因此我们不要等到死亡来临时才做准备,而是在每一分钟都做好准备。

而做好死亡的准备——就是说要好好地生活。

正是因此,死亡一直停在人们的头顶,为的是让他们永远准备好死亡,而准备着死亡,就会好好地生活。

死亡是最无可怀疑的,它将会光顾我们所有的人。比起明天,比起白天之后的黑夜,比起夏天之后的冬天来,死亡是更为可信地必将到来。那么为什么我们为明天,为黑夜,为冬天都做好了准备,却没有准备好死亡呢？应当为它做好准备。而对死亡的准备工作只有一样——善的生活。生活得越好,对死的恐惧越少,死得越轻松。对于圣人来说没有死亡。

因为有了死,生命才变得庄严,富有意义,卓有成效而充满喜悦。因为有了死,我们不能不做那在此生划定给我们的工作,因为考虑到死,便不能把心思用在任何其他的事情上。当你做这工作时,生活便会充满喜悦,没有了对死的恐惧,而这种恐惧会毒害那些活着却不考虑死亡的人们的生活。

为了既生活又无痛苦,就应当寄希望于你以后的快乐。而当你以后衰老和死亡相继而来的时候,能有什么快乐的希望呢？那将是什么样的情景呢？是这样:不把自己的生活归于肉体的幸福,而归于灵魂的幸福,不为了更有学问,更富有,更荣耀,而为了越来越多地摆脱肉体,那时衰老和死亡就不会成为恐慌和痛苦,而是成为你所期望的东西。

我们把生命的消失和死去的那几分钟或几小时称作死亡。首先,生命的消失并不取决于我们的意志;其次,死去的过程却可由我们掌握:我们可以卑劣地死去,也可以和善地死去。应当尽力和善地死去。这对那留下来的人是需要的。

人们常常想,老年人的生活已无足轻重,他们不过是聊度残生而已。这种想法是不对的:人在垂暮之年却过着于人于己都极为珍贵、极为必要的生活。生命的价值与死亡的距离是成平方反比的。假如老年人和周围的人们都能明白这一点,一切都会变得更好。人最为珍贵的乃是死去的最后时刻。

我怕死吗？似乎是不怕,但是当死亡临近或者想到死的时候,我无法不感到恐慌,仿佛一个旅行者乘坐着一列火车从极高的地方向大海跌落,即将到达谷底时的感觉,或者乘坐一个气球升上极高空中时的感觉。人在死去的时候会懂得,在他身上所发生的事没什么了不起,成千上万的生命都会这样的,他只不过换了一种旅行方式而已,然而他在即将抵达这个转换地点的时候,却不能不感到恐慌。

人们常问:"死后将是什么样?"这个问题的答案只有一个:肉体会腐烂,化为泥土,我们对这一点确信无疑。而那我们称之为灵魂的将会怎样,我们什么也说不出,因为问题关乎到时间"将是怎样"。灵魂是超乎于时间之外的。灵魂不是过去,也不是将来。它只是现在的。没有灵魂,一切都不会存在。

当我们死去的时候,我们遇到的不过是下面两种情况之一:或者认为自己过渡到另一种个体生命,或者认为我们将不再是个体的生命,而是与上帝融合在一起。无论是哪一种情况——这两者都没什么可怕的。

死亡——是我们的肉体所发生的一个变化,最大的和最后的变化。我们过去和现在都经历着肉体的不断变化:我们曾经是一块光裸的肉团,后来变成吃奶的孩子,后来长出了头发、牙齿,后来掉牙——再长出新的,后来开始长胡子,后来头发开始变得花白,秃顶,所有这些变化我们都没有害怕过。
那我们为什么要害怕这最后一个变化呢?
因为谁也无法告诉我们,在这个变化之后将会发生什么事。但是,如果一个人到外地去,又不写信告诉我们他不在了,或者他在去到的那个地方过得不好,那我们谁也说不清他的情况,只能说他杳无音信。对于死者来说也是如此:我们知道,他们已不在我们中间了,但我们没有任何理由可以认为他们已消亡了,或者认为他们在离开我们之后情况很糟糕。我们既无法知道我们死后将会怎样,也无法知道我们出生之前是什么样,这就表明,我们没有被赋予知道这些事的能力,因为不必要知道。有一点我们是知道的,就是我们的生命不在于肉体的变化,而在于那活在这肉体中的事物——灵魂。而灵魂既无始也无终,因为它是唯一的存在。

人们会问:人死之后灵魂会怎样?这我们不知道,也无法知道。有一点是肯定的——这就是,如果你去往一个地方,你一定是从某个地方来的。你从何而来或者从谁而来,则也将去往你所来之处,或者归于所从来者。

死亡——就是那个存放我们灵魂的器皿的毁坏。不应当把这个器皿与盛在其中的东西混为一谈。

如同蜡烛因燃烧而熔化,肉体的生命因灵魂的生命而消亡。肉体在灵魂之火上燃烧,当死亡到来时,它就完全烧尽了。死亡毁灭了肉体,如同建筑师在房屋造成时用完木料一样。

房屋——就是灵魂生命,木料——就是肉体。那建造成灵魂大厦的人,当他死去的时候,会因他肉体生命的木料被使用而感到高兴。

我们确切地知道,当临死前最后的时刻灵魂本源离开肉体的时候,肉体将被那赋予它活力的东西所抛弃,并且不再与物质世界相分离,而是与之结合在一起。那么赋予肉体以生命的灵魂本源是转到另一个仍旧有限的生命形式中去,还是与那赋予它以生命的超乎时空的本源合为一体,我们一无所知,也无法得知。

我们害怕死,只是因为我们把被分派劳动时所用的工具——肉体——当成了自我。而我们一旦学会把那使用工具者——灵魂——看作自我,就不会有恐惧之心了。把自己的肉体仅看作被交给用来劳动的工具,则在死去的时刻只不过体验到一种不方便而已,就像一个工人失去用惯了的工具,而新的还没得到时所感受到的那样。

可以这样理解人的生命:即它是在一个狭窄的长廊或者管道中行进,开始是宽敞而容易的,后来,随着它自身不断地膨胀,行进便越来越显得挤迫、艰难。在行进的过程中人越来越近地看清,那广大的空间就在前面,并且看到那些走在他前面的人不断地隐没消失在那个空间里。

当他感受着紧张和挤迫时,怎么能不希望尽快地到达这个空间呢?又怎么能害怕接近这个空间呢?

死也就是生。婴儿随着出生而进入一个新的世界,开始一种与在母腹中完全不同的生活。假如婴儿能够把他感受到的讲述出来的话,那么当他走出原来的生活时,他就会讲述出与一个人离开此生时同样的感受。

人死去的时候,他们会到什么地方去呢?一定是到那些降生的人们所来的地方去。人从上帝而来,从我们的生命之父而来,任何生命的过去、现在和未来都属于他。人们就是到他那里去的。也就是说,人在死的时候只能是回到他所来的地方。

人离开家,工作、休息、吃饭、游玩,再工作,当他累了,就回家去了。

人的一生也是如此:人从上帝而来,劳动、吃苦,得到慰藉、喜悦,休息,当他经受了大量痛苦,便回到家去,回到他所来的地方。

你来到了今生,自己却不知其所以然,但是你知道,你就是以你现在所成为的与众不同的**我**来的;后来你走啊,走啊,走过了一半,突然一下,不知是高兴还是害怕,就停住了,不想再移动脚步往前走,因为你已看不清前面的情况。但是,当时你同样也没有看清你来到的这个世界,而你仍旧来了。你走进了入口的门,却不想走出那出口的门了。你的一生正是这样;在肉体的生命中你不断地往前走啊,走啊。你走着,匆忙地往前走,但突然,你开始为你所不停地做着的事感到惋惜。当肉体的死亡来临的时候,这个巨大的转变使你害怕。但你要知道,在你降生时也曾遇到过这样的巨大转变,而你并没有因此遇到什么坏事,相反,却遇到了至今你也不想与之分别的美好生活。

对万物的意识局限在单个人的肉体之中,因而它极力要拓宽这个界限。人生的前一半就在于此。人在自己一生的前一半中越来越喜爱其他事物和他人,即走出自己的界限,把自己的意识转到其他的生命上去。但无论他喜爱得多么广泛,他也不可能离开自己的圈子,而只有在死亡中才能看到打破这些界限的可能。经历了这些之后,死还有什么可怕的呢?死不过是某种毛虫变成蝴蝶的过程而已。我们现在就是毛虫:先生出来,然后在蛹中昏睡。只有到另一种生命中我们才能意识到自己成了蝴蝶。

脚下是严寒的、坚硬的大地,周围是高耸的林木,头顶是阴沉的天空,当我脑子里产生种种想法时,感受到的总是自己的身体,但我知道,我是用全副身心来感受事物的,坚实而严寒的大地,林木,天空,我的身体,我的想法——都是偶然的,都不过是我的五种感官的产物,我的观念,由我所造的世界,所有这一切之所以成为这样,只是因为我就是世界的这样一个部分,而不是别的部分,即我从这个世界所分离出的部分就是这样的。我知道,一旦我死去,这一切对我来说不会消失,但却会改变形状,正如舞台上所进行的转换那样:从树木山石变成宫殿塔楼,等等。如果我不是完全消亡,而只是转换成以另一种方式区别于世界的生命,则死亡在我身上造成的变化也是如此。那时整个世界对于那些仍然生存于其中的人来说,还是保留着原样,但对于我来说,它将改头换面。世界就是这样,而不是别的样子,只是因为我把自己看成这样的,而不是以别的方式区别于世界的生命。而生命区别于世界的方式则是无穷无尽的。

一切不幸都会把构成我们生活基础的神圣的、永生的、有独立意义的事物揭示出来。照俗人们的说法，最大的不幸是死亡，而正是死亡向我们彻底揭示出我们真正的**我**。

(以上出自《生活之路》)

信　仰

一个人只有清楚地明白自己在世界上的位置,才会产生对上帝和上帝的律法的真正信仰。

(《小绿棒》)

个人的依恋力、世俗生活的诱惑力不可能自行缩小,它是与生俱来的,并形成于教养,但另一种力——信仰力或者说理智力,却可以通过生命力的向其转化而得到加强。

(《1889年4月10日致谢·捷·谢苗诺夫的信》)

人们中存在一种观念,认为有两种信仰——一种是无知的、愚蠢的、大老粗的信仰,相信基督是顺从的,宽恕、怜惜人们,并吩咐我们也照此办理,但这种信仰业已陈旧,而今早已为聪明的人们所弃置不顾,更兼如若遵循这种信仰便不能发财,不能制裁,不能征战,不能搏斗,不能贪酒,不能好色,而没有这些今天是行不通的。因此这是一种愚蠢的信仰。另一种则是牧师、老爷们的信仰,买来的、一本一本地学得的信仰,根据这种信仰是什么都可以干,只要你善于遵守政府及教会的全部法令。我知道,有一大批人是持这种观点的,这真可怕。如果知道这一点,眼瞧着它,而只是无所作为地胆战心惊,那是可怕的,不过,问题是我们之中的任何人都不应该也不可能无所作为,只要他承认,他活着并不是出于自己的意志,不是为着自己的愉悦,而是为着实现被贯注于其心田的上帝的旨意。

(《1889年10月15日致谢·捷·谢苗诺夫的信》)

人到哪儿都总是人,即都是有弱点的。除非是殉教的圣徒,唯有殉教的圣徒才是在真正行善,即在做他们想做的善举本身。至于所有这些活动家——则全是他们自身及各种事件的奴隶。本想得块勋章,或某种荣誉的,结果倒是国家得了利,而国家得利的结果是全人类遭殃,或本想为国家谋利益的,结果却也只是给某某捞了块勋章,仅此而已。

（《1858年1月4日致瓦·彼·鲍特金的信》）

说到圆寂,并无什么可笑,更无什么可气。它对于我们大家(至少对于我,我感到)远比现实生活有趣得多。不过,我同意,不管我对这个问题思考过多少回,除了认为圆寂即乌有而外,我没有想出别的东西来。我赞同的只有一点,即对宗教信仰的尊重——对这种圆寂的恐惧心理。

毕竟没有任何东西比之更重要了。

（《1873年1月30日致阿·阿·费特的信》）

多少个世纪以来,宗教给予千百万人的效劳,是人类任何一种东西在同类事业中所能作出的最大效劳,仅此一端,宗教便已令人惊诧不已了。要完成这样的任务,它怎么还可能是合乎逻辑的呢?它是荒谬的,但却是亿万荒谬行为中适合于这一事业的一个。在它身上是有点什么名堂的。

（《1858年1月4日致阿·阿·费特的信》）

临终之前,能与看透人生的人再接触接触,世间难得的乐事,而您,及我在人生途中有缘结交的为数不多的那几位真正的人,尽管对人生持健全的态度,却总是站在最远离中心的边缘,时而看看圆寂、无限、未知,时而又看看桑萨拉,对圆寂的观察增加了目力,因而对人生看得分明。而世间的人们——牧师及其一伙——则无论他们怎么上帝不离口,都只能让我们这些人感到讨厌,在他临死时相比也一定很痛苦,因为他们恰恰看不见我们所看见的那个上帝——更为模糊、更为遥远但也更为崇高而确信不疑的上帝。

(《1876年4月28—29日致阿·阿·费特的信》)

两年前我成了基督徒。从那个时候起,我听、看、感受一切都有了新的角度。由于我成为一个基督徒而形成的我这种新的生活观,想必会使人感兴趣,也许还有教益,因此我才写这篇笔记。至于我是如何从一个虚无主义者变成基督徒的,我已经写了一本书来说明。我在这本书里详细地叙述了我怎样作为一个彻头彻尾的虚无主义者生活了近30多年,同时却又因我写的作品而受到普遍的尊重,甚至赞扬。今天我们已经习惯了用虚无主义者这个词来指社会革命党人,不过我们在使用这个词的时候赋予它的却是它的真正含义,即除了玛门①以外什么也不相信。在这本书里,我叙述了我如何作为这样一个虚无主义者度过了35年,如何为了对俄国人有教益写下11卷著作,并因此受到种种赞扬,再加上15万卢布收入,我又如何得到一个信念,即我不仅不能教给人们什么东西,连我自己也根本没弄明白我到底是怎么回事,什么是好,什么是坏,等到我确信自己无知而又看不见出路何在的时候,我如何陷入绝望的境地而几乎悬梁自尽,后来又如何通过各种痛苦的、复杂的途径终于信仰基督教教义,以及我如何理解这种教义。

(《1881年日记·一个基督徒的笔记》)

我信仰的有如下几个方面:我信仰上帝,把它理解为一种精神、一种爱、万物的基础。我相信他在我心中而且我也在他心中。我相信上帝的意旨最清楚和最明白地表现在基督的学说里,基督是个人,如果把他理解为神并对他进行顶礼膜拜,我认为那是最大的亵渎神明。我相信人的真正幸福是履行上帝的意旨,他的意旨在于让人人相亲相爱,因此与他人相处时要像《福音书》中所说的那样,像他们所愿意的那样来行动,这就是教法和先知。我相信,

---

① 即财利,参见《圣经·新约·马太福音》第六章。

每个人生活的意义只在于扩大自身的爱,这种爱的扩大必定在生活中使人越来越幸福,人身上的爱越多,他死后的幸福也就越多,他的爱越多,他就越能促进在世界上建立起上帝的秩序,也就是建立起这样一种生活制度,使现在占统治地位的纷争、欺骗和暴力被自由和谐、真理和人与人之间兄弟般的爱所代替。我相信,为了使爱兴旺,只有一个办法:祈祷——不是公众在寺院里进行的那种祈祷,这是基督直截了当所禁止的(《马太福音》第 4 章第 5—13 节),而是单独进行的,旨在在自己的意识里重新树立和巩固自己生活的意义,使自己只依附上帝的意旨。

我的这些信仰可能会损害什么人,使什么人不高兴,或者迷惑什么人,或者妨害什么事和什么人,或者不让人不喜欢,但是我却很少能改变这些信仰,犹如改变我的躯体一样。我要独自一人而生,也要独自一人而死(很快了),因为我无论如何也不能有别的信仰,我正在准备去见上帝,也还是持有这种信仰。我不能说我的信仰是唯一的、永恒的真理,可是我看不到别的——更平凡、更明确和更符合我头脑和心灵需求的真理,如果我能找到这样的真理,我会马上接受它,因为上帝除了真理一无所求。我无论如何也不能返回到我刚刚痛苦解脱出来的那种状况,犹如飞鸟不能回到它所出生的蛋壳里一样。

柯勒律治说过:"凡是开始时爱基督教胜过爱真理的人,很快就会爱自己的教会或教派胜过爱基督教,最后必定是爱他自己(个人的安宁)胜过爱世上的一切。"

我走的是一条相反的道路。我开始时爱自己的东正教信仰胜过爱个人的安宁,后来爱基督教胜过爱自己的教会,如今我爱真理胜过爱世上的一切。对于我来说,直到如今真理和基督教是相吻合的,如我所理解的那样。我也就宣传这种基督教,由于宣传它,我才能平静和愉快而生,并且平静和愉快地走近死亡。

(《答主教公会 2 月 20—22 日的决定》)

人的生命中可能遭遇的最重要变动,就是信仰的变动。

认为信仰从不改变,不会随着世代交替而改变,是错误的观念。人类存在愈久远,信仰也愈单纯、坚定,生命也愈美好。如果你相信信仰会一直维持不变,就好比小时候你相信老祖母告诉你的童话、寓言和儿童故事都是真的,而长大后仍然信以为真。

只有信仰可以摧毁自大和自私,让人过着不全为己的生活。只有信仰能够摧毁死亡的恐惧,只有信仰能带给我们生命的意义,只有信仰能创造人的平等,只有信仰能让人从外在的压力下释放出来。我们必须相信那些为每个人带来简单、实际指引的精神教训。

世界上有两种信仰,第一种是对别人所说的事物的信任,是对人生的信仰。第二种是对真理的信仰,这种信仰从不改变,也是每个人所必须的。

信仰是心灵的必要财产。很多众所熟知的事物基本上是没有意义的,而有些未知但重要的事却是伟大的。

完全执着基督的教训,放弃其他的教训,就像水手只专心注意他的罗盘,不去理会周遭的其他矛盾。

认为自己没有信仰的人是错的,他们只是没有体会到,或是不愿意,或是无法将信仰表达出来。

真正的信仰能够吸引人,不是因为对相信的人作美好的承诺,而在于信仰不仅是逃避生命苦难和不幸的唯一方法,也是免除死亡恐惧的不二法门。

如果你知道自己缺少信仰,那你也知道自己正处于人生在世所能遭遇的最危险处境。

没有某些你愿意为之牺牲生命的事物,是很不幸的事。

要仔细检讨人类受苦的不幸原因。推开表面的致因,深入探讨根源,很自然会发现,人类所有苦恼的最根本原因在于信仰不坚定,而信仰不坚定则源于对世界和世界的起源怀着虚假的态度。

拯救之道不在于某项特定的信条,而在于清楚了解自己生命的意义。

有所怀疑的人并未远离信仰,毫不犹豫地相信别人所说信仰存在或不存在的话,才是远离信仰。

只要世上有人有信仰,就会有信仰与人的关系。这种关系会随着时间、人类的宗教观念改变,而且经常在演进、提升,随着时间的过往,不断变得更明确、易懂。

人类的宗教良心并非一成不变,而是不断在变,变得更纯粹、更明确。

不管是《古兰经》、佛经、《论语》、旧约、印度教经典或是新约圣经,都有很多值得学习的美好事物。但愈是接近我们时代的宗教思想家或哲学家,愈能从现代生活的观点,协助我们汲取这些教训的精髓。

信仰能够答复理智找不到答案的问题,但这些问题必须有人提出。

人活着的时候,信仰跟着存在,信仰愈接近真理,人活得愈快乐,信仰愈背离真理,人活得愈不快乐。

没有信仰,人无法生存,等于是提早死亡或自杀。

(以上出自《阅读圈》)

一个人要生活得好,必须懂得他应当做什么和不应当做什么。为了懂得这些,就必须要有信仰。信仰——这是有关人是什么和他为了什么活在世上的知识。而这样的信仰始终存在于一切具有理性的人们心中。

为了好好度过一生,必须明白,生活是什么以及在这一生之中应当和不应当做什么。历代贤哲都曾教给人们这些道理,在所有民族中都有人教导如何过善的生活。这些哲人的教导在根本上都归结为一种。这种适于所有人的唯一教导就是,人的生活是什么和应当怎样度过一生,而这也就是真正的信仰。

如果你怀疑自己的信仰,那么这已不是信仰。
信仰,只有在你打消了这样的念头——即你所信奉的或许是不正确的——时才是信仰。

信仰有两种:一种信仰是相信人们所讲的,这是对某人或某些人的信仰,这样的信仰很多并且五花八门;一种是对差我到世上来者的依赖性信仰。这就是对上帝的信仰,这样的信仰对所有人来说都是唯一的。

信奉——就是说相信昭示给我们的东西,而不去问它是什么、为什么会这样和由此而将要怎样。真正的信仰就是这样的。它指示给我们,我们是什么以及因此我们应当做什么,但它不会告诉给我们,我们依照信仰的吩咐所做的事将会产生什么样的结果。
如果我相信上帝,那么我无论如何也不会去问,我听从了上帝而将会怎样,因为我知道,上帝——就是爱,而爱的结果除了善不会有别的。
生活的真正法则如此简单、明确而易懂,因此,人们不能用他们不懂法则这一理由为自己龌龊的生活加以辩解。如果人们在生活中违背真正的生活的法则,则他们得到的只有一样:背弃理性。

他们却正是这样做的。

当一个人获悉了真正的信仰,在他身上所发生的,就如同一个人在黑暗的居室里点燃灯火。一切都会变得明亮,而心灵就会变得欢乐。

"你们要彼此相爱,就像我曾爱你们的那样,这样众人就会认出你们是我的门徒,如果你们彼此互存爱心的话。"基督说。[1]他不是说:如果你们"信奉"这或那,而是说如果你们"相爱"。信仰在不同的人身上和不同的时代也许是不同的,但是"爱"在所有人心中都始终如一。

基督向人们昭示,"永恒的"并非"将来的",那永恒的无形之物此时就活在我们的此生之中,当我们将一切都生活并行动于其中的灵魂与上帝相结合时,我们就将成为永恒的。

如果一个人生活得不好,那么这仅仅是因为这个人没有信仰。就各民族来说也往往如此。如果一个民族生活得不好,那么仅仅是因为这个民族失去了信仰。

人们的生活往往有好有坏,这仅仅取决于他们怎样去理解生活的真正法则。人们对生活的真正法则理解得越明确,他们的生活就越好,而他们对这个法则理解得越含混,他们的生活就越坏。

一个人的信仰越强烈,他的生命越坚强。人的生活没有了信仰就成了动物的生活。

有关爱上帝和爱他人的生活法则是简单明了的,任何一个人,

---

[1] 《约翰福音》13:34—35。

只要他具有理智,就可以在自己心中感受到这种法则。因此,假如没有伪教义,所有的人就都会遵守这个法则,天国也就会降临尘世。

但是那些伪教义随时随地都在教人们把并非上帝的认作上帝,把并非上帝法则的认作上帝的法则。人们相信了伪教义而疏远了真正的生活法则,不去履行这真正的法则,这样一来人们的生活也变得艰难而不幸。

因此,不应该相信任何教义,如果它与爱上帝及爱他人的法则不相符的话。

不要认为,一种信仰之符合真理,乃是因为它早已存在。相反,是人活得越长久,真正的生活法则才在他们心目中变得越来越明确。如果这样认为——我们如今应该相信我们的祖祖辈辈所相信过的——这就如同认为,等你长大了,你穿上孩提时的衣服就正合身了。

在所有民族中总是有这样的人,他们暗自说,只有他们才懂得上帝的真正的法则。这些人为了证明自己的话,总是煞有介事地讲述那些上帝的奇迹,并说由此可见,他们所教导的那种法则就是真正的上帝的法则。除此之外,这些人还把他们的这种法则写进书里去,让人们相信,这些书里的每一个字都是真理,因为这些书是上帝亲自授意和亲自写成的。

这些都不是真的。上帝的法则并非只昭示给某些人,而是对每个人都不偏不倚,只要你想懂得它。奇迹从不曾有过,如今也不存在,一切有关奇迹的故事都是虚构的。而那些所谓每一个字都是真理并由上帝授意的书也不是真的,所有的书都出自人手,并且在每一本书中都可能存在有益的或有害的,真的或假的东西。

一个人要想懂得真正的信仰,首先必须暂时放弃他所盲从的那种信仰,并用理智去检验他从儿时起就被教会的那一切。

一个住在城里做工的人完工后动身回家。出城的时候他遇到一个过路人。那过路人说:"咱们一起走吧,我也去那儿,路我很熟悉。"做工的人信以为真,两个人便一起上了路。

走了一个小时,又一个小时,做工的人觉着这条路不是他进城来时的那一条。于是他说:"记得不是这条路啊。"可那过路人说:"这就是那条最近的路。相信我,我很熟悉。"做工的人听了他的话,跟着走下去。可是往前走下去,路变得越来越糟糕,行走也越来越艰难。做工的人把他挣来的东西全都用光吃净了,还是没有家的影子。但是他越往前走,就越发相信,并且快到尽头时他已深信不疑,这就是那条路。其实他这样想只是因为他不愿意再走回头路,并一直希望,沿着这条路就会走到家。做工的人在迷途之中越走离家越远,陷入了长久的困顿之中。

那些不听从自己心灵的声音,而只是相信别人嘴里有关上帝及其法则的话的人,其情形也往往如此。

真正的信仰并不在于相信奇迹、各种宗教仪式和活动,而在于相信适合于世上所有人的那种法则。

对于真正的信仰来说,并不需要任何殿堂、装饰、颂诗以及群众聚会。相反,真正的信仰只有在宁静和独处时才会深入人心。

真正的信仰并不在于让人懂得哪些日子斋戒,哪些日子去教堂,以及哪些日子聆听或诵读祷词,而在于让人永远在与所有人相爱之中保持善的生活,永远像乐意对待自己那样对待他人。

正确的信仰就在于此。所有真正的哲人始终都在传布这种信仰,所有民族中都有人教导大家过虔诚的生活。

一家主人有一个雇工。他与主人住在同一个宅子里,每天都跟主人见面多次。雇工渐渐地干活越来越少,一直懒惰到终日无所事事。主人看到了这种情形,但什么也没说,只是在碰到这雇工时就转过身去不理他。雇工见到主人对他不满意,就想办法,怎样既不干活,又讨好主人。雇工去找主人的熟人和朋友,求他们劝主人不要生他的气。主人知道了这个情况,把雇工叫来,说道:"你为什么请求人们来为你说情呢?其实你天天和我在一起,你要怎么样,可以自己对我说嘛。"雇工无言以对,转身走了。这雇工又想出了另一个法子:他把主人的鸡蛋收拾起来,抓了主人的一只母鸡,把这些东西作为礼品拿去给主人,为的是让主人别生他的气。主人于是说道:"那一次你求我的朋友们为你帮忙,那时你本可以直接和我谈。这会儿你又生出法子用礼品来买人情。可你的这些东西全都是我的呀。就算是你把自己的东西拿来,我也不需要你的礼品。"于是雇工又想出了第三个办法:他编了一些为主人歌功颂德的诗,来到主人的窗前大声地吟唱起来,称主人为伟大的、无所不在的、无所不能的父亲、恩主、善人云云。于是主人又把雇工叫来,说道:"一会儿你要托人讨好我,一会儿你又拿我的东西给我送礼,这次你想得更妙:别出心裁对我又叫又唱,说我无所不能、大恩大德什么的。你又唱又叫,说我这样那样,但是你不了解我,也不想了解我。我需要的不是让其他人替你说情,不是你的礼物,也不是你对那个你无法了解的人大唱颂歌——我对你所需要的只是你的劳动。"

那些对着圣徒祈祷、求他们为自己在上帝跟前说情的人,那些想用神灯和种种祭品、用建造殿堂、对上帝大唱颂歌来讨好上帝的人,其做法与那雇工所做的如出一辙。

基督的教义指出,在上帝和人之间不可能存在中介者,生活需要的不是给上帝的献礼,而是我们的善行。

上帝全部的法则都在于此。

一个人坚持信仰,若只是以完成信仰的事务而期待未来各种各样表面的好处,那么这就不是信仰,而是算计,而算计总是不可信的。算计之所以不可信,是因为真正的信仰只给予人以现时的好处,而不给人,也不可能给人以任何未来的表面的好处。

一个人想去给人家做雇工。他遇见了两个工头。这个人便说自己正在找活干。两个工头都想招他去自己的主人家干。其中一个对他说:"去我的主人那儿吧。那地方很好。不错,你要是不让人满意,就会蹲监狱,挨鞭子,可你要是让人满意,那你的日子就再好不过了。到干完活的时候,你就会过上事事不愁的日子,天天摆宴席,酒啊,甜点心啊,游玩啊什么的。只是你要让人满意。将来的日子好得你想也想不到。"这个工头就这样一再邀他跟自己走。

另一个工头也叫他去自己的主人家,但关于他的主人怎样给雇工酬劳却一句话也没说,他甚至说不出雇工们将来在哪儿生活,生活怎样,活儿累还是不累,而只是说,主人很善良,不会惩罚任何人,主人自己也跟雇工们住在一起。

这个人琢磨了琢磨第一个主人:"他给了这么多允诺。假如事情真的那样,就用不着这么多允诺。贪图奢华的日子也许是再糟糕不过的事了。这个主人准是气势汹汹的,因为谁不按照他说的去做,他就对谁严加惩处。最好还是去第二个那儿吧,他尽管什么允诺也没给,可人家说他很善良,还跟雇工们一起过日子。"

那些谈论信仰的教义也是如此。伪导师们用惩罚的恐吓来导引人们去过善的生活,用去往那个谁也没去过的世界作为奖赏来诱惑人们。真正的导师只是教导人们说,生活的本源和爱就存在于人的心灵之中,谁与这些融为一体,谁就会过上好日子。

不要磨灭自己的理性,以认识真正的信仰,而反过来说,使理性保持清醒和紧张,以用它检验信仰的导师教给我们的东西。

我们不是凭借理性达到信仰。但必须用理性去检验别人教给我们的信仰。

讲述那些奇迹的故事并不能证明真理。就算不是故事,即使是我亲眼看到人从坟墓中复活并飞上天去,并由此让我相信了 $2 \times$

2=5,我还是不会相信奇迹。

　　一个人若不相信周围的人所相信的事,这人还不算是无信仰的人,真正无信仰的人,是那种总是在想、总是在说他相信什么、不相信什么的人。

(以上出自《生活之路》)

上　帝

上帝无论在什么地方也不会立即把自己的意志、自己的法规启示给一个人或者一群人。上帝总是给一切人，一切正在寻找上帝的人以启示。上帝的启示在每一个人的心中。任何人在自己的心中体会到了上帝，那就是体会到了生命的本质，这种本质不是肉体的，但又是借人的肉体以生存的。它没有重量，也没有尺度、颜色、味道和气味，而且无始无终。人身上的这种生命本质受到他的肉体的制约，因此它只是整体的一部分。但是从这一部分中人能够知道整体，这个整体就是上帝。一个人在自己身上感觉到这个整体的一部分，于是他也就知道了上帝，不可能不知道上帝。

（《小绿棒》）

我无法向自己证明上帝的存在，找不到任何有道理的证据。我发现，这个概念并不是不可或缺的。了解整个世界及其不可思议的完美秩序的永恒存在，比了解它的创造者更容易，更简单……我不明白上帝存在的必要性，可是我信仰上帝，并且祈求上帝帮助我了解他。

（《1853年7月8日日记》）

我说，6天之内创造了世界并将他的儿子送到世上来的上帝，以及这儿子本身都不是上帝，上帝是独一无二的存在，是不可思议的福，是一切的发端，而有人却硬说我否定上帝。

（《1898年8月3日日记》）

对我来说，即便世上除我而外一切生灵均已毁灭，也还不等于全部化为乌有。对我来说,依然存在着我与上帝的关系,即存在着对创造我、吸引我,使我毁灭或者变形的那个力量的关系。

(《1897年1月31日致阿·阿·费特的信》)

倘若有交际与读书的可能,那很好,而且也应当利用这种可能,但这无关宏旨。重要的只有一点,那便是内心的自我修养,其要点为保持生活的纯洁,摆脱种种的放荡无度——酒类、女人、虚荣及一切的尘世浮华,洁身自好。只要一个人心灵纯洁,上帝就会进去安家落户。上帝无处不在。如果您能从心灵深处掏出那些非上帝所属的东西,上帝就会进去充满其间,而且恰好是掏出多少,就能充满多少。

(《1889年10月15日之后致谢·捷·谢苗诺夫的信》)

如果你爱上帝,爱善(我似乎开始爱它了),也就是说,以它为生命,视之为幸福,为生命,那么你就会看到,肉体妨碍真正的善——不是妨碍善本身,而是使你看见善和善的果实。一旦你把注意力放到善的果实上面,你就不再去行善了。不仅如此,你注视着它就破坏了它,你会爱慕虚荣,并且苦闷起来。只有当你不存在,因而不知破坏它的时候,你所行的善才会成为真正的善。播种吧,播种吧。如果你播下的是上帝的种子,那么毫无疑问,这种子会生长。从前看起来是无情的事,比如我看不到果实这一点,现在清楚了,不仅不是无情,反倒是好事,是合理的。如果我这个凡人能够享受到善的果实,我又怎么能够鉴别真正的福,和非真正的福呢?

现在清楚了,如果你做一件事的时候看不到奖赏,是怀着爱心去做的,那么这件事必定是属神的。播种吧,播种吧,上帝会叫它生长,将来收获的不是你这个人,而是那在你心里播种者。

(《1882年12月日记》)

除了我们自身的肉体和整个世界中物质的部分以外,我们知道还有某种非物质的、赋予我们的肉体以生命并与之相联的东西。这个非物质的、与我们的肉体相联的东西，我们称之为灵魂。而那个非物质的、与任何事物都不相联但赋予一切以生命的存在，我们称之为上帝。

任何一种信仰的基础都在于，除了我们在自己的肉体和其他生命的肉体中看到、感受到的东西之外，还存在着无形的、非物质的事物，是它赋予我们及一切有形、有肉体者以生命。

任何一个人在思索他是什么的时候，不会看不到，他并不是全部，而只是"某物"的一个特殊的、分离的部分。明白了这一点，人会常常想，那个他从中分离出来的"某物"，就是这个他所看到的物质的世界，就是这个他和他的祖先生活于斯的大地，就是这个天空，这些星辰，这个太阳，这一切他所看到的。

但是一旦深入地去思考这个问题，或了解了世上的哲人对此的见解之后，他就会懂得，这个他感觉自己从中分离出来的"某物"，并不是这个在地域上无边无际、在时间上无休无止的物质世界，而是某种别的事物。如果人去深入地思考这个问题，并了解了世上的贤哲对此的见解之后，他就会明白，这个无始无终的、四下延伸以至没有也不可能有边界的物质世界，并非实际的存在，而只是我们的幻想，因此，那我们感觉自己从中分离出来的"某物"，也是一种无论从时间还是从地域上来说都无始无终的事物，而且是一种非物质的、灵魂的事物。

这个灵魂的事物，人承认其为自己的本源之物，就是所有哲人过去和现在都指称的上帝。

只有在自身才可以认识上帝。在自身找不到上帝，那你就别无他处可找。

对于认识不到上帝就在自身的人来说，不存在上帝。

不要在神殿里寻找上帝。他就在你身边,在你体内。他存在于你。只有献身于他,你才会超乎幸福和不幸之上。

我知道我身上存在着独立于一切的灵魂生命。凭借这独立于一切之物我知道同样的灵魂生命也存在于其他人。但如果我知道这灵魂生命存在于我,也知道它存在于其他生命,那它就不可能不存在于其自身。这个自我存在的生命,我们称之为上帝。

如果我们不是用眼睛看到,用耳朵听到,用手触摸到,我们对周围的一切就什么也认识不到。如果我们觉悟不到上帝存在于我,我们也就不会认识自我,不会认识存在于我的,能看、能听、能触摸周围世界的那个事物。

如果我过的是世俗的日子,没有上帝我也能对付。但一旦我开始思索,在我降生时我从何而来,当我死去时将归于何处,我就不能不承认,有一个我所从来、所归去的事物。我不能不承认,我到这个世界是来自某个我所不理解的事物,我所归去的也是同样的那个我所不理解的事物。

这个不被理解的,我所从来和所归去的事物,我称之为上帝。

人们说,上帝就是爱,或者爱就是上帝。人们也说,上帝就是智慧,或者智慧就是上帝。这些说法都不完全可信。爱和智慧,都是我们在自身感受到的上帝的属性,但是他本身是什么,我们无从得知。

有这样一个传说故事:好像说的是摩西在荒原上游荡,听到一个牧羊人在祈祷上帝。牧羊人是这样祈祷的:"啊,主啊,我怎样才能碰到你,做你的奴隶啊!我将会多么高兴地为你穿鞋,为你洗脚并亲吻它们,为你梳头,为你穿衣,打扫你的住处,为你端上从我的牛羊身上挤出的奶!我真心地祝福你。"听到这些话,摩西大怒,对着牧羊人说道:"你这个亵渎神灵的家伙。上帝没有肉体,他不需要什么衣服,什么住处,什么仆人。简直是大放厥词。"牧羊人感到很伤心。他无法想象,上帝会没有肉体,没有肉体的需要,他无法再为上帝祈祷和祭祀下去了,心中感到大失所望。这时,上帝对摩西说:"你为什么把我的忠实奴仆从我身边赶走?任何一个人都有自己的思想和自己的话语。在一个人看来是不好的,在另一个人看来就是好的;对你来说是毒药,而对另一个人来说则是甘甜的蜂蜜。话怎样说无所谓。我看的是那找我来的人的心。"

人们在谈到上帝时,说他住在天上。同样也有人说,他活在人身上。这两种说法都是对的。上帝既在天上,也在这无边的世界上,也在人的灵魂中。

由此可见,上帝就是一种生活的本质,人在自身觉悟到他,并在整个世界中把他理解为幸福的希望和希望的实现。

人一旦在自己独立的肉体中觉悟到灵魂的、不可分离的生命——上帝,并看到上帝存在于所有生命之中,就会问自己:为什么上帝,这灵魂的、同一而不可分离的生命会把自己置于众多生命的分离的肉体中去,置于我和众多分离的生命的肉体中去呢?为什么这灵魂的、同一的生命就像是把自己分割开来呢?为什么这灵魂的、不可分离的却成了分离的和肉体的呢?为什么这不死的把自己与必死的联系起来呢?

只有那完成了差他来世者的意志的人,才能够回答这些问题。

"这一切都是为了我的幸福而设,"这样的人说,"为此我感激不尽,而无须多问。"

那我们称为上帝的,我们在天上,在每个人身上,都可看到。

冬天的夜晚你仰望天空,会看到星星,星星,星连星,无穷无尽。当你想到,这些星星中的每一颗都比我们所生活的地球大上许许多多倍,而在我们所看到的这些星星之外,还有成千上万甚至千百万颗同样大的星球,星星无限,天空无限,这时,你就会明白,有些东西是我们所不能理解的。

当我们窥视自己,并看到我们称之为自我和自己灵魂的东西时,当我们在自己身上看到那个我们同样无法理解但比其他东西知道得更确切并通过它而认识万物的那个事物时,我们就会在自己的灵魂中看到某种比起我们在天上看到的更难理解、更伟大的事物。

这个我们既在天上看到,又在自己身上——自己灵魂中觉悟到的事物,我们称之为上帝。

可以不去想这个四下延伸而无止境的世界是什么,可以不去想那能够自我了解的我的灵魂是什么;而你一旦对此去加以思考,就不能不承认那个我们称之为上帝的事物。

在美国有一个生来就盲、聋、哑的女孩。她学会了用手摸索着读书和写字。当女教师对她解释,说有一个上帝时,女孩说,她早就知道,只是不知道他怎样称呼。

与其说我们是用智力去理解上帝,不如说,我们感觉到自己在他的支配之下,如同吃奶的婴孩在母亲怀中所感受到的一样。

婴孩不知道是谁抱着他,谁给他温暖,谁喂养他,但知道是有这样一个人的,他知道得很少,但却爱着他处在其支配下的人。人对上帝也是如此。

人对上帝的意志执行得越多,他对上帝的了解就越多。

如果一个人完全不执行上帝的意志,他就完全不了解上帝,尽管他会说,他了解上帝,并且对他做过祈祷。

对任何一件事物,只有接近它才可以了解,同样,只有当你走近上帝时,才会了解他。而走近上帝只有用行善的方式。一个人越习惯于善的生活,就会越深入地了解上帝。更多地了解上帝,就会更多地去爱他人。彼此相辅相成。

我们不可能认识上帝。我们认识他的只有一点,如福音书上所说的,这就是他的法则,他的意志。由于我们认识了他的法则,我们就会得出结论,这法则的制定者是存在的,但对其本身我们无法认识。我们所确切知道的是,我们在生活中应该遵行上帝给我们的法则,我们生活得越好,执行他的法则就越加严格。

人不会感觉不到,他的生活是某种事物造成的,他只是某种工具。如果他是某种工具,则存在着一个使用这工具的劳动者。这个使用这工具的劳动者,就是上帝。

奇怪的是,以前我怎么没有发现这个简单的真理:在这个世界和我的生命背后,仍存在着某种生命,某种事物,它知道这个世界为什么存在,为什么我们生在其中,就像开水中的气泡一样,鼓起,胀破,消失掉。

是的,是某种东西出现在世界中,化成所有的生命,化成我和我的生命。不然的话,为什么会有这太阳,这春天、冬天,为什么会有这些痛苦、生、死、暴行,为什么会有这些各自分离的、对我来说明明没有意义的生物,同时还有那些拼尽全力捍卫自己的生命(而生命早已牢牢地嵌入其体内)的生物。这些生物的生命使我确信,这一切都是某种事业所需要的,这事业是智慧的、善良的,然而是我所不能理解的。

我的灵魂的"我"与我的肉体并非同类,由此可见,它进入肉体不是凭自己的意志,而凭借的是某种至高无上的意志。

这种意志就是我们所理解并指称的上帝。

在背弃道德的时刻,你就感受不到上帝,你就会怀疑他。拯救的方法永远只有一个,并且十分可靠:放弃关于上帝的念头,而只去想他的法则,去执行这法则,爱所有的人,你的疑虑会立刻打消,并会重新找到上帝。

是什么原因使我分离于所有其他事物,我怎样才能理解那个我从中分离出来的"整体",又为何我却不能理解这个"整体"是什么?为何我的"自我"在不断变化?对这一切我丝毫也不明白。但我不能不去思考,在这个"整体"中存在着某种意义,我不能不去思考,存在着这样一种生命,对于他来说,这一切都简单明了,他知道这一切都是为什么。

每个人都可以感受到上帝,但没有一个人能够认识他。因此,不要努力去认识上帝,而是要努力去实现他的意志,这样,你就会越来越生动地在自己身上感到上帝。

上帝对我来说,就是我所追求的对象,这种追求就构成了我的生活,他也因此对我来说是**存在**的,但却必须是这样的"存在",即我对他既不能意会,也不能言传。如果我理解了他,我也许就会走近他,而追求也就无从谈起,生活也就不复存在了。但尽管我对他不能意会,不能言传,我却知道他,知道向什么方向去找他,甚至凭我所有的知识断定,这是绝对可靠的。

奇怪的是,在我不知道他的时候,没有他我会常常感到害怕,而只有与他在一起时,才不会害怕。更奇怪的是,就今天在我的生活中我对他的认识来说,我不需要对他有更多、更深入的认识。接近他是可能的,我也想这样做,我的生活也在于此,但是这种接近却丝毫没有增加也不可能增加我的认识。任何一种想象到我认识了他的尝试(比如说,他是个创造者或者慈善家,或者某种类似的人)都会使我与他疏远,都会中止我对他的接近。甚至用来称谓上帝的代词"他",在我看来,在一定程度上也已破坏了他的完整意义。"他"这个词对他已是某种亵渎。

如果有人认为上帝是不存在的,按照老子的学说,这就等于相信:假如风箱吹风,那风是从风箱中来,而不是从空气中来,风箱可以在没有空气的地方吹风。

人们一旦生活得很糟糕,就会说,不存在上帝。他们是对的:上帝只是为那些注视着他的方向并走近他的人而存在的。对于那些背过身去远离开他的人来说,上帝不存在,也不可能存在。

只是对于不去寻找上帝的人来说,上帝是不存在的。只要寻找他,他就会向你显示。

摩西对上帝说:"在哪里我能找到你,主啊?"上帝回答道:"当你找我的时候,你已经找到我了。"

如果你头脑中出现这样的念头,即认为你关于上帝的一切思索都是不对的,上帝是不存在的,那你也不要为此而难为情,要知道,这种情形在所有人身上都可能发生。但你却不要有这样的念头:如果你不再相信你曾经信仰过的上帝,这种结果是因为上帝不存在。其实如果你不再相信你曾经信仰过的上帝,这只是因为,在你的信仰中出现了某种不正确的东西。

如果一个蛮族人不再信仰他的木头做的上帝,这并不意味着上帝不存在,而只意味着上帝不是木头的。我们无法理解上帝,但我们可以越来越多地觉悟到他。因此,如果我们抛开有关上帝的轻率的想法,这对我们是有益的。这样做是为了让我们更好、更高地去觉悟那个我们称之为上帝的事物。

上帝存在——这要加以证明!要证明上帝——还有比这更愚蠢的想法吗?证明上帝——这就等同于要证明自己的生命。证明给谁?怎么证明?为什么证明?如果没有上帝,就没有一切。你如何去证明他?

"我不明白,什么叫爱上帝。难道说可以爱一个无法理解和人所不知的事物吗?爱周围的人是可以的,这既明白,又是好事,但爱上帝——这只是一句空话。"说这种话以及有这种想法的人很多。但这样说以及这样想的人犯了一个草率的错误,他们没有明白,什么叫作爱周围的人,不是说只爱那些对我们友好而有利的人,而是说要无一例外地爱每一个人,即使是对我们极不友好、充满仇恨的人,也是一样。只有那爱上帝、爱那个在所有人身上都同一的上帝的人,才能够这样去爱他人。由此看来,难以理解的不是爱上帝,难以理解的是没有对上帝的爱却会去爱他人。

(以上出自《生活之路》)

灵　魂

是啊,你们大家都想想吧,从高级到低级的参加屠杀的人们,你们都想想你们是谁,停止你们所做的事吧。停止吧,不是为自己,不是为自己个人,不是为人们,不是为了人们不再责备你们,而是为自己的灵魂,为了不管你们怎样压抑都活在你们心中的上帝。

(《我不能沉默》)

除了每个人认为自己是彼得、伊凡、玛丽亚、卡捷琳娜以外,他还意识到自己另有一个无形体的灵魂,它存在于一切生物之中,并赋予全世界以生命和幸福。这样人或者作为与世隔绝的、只为自己谋幸福的有形的个体而活着,或者作为存在于他人之中的、愿造福于全世界的无形的灵魂而活着,人可以或为肉体而活,或为灵魂而活。人为肉体而活,那么生活就是不幸,因为肉体会感到痛苦,会有生老病死。为灵魂而活,那么生活就是幸福,因为灵魂既无痛楚之感,又无生老病死。

因此,为了使人的生活不是不幸,而是幸福,人应该学会不为肉体,而为灵魂活着。

……

按照老子的说法,这"道"就是什么也不要做,活着尽量少做肉体所需求的,不要去压抑灵魂所需求的,还在于不要以饮食男女去妨碍在人的心灵中表现的那种存在于万物之中的神力(老子对上帝的称呼)的可能性。

(《老子的学说》)

人的肉体和灵魂对幸福的追求是了解生命奥秘的唯一途径。当灵魂的追求与肉体的追求发生冲突的时候,灵魂的追求应该占上风,因为灵魂是不朽的,正如灵魂获得的幸福不朽一样。取得幸福是灵魂发展的过程。灵魂的缺陷是被败坏了的高尚的追求。

(《1853年7月8日日记》)

我从前以为理智(理性)是人的灵魂的主要特征。这种看法是错误的,我模糊地感到了。理智只是释放、表现灵魂的实质——爱的工具。

(《1908年3月31日日记》)

不需要太多忧虑死后的事。把自己交给神的创造者,然后加以祝福:你知道那就是爱,所以何需害怕?基督去世时说:"天父,我把灵魂托付给你的双手。"所有这样说的人,是以全心而不是舌头说话,他们不需要其他的东西。如果我的灵魂回归天父,那就是最佳的归宿,不会有更好的去处。

不要以为没有信仰的人可以为自己的灵魂找到和平。

改善自己的灵魂,坚信唯有如此,才能对改善自己所属的更广大社会贡献力量。

人只要能在自己的灵魂中了解善,它便能了解自己和世上所有人的关注。

人生的主要工作是照顾灵魂。人应该努力照顾和提升自己的灵魂,而只有透过爱才能提升灵魂。
当我提到追求完美时,我指的是从物质层面迈向灵魂的层面,这是个善的层面,超越时间和死亡的层面。

从童年到死亡,不论面对什么样的命运,人都应该努力成长,不断朝灵魂的生活迈进。努力学习上帝要求的一切,你的生命便能充满自由和欢乐。

只有了解自己是个灵魂实体的人,才能了解别人的灵魂尊严。这样的人不会以任何有失灵魂人格的行为来贬抑自己。

对于道德和灵魂的生命而言,衡量事情轻重的标准不是物质的价值,而是良善的程度。

脱离物质投向心灵,意味着只从事心灵的事务。我的物质肉体紧紧拖住我,但我试着要让心灵的自我脱离物质肉体。虽然我使用我的身体,但我活在心灵的生命之中,这才是我真正的生命。

(以上出自《阅读圈》)

那难以触摸、无形、无实体、赋予每一个生物以生命的,自然而然我们就称之为上帝。那同样难以触摸、无形、无实体、被肉体将其与所有其他东西区别开而为我们自身所意识到的,我们称之为灵魂。

一个人若活过了漫长的一生,则已经历了许多变化,先是婴儿,而后是儿童,而后成年,而后老年。但一个人无论怎样变化,在谈到自己时他总是说"我"。而这个"我"对他来说总是指同一个事物。在婴儿、在成年、在老年,都是同一个"我"。这个永不变化的"我"就是我们所说的灵魂。

当我们说"我"的时候,指的并不是我们的肉体,而是指存在于我们肉体之中的那个东西。那这个"我"是什么呢?用语言我们无法表述这个"我"是什么,但我们了解这个"我"胜于我们所了解的一切。我们知道,倘若在我们身上没有这个"我",那么我们就会一无所知,这个世界在我们看来就空空如也,而我们自己也就不存在了。

如果一个人感知不到自己体内的灵魂,这并不是说他体内没有灵魂,而仅仅是他还没有学会感知自身的灵魂。

从所有角度看去,世界都是没有尽头的,也不可能有:无论一个地方多么远,在最远之外仍有更远。时间也是如此:世界既无生,也无止。在千万年之前仍有千万年,千千万万无有止处。因此很明显,人无论如何也无法理解这个物质世界如今什么样,过去和将来什么样。

什么是人所能够理解的呢?这唯一之物就是对其来说既无需空间也无需时间的自己的灵魂。

一个人思考肉体的他是什么,这是好事。人的肉体看起来很大,如果把它和跳蚤、和极微小的东西相比,如果把它和泥土相比的话。人继而想,我们的整个地球和太阳相比——不过一颗沙粒,太阳和天狼星相比——也不过一颗沙粒,而天狼星和其他星球相比则微不足道,还有更大的星球,如此比较下去是无限的,这样想也是好事。

很明显,肉体的人与太阳和这些星球相比即是无。如果继而想,我们每一个人都是无迹可寻的,在百年、千年、万年间生活在地球上的,像我一样的人们,同样地生、长、老、死,在这千百万像如今的我一样的人身后,不仅尸骸,甚至连骨灰也已荡然无存,而在我之后又将有千百万像我一样的人生存于世,由我的骨灰将生出青草,羊将以青草为食,而人们又将以羊为食,则在我身后纤尘未留,踪迹全无!我即无,不是很明显的吗?

无虽是无,但只有这个"无"能理解自我及其在世上的位置。而一旦它理解了,则这种理解就不是无,而是某种有,某种重于这整个无尽头的世界的东西,因为在我和其他类似于我的生命身上没有这种理解,也就没有了我将其称之为这个无限世界的所有东西。

你是谁?人。什么人?你怎么区别于他人?我是某某人的儿子,女儿,我是老人,我是年轻人,我是富人,我是穷人。

我们每一个人都是不同于所有其他人的个别的人:男人,女人,老人,男孩,女孩;在我们每一个个别的人身上都存在着一个别无二致的灵魂生命,也就是说,我们每一个人同时既是伊万,也是娜达丽雅,也是那个在所有人身上都一样的灵魂生命。一旦我们说"我想如何",则有时这意味着伊万或娜达丽雅想如何,有时则意味着,是那个在所有人身上都同一的灵魂生命想如何。这样一来,也就会有这样的情况,伊万或娜达丽雅在想做某一件事的时候,而那个存在于他们身上的灵魂生命想的却完全是另一件事。

一个人前来敲门。我问:"是谁呀?"回答是:"我。""我是谁?""就是我呀。"来的人又答道。来的是个农夫家的小男孩。他感到很希奇,怎么可以问这个"我"是谁呢。他感到希奇,是因为他感受到了在自己身上的那个与所有人都一样的共同的灵魂生命,所以他感到希奇,怎么竟可以问每个人都应该知道的东西。他回答的是灵魂的"我",而我问的只是那个窗口,那个透过它能窥见这个"我"的窗口。

如果说,我们称呼自己的时候只是指的肉体,我的理智、我的灵魂、我的爱,都是出自肉体,那么,这就等于说,我们只是把那用来喂养肉体的食粮称作了我们的肉体。不错,这个我的肉体只不过是由肉体加工而成的食粮,而没有食粮则没有肉体,但我的肉体不是食粮。这个食粮对于肉体生活来说是必须的,但它不是肉体。

谈到灵魂也是如此。不错,没有我的肉体也就没有那我称之为灵魂的东西,但无论如何我的灵魂不是肉体。肉体对于灵魂来说是必须的,但肉体不是灵魂。假如没有灵魂,我就不会懂得我的肉体是什么。

生活的本源不在肉体,而在灵魂。

基督教导人们说,在他们身上存在着一种可以使之超乎于尘世浮华、惊恐不安和肉欲生活之上的东西。人懂得了基督的教诲,就可以体验到这样一种感觉:一只鸟最初还不知道它有翅膀,而突然明白了它可以飞翔,自由自在,无所畏惧。

在每个人身上都存在着两个人:一个盲眼的、肉体的,一个明眼的、灵魂的。盲眼的那个人吃、喝、劳作、休息、生育,为这一切忙个不停,就像上满发条的钟表一样。而明眼的、灵魂的另一个人——他自己不做什么,只是对那盲眼的、动物的人的所作所为表示赞同或不赞同。

人身上明眼的、灵魂的部分被称作良知。人的这个灵魂部分,良知,其作用如同指南针的指针。指南针的指针只有当携带它的人偏离了它所指定的路线时才会移动。良知也是如此:在人做他该做的事时,它沉默不语。然而一旦人离开正路,良知就会给人指出,他偏离了什么方向,偏离了多少。

在人的身上最先觉醒的是对自己有别于其他事物的属性,即对自己肉体的认识。其次是对那个有别于肉体的东西,即自己灵魂的认识。再次是对把生命的灵魂基础区分开来的东西的认识——即对全部所有物——上帝的认识。

这个能意识到自身与全部所有物——上帝相区别的东西,就是那个存在于每个人身上的共同的灵魂生命。

肉体就是灵魂的食粮,就是建造真正的生活所需的木材。

人所能感受到的最大的快乐,便是意识到自身存在自由的、理智的、充满爱的、因而是欣悦的生命时的快乐,意识到上帝即在我自身的快乐。

不应该想,是我在活着。活着的不是我,活着的是那个存在于我身上的灵魂生命。我——这只是一个孔,那生命透过它而显现。

人们常说:"拯救灵魂。"可以拯救的只有那些会死去的事物。灵魂是不会死去的,因为它始终如一地存在。对于灵魂不是拯救,而是清除那遮暗它、玷污它的东西,使它保持明亮,以便让上帝越来越多地从它经过。

人每时每刻都会问自己,我是什么,我在做什么,想什么,感受什么,而回答往往会是:我在做什么什么,想什么什么,感受什么什么。但如果人问自己:那个在我身上意识到我做什么、想什么、感受什么的是什么?则他的答案不会是别的,只能是"自我意识"。而这个自我意识,就是我们所说的灵魂。

人们常说,不要爱自己。但没有对自己的爱,就不会有生活。问题只是在于:是爱自己的灵魂还是肉体。

没有从不生病、永远强壮而健康的肉体;没有不会花光的财富;没有永不完结的政权。所有这些都是不坚固的。如果人把自己的生活寄托于做一个健康而富有的大人物,则即使他肯定会得到他所力求得到的东西,他仍旧会焦虑、恐慌、忧戚,因为他将看到,他生活中所寄托的这一切都在离他而去,他将看到,他自己也在一天天衰老,向死亡走近。

怎样做才不至于忧虑和恐慌呢?

只有一个办法:不要把生活寄托于那些如过眼烟云的东西上,而要寄托于那不会死去也不可能死去的东西上,寄托于那存在人体内的灵魂上。

做你的肉体替你期望的事：猎取名誉、声望、财富，你的生活就将如地狱一般。做存在于你身上的灵魂为你所期望的事：力求谦逊、仁慈、爱，则你将不需要任何天堂。天堂就将出现在你的灵魂之中。

每个人都负有对他人的责任，也负有对自己的责任，和对那存在于你身上的灵魂的责任：这种责任就是不要玷污、磨灭和闭塞这颗灵魂，而要不断地使它生长壮大。

人以灵魂为生，而不是以肉体为生。如果人知道这一点，并且把自己的生活不是寄托在肉体上，而是寄托在灵魂上，那么即使把他用索链绑住，用铁锁拴住，他仍旧是自由的。

每个人都知道自己身上有两种生活：肉体的和灵魂的。肉体的生活一旦达到顶峰，那么衰老也就开始了，越来越衰弱，走向死亡。而灵魂的生活正相反，由生到死一直在成长壮大。

人只为肉体而生，他和他的一生就是那注定要死亡的人的一生。而人为了灵魂而生，则那寄托着他幸福的东西，在他生活中就会日复一日地发扬光大，死亡对他来说也就并不可怕。

所有的生命都以其肉体相区别，但那赋予他们生命的——在人人身上都是同一的。

这样的话讲得太少了：人人都有着同一的灵魂，如我一样；人人身上都存在着与我同样的东西。人都以其肉体相区别，但大家都因那赋予人以生命的同一的灵魂本源而结合在一起。

与人们相结合，这是大的幸福，但如何去做才能与所有的人相结合呢？比如，我与自己的家里人是相结合的，而与其他的人呢？比如，我与自己的朋友、与所有俄罗斯人、与所有同信仰的人是相结合的，可是，与那些我不知道的人、与异族异教的人呢？人是如此众多,他们又是那样的各自不同,这又应该如何去做呢?

办法只有一个:忘掉他人,不去考虑是否与他们相结合,而只考虑与那个存在于我也存在于所有人的同一的灵魂生命相结合。

人只有当他在每个人身上都看到自我的时候,他才会明白自己的生活。

当你看一个人的时候,仔细看一下他的眼睛,你就会感到,他是你的亲人,你仿佛很久以前就已认识他。这是为什么呢?因为,你的生命所依赖的东西,在你和他的身上都是同一的。

每个人身上都存在着一个世间至高无上的灵魂,因此,无论什么样的人——沙皇还是苦役犯,大主教还是乞丐,大家都是平等的,因为人人身上都存在着那世间至高无上的东西。如果敬重沙皇或大主教多于敬重苦役犯或乞丐,这就如同你敬重一个金币多于敬重另一个同样的金币,因为一个用白纸包着,另一个用黑纸包着。应该永远记住,人人身上的灵魂与我是同一的,因此对待众人应当一视同仁,谨慎而谦恭。

我们的心灵能感受到,我们的生命所依赖的、我们称之为"自我"的、万众同一的东西,不仅存在于人,也存在于狗、马、鼠、鸡、麻雀、蜜蜂,甚至也存在于植物。

如果能说鸟、马、狗、猴子与我们完全相异,那有什么不能说那些未开化民族、黑种人和黄种人也与我们相异呢?如果把这些人视为异类,则黑种人和黄种人也有同样的权利称白种人为异类。那谁是同类呢?对此回答只能是这样:不要问谁是同类的,只需对一切有生命者去做你想要别人为你做的事。

人高于动物,并非以其能给动物施加痛苦,而是因为他能够怜悯它们。人怜悯动物,因为他感受到,在动物身上存在着与他同一的东西。

人所固有的对动物的怜悯心是会丧失的。在狩猎中这一点看得尤其清楚。善良的人一旦习惯于狩猎,就会折磨并杀害动物,而注意不到自己的残忍。

"不杀生"不仅指的是对人,而且指的是对一切有生命者。这个戒条不仅仅是写在诫碑上的,而首先是写在人的心上的。

人并不把以动物为食看作坏事,这是因为那些伪导师使人们相信,上帝允许人以动物为食。这不是真的。不管什么书上写着,杀害动物并以之为食并非罪孽,但在每个人的心中,比在任何书上写得都清楚:应当怜悯动物,不可像杀人一样杀害它们。这一点我们都知道,如果良知还未泯灭的话。

"那么连苍蝇、跳蚤都不能打吗?我们的一举手一投足都会不由自主地杀死那些肉眼看不到的生命啊。"人们常常这么说,是想用这个说法来为人对动物的残忍加以辩解。说这些话的人忘了一点,人无论在哪一方面都注定不能达到完善的地步。人的行为只能是接近完善。在同情动物这件事上也是如此。我们在生活中无法避免导致其他动物死亡的事,但我们可以或多或少地拥有同情之心。我们对所有动物越加同情,越将有益于我们的灵魂。

人只有在为他人服务中才会找到自己的幸福。而他之所以能在为他人服务中找到幸福,是因为在为他人服务时,他就与那存在于他们身上的上帝的灵魂结合在一起。

亵渎圣像、圣书、神殿,被认为是最大的、不可饶恕的罪孽,而亵渎人的行为却不被当作罪孽来看。实际上,在人的身上,在最为堕落的人身上,也存在着高于一切人工之物的东西。所有的书籍、圣像、神殿——都不过是人工所造之物。

(以上出自《生活之路》)

爱

一个人只有清楚地明白自己在世界上的位置,才会产生对上帝和上帝律法的真正信仰。意识到了自己的位置,也就自然而然地产生顺从上帝的意志,承认人人平等,爱所有的人并为他们服务,在生活中奉行种种基本准则,为别人做你希望别人为你做的事。

(《小绿棒》)

这种能解决一切人的生命的矛盾,能给人以最大幸福的感觉,是所有的人都有的。这种感觉就是爱。

生命是服从理性法则的动物人的活动。理性就是动物人为了自己的幸福应该服从的规律。爱则是人唯一的理性活动。

动物人渴望幸福,理性给人指明人身幸福之不可靠,并且留下一条路。在这种道路上进行的活动就是爱。

……

动物人为了自己的目的想要利用人身。而爱的感情却引导人去为了别人的利益献出自己的生命。

动物人是痛苦的。而他的痛苦和这些痛苦的减轻就是爱的活动的主要对象。动物人在追求幸福的时候,实际上每时每刻都在追求最大的不幸——死亡,对死亡的预见破坏了人身的任何幸福。而爱的感情不仅能消除这种恐怖,而且把人引向为了别人的幸福而最终牺牲自己的肉体存在。

(《论生命》)

只有当这个世界上有了这样一种结构,使一切生物都爱别人甚于爱自己的时候,我才会幸福。如果一切生物都不能不爱自己而爱别人,普天之下就都是幸福的了。

我是一个属于人类的生物,理性为我揭示了一切生物的幸福的规律。我应该遵循我的理性的规律——我应该爱别人甚于爱自己。

一个人只要一作出这个判断,生活在他看来就会立即显得与以前不一样。一切生物都在互相残杀,一切生物又都在相爱和互助。维系着生活的不是残杀,而是生物之间的相互同情,这同情在我心中表现为爱的感情。我刚开始领悟出这个世界上事物发展的进程,我就发现,唯有相互同情这一原理才决定着人类的进步,全部历史不是别的什么,而无非是这团结一切生物的唯一原则越来越趋于明确,越来越多地得到运用。因此,这个判断为历史经验和个人经验所证实。

但是一个人往往不用判断,就能在自己内心情感里给这个判断的正确性找到最令人信服的证据。一个人可以达到的最大幸福,他是最自由、最幸福的状态,乃是自我弃绝和爱的状态。理智给人揭示出唯一可行的幸福之路,情感则驱赶他往这条路上奔去。

《给罗曼·罗兰的一封信》

你们不会不知道,你们,正如我们每个人一样,只有一件包揽其余的真正事情,即遵派我们来到这个世界的意志,活过赋予我们的短暂时刻,再遵照那个意志离开这个世界。而这个意志只有一个愿望,就是人人相爱。

可是你们在做什么呢?你们把自己的精神力量用在什么上面呢?你们爱谁?谁爱你们?是你们的妻子吗?你们的孩子吗?但这并不是爱。妻子和孩子的爱不是人类之爱。动物也会这样爱,而且爱得更强烈。人类之爱是人人相爱,是爱一切人,像爱神的儿子因而也爱弟兄一样。

你们对谁有这样的爱?对谁也没有。那么谁爱你们?谁也不爱。

《我不能沉默》

根据约翰的教义,人与上帝沟通的方式是爱。而爱,就像道一样,通过摒弃一切个人肉体的东西而获得。根据老子的学说,道这个词指的既是与天沟通的道路,又是天本身,同样根据约翰的教义,爱的词义指的既是爱又是上帝本身("上帝即爱")。

(《老子的学说》)

约翰的书中说,无论谁在任何时候都看不见上帝。如果我们能相亲相爱,那么上帝就在我们中间。

只有爱他人的人才可能爱上帝。谁不爱他人也就不能了解上帝,因为上帝就是爱。

爱他人应该像爱自己一样,也就是说,己所不欲勿施于人,对他人只做愿对自己做的事。

……

当你不再怜悯牲畜和动物时,你也就失去了对人的怜悯心,当你不再怜悯人时,你的心灵就会变得冷酷无情,就会忘记爱,而爱是世界上最可贵的东西。

(《教师的主要任务是什么——与民间教师的谈话》)

我与一切人们,全世界的绝大多数人都知道,人们是自由的、有理性的生物,在他们心中铭刻着一个最高的、非常简单明了、人人都能做到的原则,它与人们签发的所谓法律和法规毫无共同之处。这一最高的原则,是最简单的,人人都能做到的,它就是:像爱自己一样地爱亲人,因此己所不欲,勿施于人。

(《给一位大学生谈法制的信》)

无论怎样歪曲基督教的教义,无论怎样隐瞒其主要的意义,这教义的基本思想,依然只是爱上帝、爱他人——爱上帝,即道德的高度完善,爱他人,即无区别地爱所有的人。因而,无可回避,只能两者选择其一:或者是爱上帝爱他人的基督教,或者是有战争有军队的国家。

(《为斯德哥尔摩和平大会准备的报告》)

如果会劳动会爱,为爱而劳动,爱你所从事的劳动,那么活在世上会非常之好。

(《1856年11月9日致瓦·弗·阿尔谢尼耶娃的信》)

对我们老头子来说,在人世间最需要的莫过于此:获得人们更多的爱,也给予人们更多的爱。没有这种爱,年轻时尚能凑合,但到了暮年就只有痛苦了。

(《1893年11月8日致德·瓦·格里戈罗维奇的信》)

然而做好事不在于用粮食去喂饱饿汉,而在于既爱饿汉,也爱饱汉,而且爱比之喂更重要,因为可以喂养而不爱,即做害人之事,但却无法爱而不喂养……殊不知只有爱的举动才是好事,而爱的举动又总是一种牺牲。因之,假如您问:应当怎么办?——我的回答是:假如您能做到的话,在人们心中去激起互爱,而且不是因饥荒才爱,而是时时处处都爱,

(《1891年7月4日致尼·谢·列斯科夫的信》)

世界上的圣贤以及真正的基督徒是这样理解生活的良好的,一切单纯的人也是这样理解的。一个人给予旁人愈多,自己所要的愈少,这人就愈好,一个人给予旁人愈少,自己所要的愈多,这人就愈坏。

一个人不仅给旁人愈多爱,而自己愈少私心时,这个人道德上愈好,如果他爱自己的私心愈少,他要给旁人更多的爱也愈容易,反之亦然。一个人愈爱他自己,结果他要求别人为他劳动的便愈多,他爱旁人、为旁人劳动的可能性也就愈少,他爱自己的私心次数愈多,爱旁人也愈来愈少,少到惊人的地步。正如我们把一个天平的支点来移动一样,我们把支点从长的一端移向短的一端时,长

的愈长,短的也愈短了。一个人也是这样的,如果他将他原本的爱人之心减少了几分来爱他自己,他也减少了爱旁人的、关心旁人的几分力量,而且不仅减少了从他原来那点爱人之心中减去的几分爱,还减去了比那几分大得多的爱。如同一个人吃得过多,把本应该供给旁人吃的吃了下去,这样一来,他不但把剩余的取消了,而且吃得过多,把帮助旁人的力量也取消了。

为了要实实在在而不是挂在嘴上、写在纸上地爱旁人,一个人也必须实实在在而不是挂在嘴上、写在纸上地控制他对自己的爱。大多数的情形是这样的:我们以为我们爱旁人了,我们告诉我们自己,也告诉旁人说我们爱着旁人,可是我们的爱旁人不过是嘴上说说、纸上写写,而我们的爱自己却实实在在。旁人,我们忘记了给他们吃,忘记了让他们上床。我们自己呢——从来不忘记。因之,为了要实实在在地爱旁人,我们必须学习,再不要只是爱自己爱的实实在在,要学习到忘记自己的吃、忘记自己的睡,忘记得正如我们现在忘记旁人的吃睡一样干净。

(《过良好生活的第一步》)

要以爱待人,包括那些对你敌视,让你不高兴的人。爱敌人是对爱的真正考验。

如果你爱敌人,你便再也没有敌人。

每次遭人辱骂,让你对他心怀怨恨时,要记得所有人都是神的孩子。不论这个人是否让你不快,你都得继续像对待自己兄弟一样爱他,因为他和你一样,都是神的孩子。

爱是超越时间而存在的神圣本质的显现。爱不只是生命的方式,也是针对他人而发的善意行动。

爱不存在于未来,只存在于此刻,不在此刻表现爱的人,根本没有爱。

即使世界责怪你,也要保持仁慈,这总比被所有人赞美,却仍是个恶徒更好。

真正的爱指的不只是去爱某个特定对象,而是去爱每一个人的灵魂状态。

爱就是要活在你所爱的人的生命之中。

不要强迫别人来爱我,只管去爱别人,别人就会来爱你。

人表达的爱愈多,别人就愈爱他,别人愈爱他,他也更容易去爱别人。爱就是以此方式变成永恒。

只有在人们之间散播爱,才能改善现有的社会结构。

如果你教养人时,只知道灌输财富、权力与荣耀的观念,他们长大后当然只知推崇这些东西。如果你教养他们去爱,他们便开始活在爱之中。

只有一项明确的特质能区别行动的善恶:如果这项行动增加世上的爱,那便是善,如果是分化人们,并制造人们之间的仇恨,那便是恶。

和谐、一致、宽恕与爱的时代即将来临。要有信心,我们必须尽一切力量扫除延搁的障碍,让这样的时代更早来临。

我们以爱来表达对所有生命都是一体的认识,这样做也使我们的生命更加伟大。我们爱得愈多,生命也变得更宽阔、更快乐。

(以上出自《阅读圈》)

我根本无意于游乐,但我也不寂寞,因为我有工作,不但如此,我还领略到一种比社交活动所能提供的快乐更为美好、更为崇高的快乐,这是良心安宁、深思内省和意识到有成绩、意识到自己心中有一种善良宽厚的感情在觉醒时产生的满足感。一个时期我曾经以自己的聪慧、自己的社会地位、自己的门第而自豪,现在我却意识到并感觉到,如果说因上帝的恩宠我还有什么值得称道的话,那仅仅是上帝恩赐给我并保持至今的一颗善良的心,关心人、爱人的心,有了它我才会到一种沁人心脾的欢乐,虽然没有任何娱乐与社交,我不但对自己的生活满意,有时甚至觉得非常幸福。

(《1856年5月30日致塔·阿·叶尔戈利斯卡娅的信》)

一个爱发脾气和凶狠的人是处于一种不正常的状态之中,一个爱人的人却正好相反。只有在正常状态中才能做出好事,才能把事物看清楚,明智的人身上是永远不会有凶恶的。

(《1856年7月2日致尼·阿·涅克拉索夫的信》)

唯一可能的、唯一真实的、永恒的最高幸福来自三件东西:劳动、忘我和爱!

如果会劳动会爱,为爱而劳动,爱你所从事的劳动,那么活在世上会非常之好。

(《1856年11月9日致瓦·弗·阿尔谢尼耶娃的信》)

根据您的心我觉得,您既然爱我,又开始更严肃的理解生活,开始爱善,开始检点自己,在使自己完美的道路上不断前进,并且从中发现乐趣了。这条道路是没有尽头的,到了那个世界仍要延续下去。这条道路又是美妙的,走这条道路在这个世界上能找到幸福。愿上帝帮助您,我的小鸽子,前进吧,爱吧,不要只爱我一个人,还要爱整个世界,爱人们、自然、音乐、诗歌以及一切美好的东西,要发展自己的智力,以便学会理解世界上一切值得爱的东西。

爱是活在世上的主要使命和幸福。

　　　　　　《1856年11月23日致瓦·弗·阿尔谢尼耶娃的信》

人的灵魂一旦因肉体而与上帝和其他生命的灵魂相分离,便热切地要与那分离的相结合。灵魂与上帝的结合凭借的是愈发明确的"上帝在我心中"的意识,而与其他生命的灵魂相结合——凭借的是愈发强烈的爱的体现。

爱的对象只能是完美。因此为了去爱,只有两种选择:要么把不完美视为完美,要么去爱完美,即上帝。如果把不完美视为完美,则迟早会发现这是一个谬误,而爱也将终结。而对上帝的爱,即对完美的爱,是不会终结的。

人与人只能真正相聚于上帝。人们若要相聚,他们不必彼此相逢,而只要一起走向上帝。

倘若有一个偌大的殿堂,光线只从殿堂的正中间向下射进,那么人们要在此殿堂中相聚,他们应该做的只能是一齐走向中间这光线。人们在世上也是如此。大家一起走向上帝,便可相聚一堂。

"弟兄们,让我们彼此相爱吧。爱源于上帝,爱人者也由上帝而生并懂得上帝。不爱人者不会懂得上帝,因为上帝即爱。"使徒约翰说。

爱所有的人看起来是件难事。但在你没有学会做事的时候,每一件事看起来都是困难的。所有的事,人都在学:缝纫、纺织、耕地、收割、锻造、读书、写字。同样的,也应该学习怎样去爱所有的人。

学会这一点并不难,因为人类彼此间的爱已被植入我们的灵魂之中。

"无论谁,无论在哪里,都见不到上帝,但如果我们彼此相爱,那么他就住在我们心中。"

而如果上帝——即爱,就住在我们心中,那么学会爱并不困难。应该做的只是尽可能远离那妨碍爱的东西,远离那阻挠爱出现的东西。只要开始这样去做很快就会掌握世界上最重要和最需要的学问:爱他人。

没有比当我们知道我们被人所爱更高兴的事了。但更令人惊异的是:我们若想被人所爱,无须去迎合他人,只须去接近上帝。那么就去接近上帝吧,而不要去想他人如何,人们就会爱我们的。

那说自己爱上帝而不爱他人的人,是在欺骗别人。那说自己爱他人而不爱上帝的人,是在欺骗自己。

照上帝的样子生活,即做像上帝的人。而为了成为像上帝的人,必须无所畏惧并且无所企求,需要的只有爱。

所有人的生存并非有赖于他们为自己周到的考虑,而有赖于在人群之中存在着爱。

为了不让人们生活得分崩离析,而让所有人同心同德,上帝不昭示给人们说必须人人为我,只是昭示给人们说必须我为人人。

同样,为了让人们知道大家都是互相依存的,上帝便进入他们的灵魂,并在他们的灵魂之中显示爱。

人们一切不幸的根源,不是饥荒,不是火灾,不是那些作恶者,而只在于他们各自为生。他们各自为生的原因,是不相信那存在于他们中间并将他们引向统一的爱的声音。

当一个人还过着动物般生活的时候,他就会觉得,如果他是与他人分离的,那么这是必然的,别无选择。而当他一旦学会过灵魂的生活,他就会渐渐感到惊讶、不解,甚至痛心,他怎么竟会与他人分离,他就会努力与人们相结合。而把人们结合在一起的只有爱。

每个人都知道,他需要的不是与众人分离,而是与众人结合在一起,人知道这一点,不是因为某个人对他吩咐过,而是因为他与众人结合得越紧密,他就生活得越好,反过来说:他生活得越糟糕,他就与众人分离得越远。

对一个人爱得越多,你对他的距离感就越小。由此可见,他就是你,而你就是他。

只要我们坚定地抱着一个念头,即我们与他人能在相互一致之处结合起来,而不要求他人改变与我们不一致的地方,我们就会比起那些自称为基督徒、打着基督的名义远离异教的人群并要求其赞同他们所认定的真理的人来,离基督要亲近得多。

上帝想要我们成为幸福的,为此在我们身上设置了对幸福的渴求,但他想的是要让我们所有人,而不只是某些人,成为幸福的,为此他又在我们身上设置了对爱的渴求。因此,只有当所有人都彼此相爱时,他们才会成为幸福的。

罗马哲人塞内加①说过,我们所看到的一切有生命的物体,乃是一个统一的肌体:我们所有人,就像手臂、腿、胃、骨头一样,是这个肌体的组成部分。我们都同样地降生,我们都同样地希望自己获得利益,我们都懂得,互相帮助胜于互相残杀,在我们所有人身上都被置入了同一个互相的爱。我们就像一堆砌在同一个拱顶上的石头,如果我们不互相支撑,立刻就会同遭厄运。

如果我们爱那些我们所喜欢的人、那些赞扬我们的人、那些带给我们好处的人,那我们这样去爱只是为了自己,为了我们获得更多的好处。而真正的爱是这样的:当我们去爱他人的时候不是为自己,不是为自己求得好处,我们爱他人,不是因为那些人对我们友好而有益处,而是因为我们在每一个人身上都认出了那存在于

---

① 塞内加(约公元前 4—公元 65 年),罗马政治家、作家,斯多葛派哲学家。

我们之中的同一的灵魂。

我们只有这样去爱,才会像基督教导的那样,不是只去爱那些爱我们的人,还要爱那些憎恨我们的人,和我们的仇人。

要尽力去爱你所不爱的人,你认为有罪的人,和凌辱你的人。如果你能够做到这一点,你就将体验到一种新的、喜悦的情感。犹如黑暗之后闪烁起明亮的光芒,当你从憎恨中解放出来的时候,爱就会在你心中放射出更加强烈、更加欢乐的光芒。

人是爱自己的。但如果他爱的是自己的肉体,那他就错了,这种爱将使他一无所得,除了痛苦。人只有爱的是自己的灵魂时,这种对自己的爱才是好的。灵魂在所有人身上都是同一的。因此,如果一个人爱自己的灵魂,他也会爱他人的灵魂。

所有人希望并为之而操劳的只是一件事,:这就是过好日子。因此,从远古的时候起,世界各地的圣徒和贤哲们一直在思索并教导人们应当怎样生活,才能使他们不过坏日子,而过好日子。所有这些圣徒和贤哲们身处不同的地区和不同的时代,但教导给人们的却是同样的道理。

这个道理简单明了。

它全部的内容就在于,所有人都应以同一的灵魂为生,所有的人都是同一的,但在生活中所有的人都以其肉体而相区别,因此,如果他们明白,他们是以所有人共有的同一灵魂为生,那么他们必须以相互的爱结合在一起。如果人们不明白这一点,心想他们只是以自己单独的肉体为生,那就将彼此仇视,并一起陷入不幸。

因此这个道理全部的内容就在于,要做团结众人的事,而不做离散众人的事。这个道理很容易让人信服,因为这个道理就在每个人的心里。

为了按照自己的规律生活,蜜蜂就要飞,蛇就要爬,鱼就要游,而人就要爱。因此,如果一个人不去爱他人,对他人待之以恶,则他的行为就像鸟在水里游、鱼在空中飞一样不可思议。

一切生命只有一个可靠的导师。这个导师就是万物的灵魂,它使每个生命都做其应该做的事:这个灵魂在树木里,就让它向着太阳生长,在花朵里就让它结出种子,在种子里就让它落入大地生根发芽。在人的身上,这个灵魂就让他用爱与其他生命结合在一起。

那些形形色色的传教士们是否正确,我不知道,也无法确切地知道,但我所能做的更有益的事,就是发扬我心中的爱,这一点我是确切知道的,无论如何不会对此产生怀疑。我不能怀疑,因为爱的发扬立刻就会滋养我的幸福。

如果所有人融为一体,则我们视为区别于他人生活的独有之物将不复存在,因为我们的生活就在于使分离者越来越紧密地结合。真正的生活,以及人类生活唯一的真正幸福就在于此,即,使分离者越来越紧密地结合。

我们生活的所有改善:铁路、电报、形形色色的机器,都有利于人们的结合,因此也有利于走近天国。但令人忧伤的是,人们被这些改善设施所迷恋,他们想,他们只要建造大量的各种各样的机器,就会使他们接近天国。这种谬误就如同一个人不停地在一块土地上耕耘,但却不撒一粒种子一样。为了让所有这些机器发挥作用,应当使所有人完善自己的灵魂,在心中培养爱的情感。没有爱,则那些电话、电报、飞行器,都不会使人们相结合,相反,却会使人们分隔得越来越远。

当你感到苦恼,当你害怕他人,当你的生活发生混乱的时候,你要对自己说:让我不去再想那些与我相关的事,我要爱所有与我相逢的人,别的都不想,随它去吧。只要尝试一下这样生活,你会看到,突然之间一切都变得有条有理,你将无所畏惧,也无所欲求。

有人说:"如果一个人以怨报德,而你却对他行善,图的是什么呢?"我们说,如果你爱那个你为之行善的人,你就已经在对他的爱中得到了奖赏,而如果你能以爱来对待他加之于你的恶,那你还会在自己的灵魂中得到更大的奖赏。

如果做善事是出于某种目的,那么它已不是善事。真正的爱只发生在你不知其然也不知其所以然的时候。

人们常常想,如果他们爱他人,他们就会因此在上帝面前得到报偿。事情恰恰相反。如果你爱他人,那不是你在上帝那里得到了报偿,而是上帝赋予了你所不曾得到的东西,赋予了你生活中最大的幸福——爱。

有这样一个关于爱的寓言故事。
从前有一个人,从不考虑自己,从不关心自己,他考虑和关心的只有别人。
这个人的生活是这样令人惊奇,以至于一群无形的精灵很为他善的生活而叹赏,并为此感到高兴。
一次,其中一个精灵对另一个说:"这个人是神圣的,奇怪的是,他还不知道这一点。世上这样的人太少了。我看咱们去问问他,我们能为他做点什么,他希望我们能赠送给他点什么礼物。""好吧。"其他所有的精灵都说。于是一个精灵就无声而无形地,但却清楚而明白地对那个善人说:"我们看到了你的生活,你的神圣,我们想知道,我们可以赠送给你点什么呢?说吧,你想要什么?是希望你能解除你看到的所有人的贫困,还是为某个人祝福呢?这是我们能做到的。或者你希望我们赋予你一种力量,使你能让人们摆脱疾病和痛苦,同样,使你为之祝福的那个人不会早亡?这些也都在我们的掌握之中。或者你希望世上所有的人——男人、女人、孩子——都爱你？这我们也能做到。说吧,你希望什么?"

这圣人说:"这些我都不希望,因为上帝会不失时机地使人们摆脱他给予他们的东西:摆脱贫困和痛苦,摆脱疾病,避免夭亡。我也害怕人们的爱。我怕的是,人们的爱会诱惑我,会妨碍我唯一重要的事,即在自身滋养对上帝和对他人的爱。"

所有的精灵都说:"这个人是以真正的神性而成为圣人的,是真正爱上帝的人。"

爱只是付出,而无所需求。

(以上出自《生活之路》)

社会篇

迷　信

迷信，即为罪孽和邪念辩护的伪学说。

为罪孽和邪念提供辩辞的迷信有：国家迷信、教会迷信和科学迷信。

国家迷信，就是相信，少数无所事事的人统治多数劳动人民是必要而有益的。

教会迷信，就是相信，那源源不断向人展示出来的宗教真理是被一劳永逸地揭示出来的，并相信，只有那些谋取到教给他人真正信仰的权力的人才拥有这唯一的、一劳永逸被揭示出来的宗教真理。

科学迷信，就是相信，对于所有人的生活来说，唯一真正的必不可少的知识是那些从浩瀚无边的知识领域偶然挑选出来而大多毫无用处的各种各样的知识片断，这些知识在相当长的时期内成为少数逃脱生活的必要劳动，也就是说，那些过着缺少理性的堕落生活的人所热衷的东西。

罪孽、邪念和迷信阻碍着人的灵魂与其他生命和上帝的结合，剥夺着人所固有的幸福，因此，为了使人能够享有这些幸福，必须与罪孽、邪念和迷信进行斗争。在这种斗争中人必须要付出努力。

把人引向所有迷信的是对谎言的容忍，因此，人要想与迷信进行斗争，必须努力克制自己那些有违真理的行为、话语和想法，也就是要努力保持真诚。

人在不具备理性的时候，就像牲畜一样地生活，无论好坏，这不是他的错。但这样的时代正在到来,届时,人们能够运用理性来判断,他们应该做什么和不应该做什么。但对此人们常常不去这样理解,即他们被赋予理性是为了认清他们应该和不应该做什么,而是把这种理性用于为他们所习以为常的恶劣行为加以辩白。

正是这种习性将人们引向邪念和迷信,而邪念和迷信正是造成世人苦难的首要原因。

一个人意识不到自己所做的恶,——这样的一种灵魂状态,往往发生在他不希望用理性来检验其行为的时候,或者更糟,他要利用自己的理性,来为他在堕入邪念及与之相关的迷信中时的所作所为加以辩解。

迷信妨碍善的生活。摆脱迷信只有靠真——不仅面对他人,同样也面对自己。

人生活得越久,就会越多地摆脱迷信。

一切迷信:上帝法则的、国家的、科学的,都不过是对思想的歪曲,因此,要想摆脱这些迷信,只有把理性所发现的真理的要求运用到这个过程中去。

某些事物、习俗、法律,所受到的敬仰越多,越是要认真地检验它们享有敬仰的权力。

(以上出自《生活之路》)

迷信和流传于民间的能显灵的圣母神像在一定程度上的欺骗是不好的。但这类迷信和欺骗还有某些诗意,除此之外这欺骗总还是引发人们善良的感情,但在对"法"的迷信和欺骗中,除了最丑陋的欺诈,不仅向人们掩盖大家都理解的道德——宗教的真理,还曲解它,把最残忍、厌恶的道德行为:抢劫、暴力、杀戮,当作真理的企图之外，就别无其他了。

(《给一位大学生谈法制的信》)

最愚蠢的迷信之一是科学家认为人生可以没有信仰。

(《阅读圈》)

我主要是厌恶形形色色的迷信，我认为招魂术就是迷信。我的这种厌恶情绪与日俱增，至今我仍然坚持这种态度。我越深入细致地观察人们的生活，越加深信，实现真教义的主要障碍，或者不如说延缓真教义传播的原因，在于形形色色的迷信。这些迷信从四面八方无孔不入地渗透到真教义中，不让真教义在人们心中扎根。迷信就像弄坏一锅饭的一粒耗子屎一样，对迷信不能不仇恨。至少应该加以嘲笑讽刺。不久前我到过奥普京修道院，看见那儿的一些人对上帝和人充满了真诚炽热的爱。但同时也有另外一些人，他们认为每天必须在教堂里站上几个小时，领圣餐，为别人和自己祝福，因而使自己麻木不仁，丧失了爱的活力。我对这些迷信活动不能不表示深恶痛绝。我看到，这些迷信使人把形式当作实质，以形式取代实质，对另一些人则是使人不和的手段，而且使一些人与真教义疏远。任何一种迷信，任何一粒耗子屎都是如此。因为真理是普遍的、全人类的、放之四海而皆准的，而迷信则是利己的。迷信是某种形式，对处于一定地位的某些人来说是颇为适宜并行之有效的。一个人一旦地位改变了，其他人的迷信就使他反感，而他的迷信也使其他人反感。在我看来，所有教会的迷信都是如此，各种招魂术的迷信也是这样。我觉得，忠于某些个别学说的人应该学会把适合于所有人的普遍真理和只有某些人才认为是真理的真理区别开来。如果事情是这样，如果他们不把，或圣灵的由来，或神鬼的存在也看成如同谦卑、不贪婪、纯洁的爱的律法一样是颠扑不破的真理，如果他们把自己的一粒耗子屎融化在特殊的器皿里，而不弄坏一锅饭，那就可以不去憎恨这些个别的学说。人们也就可以求大同，而不去涉及五花八门的宗教所具有的那些光怪陆离无奇不有的方面。

(《1890 年 3 月 25 日致尼·彼·瓦格纳的信》)

在人类精神活动的各个领域存在着许多迷信。当你弄清并摆脱这些迷信时,你会发现,迷信最多的莫过于艺术领域,而且愚蠢到可笑的地步。

(《1897 年 8 月 19 日致弗·瓦·斯塔索夫的信》)

教　会

有一种方法常被人们用来为自己的谬误辩解,这种方法就是人们把自己的谬误看成不可辩驳的公理。把这种谬误和随之产生的种种后果归并为一个概念和一个词,再给这个概念和这个词加上一种特殊而又模糊不定的神秘意味。诸如教会、科学、法、国家、文明,就是一些这样的概念和词。这样一来,教会就不复是它本来是的东西,即某些陷入同一种谬误之中的人的群集,而成了真正抱有信仰的人的群集。

(《论俄国革命的意义》)

"用整个心、整个灵魂、整个智力来爱上帝,爱邻人如爱你自己。""要完美,正如上帝是完美的。"这也是基督教的教义。

外在的宗教的戒条,只要我们身体力行照着做就是了,而要做到这一点也实属可能。

而基督教的教义却要我们意识到我们离开完美有多少偏差度(一个人接近理想的是远是近,是看不见的,但一个人离开理想的偏差度有多少倒是看得出的)。

一个接受外界规诫的人,像一个站在一支固定的柱子上的灯光底下的人。他站在灯光底下,光明在它的四周,可是他没有一个进展的目标。一个接受了基督教教义的人,却像一个提了一盏系在竿头的明灯的人,光明总是在他前面,光明照亮着吸引了他的土地,光明总在敦促他前进。

法利赛人自以为把一切规诫都做到了,因而感谢上帝。有钱的年轻人也从小时候起就做到了这一切规诫,不知道他还有什么别的事要做。他们想不到还有什么别的,他们看不到还有什么别的事值得一做。他们给了十分之一的施舍,遵守了安息日,尊敬了父母,没有犯奸淫、偷窃、谋杀。还要他们做什么呢?可是依从了基督的教义的人,每向完美前进一步,就要知道有再进一步的必要,而前面还有更多的一步,而且永无止境。依从基督教的教义的人像新约中的收税人一样——知道他是永远不能臻于完美的,所以从来不回头看看他们所走过的路,只看到前面他所要一步一步走下去的路。

基督教的教义与其他宗教的教义之不同就在这里。他并不要求人们做这做那,它只是供给了一个引路的理想。耶稣并没有写下生命的规律。他并没有建立什么制度,他没有制定婚嫁。可是人们既不了解基督教的教义,又惯于接受外界的规诫,他们为了能认定自己的行为正当,就像法利赛人自以为他们的行为正当一样。所以从基督教教义的文字中,违背这教义的精神而构成了一套外在的规诫,并名之曰教会法,挤走了基督教的真正理想的教徒,以取而代之。

(《〈克劳艾采奏鸣曲〉后记》)

并非每一个人都了解基督教义是追求有如天父的完美境界的。大部分人以为这只是救世的教义——就是说,依照天主教以及希腊正教所托称的,皈依教会就可以赦罪,或依照新教徒、改革的教会以及加尔文派所托称的,坚信赎罪就可以获救,或依照别的教会所托称的,两者兼而有之的获救。

这种教会已经破坏了人对于基督教道德教义的诚真而严肃的关系。这种教会的代言人尽可以说,他们宣扬的救世法则并没有阻碍人向正直的生活努力,相反他们鼓励了人趋向正直生活——然而,从某一些假定可以归纳出另一些结论来,也没有法子叫人不归纳出另一些结论来,假如他们已经接受了某些假定,如果一个人以为皈依教会可以赦罪,如果一个人以为供奉牺牲可以赎罪,自然他可能会觉得过什么正直的生活并没有太多的必要,特别在人家告诉他,甚至希望他自己变得更好一点的这种希望便是罪过的时候,他更会觉得没有过正直的生活的必要了。结果,一个人若相信了除他自己努力之外,还有别的方法可以免罪,他的努力和认真决比不上另一个相信只有他自己的努力,别无他法免罪的人。而不认真的生活,反认为免罪还有别的方法,那么,这个人一定会忽视那用以求得美德、过一个良好生活的一串程序了。大部分人都是口中虽承认基督教,实际却不然的。

(《过良好生活的第一步》)

在宗教聚会中,只要成员开始说:"圣灵存在我们之间",宣称他们拥有高于其他权威的至高无上的权威,并自认自己的沉思比存在于每个人身上的神圣火花更加崇高,从这一刻起,巨大的谎言便开始萌生。这项谎言欺骗很多人的身体与灵魂,摧毁千万的生灵,而且还继续执行着可怕的工作。

如果有真正的教会,在教会里面的人一定无法从外面看到教会。

(以上出自《阅读圈》)

从公会议①的第一批成员说"让我们以圣灵的名义"那一刻开始,人们就已承认,公会议上人们的意见比人的理性和良知更重要,更神圣,从那一刻起谎言就开始了,这种谎言葬送了成千上万人的生命,并且至今仍在继续制造着可怕的惨剧。

真正的信仰不需要教会。

教会的信仰——就是奴隶制。

---

① 亦称"普世会议"或"大公会议",基督教的世界性主教会议,第一次公会议 325 年于尼西亚(今土耳其伊兹尼克)举行,并形成《尼西亚信经》。

教会的信仰不仅教导人们说,身陷罪孽的人加以忏悔可以洗清他的罪孽,还教导说,别人为你的祈祷可以有助于你在此生和来世获得幸福。一个小孩子上床睡觉的时候,还要奶姆继续跟他玩布娃娃的游戏,直到睡着为止。教会中的人们对上帝的态度正如这孩子一样。人们将要过坏日子,将要睡觉,但为此还要祈祷,还要继续玩游戏。

一种机构越是背离理性,越是有害,它就越需要以表面的声势来加以炫耀,否则它就一个人也笼络不住了。教会就是这样。

教会所搞的各种仪式的隆重和表面上的辉煌,就是它背离理性、危害人民的主要标志。

在通古斯的萨满①和欧洲掌管教会的主教之间,或者,举个普通人的例子,在完全未开化而感情强烈的沃古尔人②(他们每天早晨把熊皮的脚掌放在自己的头上,祷告说:"不要杀我。")和康涅狄格的清教徒及独立派教徒之间,尽管在行为方式上存在着差别,但在他们信仰的基础上却毫无差别,因为他们彼此都属于同一类型的人,他们把侍奉上帝不是理解为追求完善,而是理解为信奉并遵守那些众所周知的杜撰出来的规定。只有那些相信侍奉上帝乃是追求美好生活的人才不同于上述那些人——不同之处在于,他们承认的是另一个至高无上的本源,这种本源把一切富有理性的人结合成一个无形的教会,只有这个教会才可能是具有普遍意义的。

只要有人说,他们是教会的人,因此他们是唯一绝对没有罪孽的,那么立刻就会有别的人也说出同样的话来。而只要有了这样两种类型的人,他们每一方都说对方是在骗人,那么最可靠的说法就是,他们双方都是没有道理的。

---

① 萨满教,是原始宗教的一种晚期形式,因满—通古斯语族各部落的巫师被称为"萨满"而得名。
② 沃古尔人,曼西人的古称,只有数千人口,居于俄国秋明地区。

人们说,具有真正信仰的就是教会。这些具有真正信仰的人是否存在,我们不得而知。我们每个人都希望成为有真正信仰的人,并且每个人都在努力去做;但任何一个人,无论是谈起自己,还是谈起与他抱有同样信仰的人时,都不应该说只有他们才具有真正的信仰,因为如果他们可以说只是他们才具有真正信仰的话,那么别人也同样可以这样说。

在不考虑信仰的人看来,真正的信仰只有一个——这就是他生于其中的信仰。但你只要问一下自己,假如你生在另一种信仰中,基督徒生在伊斯兰教中,佛教徒生在基督教中,基督徒生在婆罗门教中,那么结果会怎样呢?难道只有我们,生在自己的信仰中,生在真理之中,而其他所有人都生在谎言之中吗?信仰,并非因为你使自己和他人相信它是唯一符合真理的,它才成为真理的。

天主教的教义问答手册上说:

"教会是信仰者的团体,由我主耶稣基督所建立,遍布全世界,服从于合法的牧师们和我们神圣的父亲——教皇的权力。"这里所谓的合法的牧师们就是指一个人为的机构,它把教皇作为其首脑,由一些著名的、在一个众所周知的组织内彼此关联的人物组成。

东正教的教义问答手册上说:

"教会是由耶稣基督在世上所建立的团体,它以唯一的神圣教义和仪轨,在上帝所规定的各级教士的领导之下,结合成唯一的整体。"这里所谓上帝规定的各级教士,就是指希腊正教会[①]的各级教士,他们是由某些处在某种地位的某些著名人物充任的。

[①] 基督教产生后,逐渐分化为以拉丁语地区为中心的西派和以希腊语地区为中心的东派,前者后来形成天主教,尊罗马主教为领袖,称教皇;后者即成为东正教,因在宗教仪式中以希腊语为主,故又称希腊正教。16世纪末,莫斯科成立使用古斯拉夫语的独立教会,为最有影响的东正教会。

路德宗①的教义问答手册上说：

"教会即神圣基督教，或所有信奉其首领基督者的大会，其中圣灵通过福音和礼仪提出、传授和掌握上帝的拯救。"路德宗的教义问答手册所说的含义是，天主教会已误入歧途，不合时宜，真正的传统保存在路德宗里。

在天主教徒们看来，神圣教会即等同于罗马的各级教士和教皇。在东正教徒看来，神圣教会即等同于东方正教和俄罗斯正教各级教士的机构。在路德宗教徒看来，神圣教会即等同于承认路德的《圣经》和教理问答的人组成的大会。而在思维健全的人看来，这种，那种，或第三种教会都只不过是人为的假机构。

无论第一种，第二种，还是第三种，都没有也不可能有真理可言，这不是很清楚吗？

统一教会的观念是由基督所创立的，只有那不知道前人如何生活，并根本不知有其他宗教信徒的人才会保持这种观念，然而只要这人了解到，还有许多否定单一教会的机构存在，了解到这些宗教机构是如何形成的，那种统一教会的观念就会立刻不攻自破。由此可见，教士们所说的那种由基督所创立的、统一的教会机构是不存在的，而且从来也没有存在过。

每一个教会都可以像别的教会一样，提出唯我正统的证据，甚至展示能说明真理在我的奇迹。所以说，证明教会（不是某种我们所幻想的，而是实际存在的教会）之存在，其严格而精确的界定只有一个：教会就是那些坚信唯有他们完全掌握着真理的人的大会。

对唯一教会的信念是彻底荒谬的。统一教会不仅从不曾存在过，也不可能存在。教会只能出现在信仰的群体发生分裂的时候。对教会始终统一的观念只是靠这样的行为支撑着：每一个教会都把其他所有教会称为异端邪说，而称自己是真理在握、自古至今永远正确。

---

① 路德宗，亦称信义宗，基督教新教宗派之一，由16世纪德国宗教改革家马丁·路德创立，他还以将《圣经》翻译为德文而著名。

所有不同教派的教会中的奴仆们,尤其是在近来的时期内,都极力把自己说成是基督教内部运动的支持者:他们作出种种让步,希望消除教会中滋长的舞弊行为,并且说不能因为这些舞弊行为就否定基督教会的根本原则,只有这个教会能够统一所有教众并充任民众与上帝之间的媒介。但这些显然都是毫无道理的。教会不但从来没有统一过民众,而且它始终都是造成人们分裂、互相仇恨、战争、屠杀、宗教酷刑、圣巴托罗缪之夜①等灾祸的主要原因之一,教会也从来不是民众与上帝之间的媒介,这个媒介完全不必要,也是基督所明确禁止的。基督把他的教义直接昭示给每个人,而教会用一些僵死的形式来代替上帝,不仅不把上帝昭示给民众,反而掩盖起上帝的真实面目。教会乃是由于愚昧而产生的,并以其惰性来维持这种愚昧,所以,它们就不能不压制和排斥任何对基督教义的实质性理解。他们极力掩盖这种实质,但这是做不到的,因为在基督指引的路上每前进一步,教会就进一步走向土崩瓦解。

1415 年,扬·胡斯②因为揭露天主教徒们的伪信仰和教皇的恶行,被认定为邪教徒,而受到审判,并被处以不流血的死刑,即火刑。

死刑是在城门外的花园中执行的。胡斯被带到行刑地点,他便跪在地下开始祈祷。当刽子手让他站到柴堆上去时,胡斯站起身来高声说道:

"耶稣基督啊! 我为传布你的话而赴死,我就将驯服。"

刽子手们给胡斯脱掉衣服,把他的手反绑在背后;让他站到木凳上。他的周围堆起了柴草。柴草一直堆到了胡斯的下颏。这时,帝国的一个头领走到胡斯跟前说,如果他放弃他所说的一切,他就可以被宽恕。

---

① 圣巴托罗缪之夜,亦称圣巴托罗缪惨案,1573 年巴黎天主教徒在圣巴托罗缪节(8 月 24 日)前夜大规模屠杀胡格诺派教徒达 3 000 人。
② 扬·胡斯(1371—1415),捷克宗教改革家,曾任布拉格大学校长,因呼吁人民反对教会,被处以火刑。

"不,"胡斯说,"我不知我有何罪。"

于是刽子手们点着了火堆。胡斯便高唱着祷告:"基督啊,有生命的上帝的儿子啊,饶恕我吧!"

火焰燃烧起来,胡斯的声音很快就沉寂下去了。

那些自称为基督徒的人就是这样来证明他们的信仰的。

难道还不清楚吗?他们那不是信仰,而是最为野蛮的迷信。

用教堂里的祈祷来代替对教规的学习,用阅读福音书代替按章程每年一度的念诵登山宝训①,而且在非礼拜日也天天读。结果只能是这样:他们信奉不顾利害、诅咒人类、把自己的儿子作为牺牲、让一部分人陷于永恒痛苦的恶的上帝,却不去信奉爱的上帝。他们信奉将再度降临、来审判并惩罚生者和死者的上帝—基督,却不去信奉让人把脸送上去给人打和不审判、而只是宽恕并爱仇敌的基督;他们相信旧约的上帝启示和大卫王的神性,——大卫在临终之际嘱托要杀死那个侮辱过他、而他自己已无力去杀的老头,因为他曾发下誓言(《列王记》第三卷 2:8②),——相信充斥在旧约中的种种类似不堪入目的事件,却不去相信基督的道德法则;他们相信教会有关基督教与刑罚及战争并行不悖的学说,却不去相信四海之内皆弟兄的道理。

最主要的是,他们相信通过赎罪和信奉仪轨可以获得拯救,却不能在生活中尽全部力量来遵守基督的道德教诲。

教会的学说认为,人不能靠自我的力量获得拯救,拯救的手段是另外一种,——人一旦接受了这种亵渎的学说,他就不可避免地要采用这种手段,而不是靠自我的力量,因为教会的学说使他相信,寄希望于自己的力量是一种罪孽。任何一种宣扬靠赎罪和仪轨拯救的教会学说,都与真正意义上的基督教义是格格不入的。

---

① 据《马太福音》及《路加福音》载,耶稣受洗后在迦百农附近登山传道,其许多观点与《圣经·旧约》的果报观不同,基督教的伦理观主要出自登山宝训。

② 东正教圣经的《列王记》为四卷,分别对应于天主教及新教圣经(目前国内多见的即是新教的和合本圣经)的《撒母耳记》上、下和《列王记》上、下。

基督的教义是如此简明,连小孩子也能明白它的真正含义。不明白它的只有那些不想照基督的教导生活的人。

为了明白真正的基督教,首先应该抛开伪基督教。

基督教义的实质就在于,它给人们指明了什么是神圣的完善,人们在生活中必须要接近这种完善。而那些不愿意遵守基督教义的人,有时是自觉,有时是不自觉地,并不按照他所传授的去理解:不是理解为不断接近完善,而是理解为它建立了一种法则,似乎是基督根据这个法则要求人们达到神圣的完善。如果这样曲解基督教义,则这些不愿遵守它的人,就必须在下面两种做法中作出选择:要么承认完善是不可达到的(这完全正确),从而抛弃作为一种不可实现的幻想(这正是尘世的人们所做的)的教义,要么选择大多数自封基督徒的人过去和现在所采取的最为普遍而有害的方式,——这就是一方面承认完善是不可达到的,一方面就去改造,也就是说去歪曲教义,排斥主张永远追求神圣完善的基督教义,而去奉行号称基督教义的、实质上大部分内容与基督教义背道而驰的那种法则。这种现象过去和现在都体现在教会的所有行为中,他们从歪曲福音书的原文开始,如在谈到怒的诗句中加上"不必"的字眼等许多类似行为,直到规定各种形式的毫无根据的奉祀礼仪、祭拜祈祷,而最主要的是,规定了种种教条:三位一体,赎罪,教会的永恒正确性,等等。

真正的教会,即由具有真正的信仰也就是具有统一信仰的人们联合起来的教会,永远是一种内在的教会。天国就在你们心中。因时空阻隔而无由相识、天各一方的人们,却因他们信奉着同一的真理而不断联合起来。而那种外在的教会,它在将人们结合起来的时候却是受时空限制的,它破坏了真正的内在统一,而代之以表面上的统一。

有形的教会只是类似于真正统一体的赝品。

如果说存在着一个教会,那么这是一个由生活在过去年代和今天的、散居于印度、澳大利亚、格陵兰及其整个地球上的互不相识的人们所组成的教会。把教会理解成一种被选举出来的优秀人物组成的组织,这不是基督教的观念,而是一种傲慢的、虚伪的观念。谁是优秀的,谁是恶劣的? 彼得①做好人做到天亮,强盗做坏人做到天黑。难道我们不知道,我们有时是天使,有时是魔鬼吗?这两者在我们的生活中混杂在一起,没有哪个人将天使从自己身上彻底赶跑,也没有那种身为天使而从不曾做一会儿魔鬼的事。那么我们这些五花八门的人,又怎么能组成一个道德虔诚、精英荟萃的组织呢?

真理之光是存在的,那从四面八方向这光明走来的人是存在的,他们从不同的方向走来,一个圆有多少条半径,他们就从多少个方向走来,——就是说,他们正通过无数条不同的途径走向这真理之光。我们将尽全力奔向这将所有人聚拢来的真理之光,至于我们距它还有多远,我们是否已联合起来——为此将无须我们评说。

教会对基督教的歪曲使我们远离了天国的实现,但基督教的真谛,就像柴堆上的火焰一样,曾因一时添多了湿柴而被压抑,但这火焰已烘干了那些湿树枝,开始点燃它们,腾空而起。基督教真正的意义如今已被所有人看清,它的影响力已超过那掩盖着它的骗局。

(以上出自《生活之路》)

---

① 彼得,耶稣的十二使徒之一。该谚语的意思是好人也有做坏事的时候,坏人也有做好事的时候。

科　学

科学与艺术之间有着非常密切的关系,好比肺和心一样,因此,如果其中一个器官有了毛病,另一个器官也就不可能正常地活动。

真正的科学,研究一定的时代和社会里的人认为最重要的真理和知识,并使人们意识到这些真理和知识。

……

真正的科学在于懂得应该相信什么,不应该相信什么,应该怎样和不应该怎样建立起人类的共同生活,怎样建立性关系,怎样教养儿童,怎样利用土地,怎样自己耕种田地而不压迫别人,怎样对待外国人,怎样对待动物,以及人们生活中其他许多重要的事。

真正的科学从来是这样的,也应该是这样的。这样的科学现在正在萌芽。但是,一方面,这种真正的科学遭到所有维护现存生活秩序的学者们的否定和反驳;另一方面,它被那些从事双眼科学的人认为是空洞和不必要的,认为是不科学的科学。

……

应该抱着这样的希望,我在艺术上做了尝试的那桩工作,也会有人在科学上做一番,为人们指出,"为科学而科学"的理论是不正确的。

《什么是艺术》

有一种方法常被人们用来为自己的谬误辩解,这种方法就是人们把自己的谬误看成不可辩驳的公理。把这种谬误和随之产生的种种后果归并为一个概念和一个词,再给这个概念和这个词加上一种特殊而又模糊不定的神秘意味。诸如教会、科学、法、国家、文明,就是一些这样的概念和词。这样一来,教会就不复是它本来的东西,即某些陷入同一种谬误之中的人的群集,而成了真正抱有信仰的人的群集。法也不复是由某些人制定的种种不公正法规的总汇,而成了种种人们只能生活在其中的公正条件的规定。科学也不复是它本来是的东西,即游手好闲的人在一定时代得出的偶然结论,而成了唯一的真知。

(《论俄国革命的意义》)

科学家们断言,人类的幸福应该是那种完全违背人类感情的东西,也就是单调的、强制性的工厂劳动。不管这一论断是怎样明显地不公正,但是科学家们却仍然不可避免地得出这种明显不公正的论断,正如神学家们不可避免地得出同样明显不公正的论断一样,即认为奴隶和老爷是不同的人,他们在人世间的地位的不平等,在将来会得到补偿。

产生这种明显不公正的论断的原因是,过去和现在确立科学原理的人全都属于富裕阶级,他们是如此习惯于他们生活的有利条件,以至于不可能设想社会离开这种条件而存在下去。富裕阶级的人们所习惯的生活条件,就是大量生产为他们的舒适和享乐所必需的物品,而这些物品只是由于有了现存的工厂,在现今的制度下才能获得。因此,属于富裕阶级的科学家们议论改善工人的状况时,经常只提出使工厂的生产仍然保留原样的改善,因而他们所享用的生活舒适也就仍然保留原样。

甚至最先进的科学家——社会主义者,在要求把生产工具完全转到工人手里的时候,也总是设想在这些或那些工厂里以现有的劳动分工的方式继续生产相同的那些产品,或者生产几乎是现在生产的那些产品。按照他们的想象,区别只在于到那时,不只他们,而且所有的人都将享用现今唯有他们才能享用到的舒适。他们朦胧的想象,在现实劳动工具社会化以后,就连他们,这些科学家们以及整个统治阶级的人们,也都将参加劳动,但是多半是以指挥者的身份出现,譬如像画家、学者、艺术家。至于怎样以及由谁来戴着面罩制造铅粉,谁来当火夫、矿工和排水沟的清理工,关于这些,他们或是避而不谈,或是设想所有这些工作都将得到改善,即使在排水沟里和地底下劳动也都是愉快的事。他们在贝拉米式的乌托邦里,在学术论文里都是这样来想象经济生活的。

按照他们的理论,工人们组织同盟、合作社,培养团结一致的精神,到那时通过组成同盟、组织罢工和参加议会,将最终达到占有包括土地在内的一切生产工具。到那时吃得好,穿得好,欢度星期天,人们会认为生活在城市里,在石头和烟囱中间要胜过生活在乡下,在植物和家畜中间,在广阔的天地里,认为单调的、按照铃声上班和下班的机械的劳动胜过多样化的、健康的和自由的农业劳动。

尽管这种推想是如此不可信,就像神学家关于天堂的推想一样(神学家们推想工人们由于在人间这样痛苦的劳动,他们死后将享受天堂的生活),但是我们阶级的聪明的和有教养的人们仍然相信这种荒唐的学说,就像从前聪明的和有学问的人们相信工人死后会进入天堂一样。

而学者及其门徒们(这些都是富裕阶级的人)相信这一点,是因为他们不可能不相信。他们面临着两者必居其一的抉择:要么他们应该看到,他们在自己的生活中享用的一切,从铁路到火柴和香烟,都是他们的弟兄们以付出许多人的生命为代价而创造的劳动成果,他们不参加这种劳动,却享用劳动成果,因而是非常不正直的人,要么就应该相信,一切发生的事情都是遵照经济学的永恒法则,为了共同的幸福而发生的。这就是那种内在的心理原因,这种原因迫使科学家们,这些聪明的和有教养的,但却不开明的人们,信心十足而又顽固地坚持诸如此类明显的谎言,即扬言工人们为了他们自己的幸福最好是抛弃他们在大自然中幸福和健康的生活,而到工厂去摧残自己的肉体和灵魂。

(《当代的奴隶制度》)

知道许多生命的基本法则,胜过研习多种非必要的科学。生命的主要法则能阻止你为恶,带你踏上人生的正途。很多非必要的科学知识可能使你禁不起骄傲的诱惑,阻挠你了解生命的基本法则。

科学可以细分成无数的领域,每个领域内可供探索的知识都是无限的。然而最重要的一种知识就是辨别什么是必须学习什么是无须学习的知识。

我们的生命纯粹是物质力量的产物,而且完全依赖这些力量而存在,散布这样的观念是很危险的事。

没有人比当代的学者更擅长混淆是非的概念。他们的科学在研究物质世界方面,有很好的进步,但在人类内部的灵魂生命中,这却是不必要,甚至是有害的事。

有关自己内在生命的教义,是最重要的事物。在我们的时代,科学已经开始颁发懒散的文凭。科学的真目的是为了了解生命的真理,科学的假目的是为世上的邪恶辩解。

我们现在当作科学来接受的知识,对善良人生的干扰胜过支持。

天文、机械、物理、化学与所有其他科学都研究生命的某个特别层面,但并未获得有关人类灵魂生命的任何结论。

我们必须先证明科学活动的益处,才能接受科学的重要性。科学家通常只告诉我们,他们正在做的事情,也许在未来的某天或某个时候会对人们有益。

(以上出自《阅读圈》)

……如果没有科学和艺术,人类会像动物一样生活,跟动物毫无区别。

我们每个人所知道的一切,从计数开始、从叫出物品的名称开始、从用嗓子的音调表达感情的不同色彩开始,直到获得最为复杂的知识,这一切,不是由于别的什么原因,而正是通过各门科学和各种艺术代代相传的知识的积累的结果。人类生活之所以跟动物生活有别,完全是传播知识、通过科学和艺术传播知识的结果。没有科学和艺术,就不会有人和人类生活。

(《科学和艺术》)

科学和艺术人士的地位是享有特权的地位,因为科学和艺术在我们这个世界上不是一无例外的整个人类分出一部分自己最优秀的力量为科学和艺术服务的理智活动,而是有着从事这些业务的垄断权并把自己称为文艺人士的少数人的小圈子活动,因此,他们便歪曲科学和艺术的概念。他们丧失了自己的使命感,只干一件事,那就是安抚和解救他们那寄生虫的小圈子以免于忧愁苦闷。

(《那么我们该怎么办?》)

科学迷信,就是相信,对于所有人的生活来说,唯一真正而不可或缺的知识,就是那些从无边无际的知识领域偶然收集起来的知识,这些知识在相当长的时期内只是令少数人感兴趣,——这少数人,就是那些从必要的劳动生活中逃脱出来,因此过着非道德、非理性生活的人。

如果人们不用自己的头脑加以检验,便对别人当作毋庸置疑的真理而传授给他们的东西信以为真,他们便落入了迷信的窠臼。我们今天的科学迷信就是这样,即把那些教授、院士,总之,那些自称为学者的人传授的东西,都当作毋庸置疑的真理。

正像有信仰的伪学说一样,也有科学的伪学说。这种伪学说就在于,有些人在相当长的时期内执掌着判定科学真伪的权力,而被他们认定为唯一真正的科学,也就被众人承认为唯一真正的科学。而一旦科学的成立不取决于所有人的需要,而取决于那些长时期握有决定权的人,这时候科学就不可避免要成为伪科学。当今世界上的情形正是如此。

如今科学完全站在了教会在200—300年前所占据的位子上。

那同样博得公认的祭司——就是教授,而同样,学士院、大学、代表大会,就是科学中的教堂和宗教公会议。

同样在信徒中拥有信赖而缺少批评,同样在信徒中颇多分歧,而这并不能使他们感到尴尬。同样含糊不清的语言,同样以过于自信的高傲来取代思想:

"没法和他交谈,他否认神启和教会。"

"没法和他交谈,他否认科学。"

一个埃及人看待祭司们当作真理给他提出的规则,不像我们今天只把这些规则看作宗教信仰,而是看作对他可以接受的高级知识的启迪,即看作科学,正像我们今天有些天真的不懂科学的人,他们对如今那些科学祭司作为毋庸置疑的真理推出的东西,都信以为真。

伪科学和伪宗教总是用华丽的词藻来表述它们的教条,这在那些不明真相的人们看来就显得颇有些神秘和了不起。学者们的言论常常是这样难以理解的,就像那些专职布道师的说辞一样,不仅对别人来说不知所云,对他们自己来说也是如此。一个学究使用拉丁术语和新造词,往往会把一个简单的问题搞成某种莫名其妙的东西,正像牧师们的拉丁文祷词对于那些目不识丁的教民一样。神秘并不是智慧的标志。越是真正智慧的人,用来表述思想的语言就越简洁。

为了承认那种被称为科学的工作的重要性,看来必须要证明这种工作是有益的。而那些科学家们往往信誓旦旦地说:因为我们研究的是重要的问题,所以这种工作总有一天必会派上用场。

科学的合法目的就是认识服务于人类幸福的真理。而其非法的目的是为把恶引入人类生活这样的骗局加以辩解。法学、政治经济学,尤其是哲学和神学,其目的都是如此。

就像在信仰中存在着欺骗一样,在科学中也是如此,这些骗局的起因是掩盖自己虚弱本质的欲望,因此,科学的骗局像宗教的骗局一样具有危害性。人们误入歧途,生活恶劣。人们真正应该做的是,认识自己恶劣的生活,然后力求去改变它,开始美好的生活。而就在这种情况下,出现了各种科学:有关国家的、金融的、教会的、诉讼的、警察的,还出现了政治经济学、历史学以及最时髦的——社会学,都是有关人们是在按照什么法则生活,而又应当按照什么法则生活的科学,仿佛人们恶劣的生活不是由他们自身造成的,而是法则使之然,仿佛无须使人们放弃恶劣的生活,使生活由坏变好,而只要让他们照老样子生活,保持他们的虚弱本质,只去想,所有不幸的根源不是他们自身,而是由学者们发现并指出的那些法则。这种骗局是荒谬的,有悖于人的良知,假如不是这种骗局姑息了人们恶劣的生活,人们是绝不会接受它的。

我们为自己创造了一种有违人的精神和肉体本性的生活,并且深信(仅仅因为所有人都这样想)这就是真正的生活。我们隐约觉得,我们称之为我们的国家制度、我们的宗教、我们的文化、我们的科学和艺术的东西,这一切都名不副实,它们不仅没能使我们摆脱不幸,反而使不幸越发多了起来。但我们还是不能坚定地以理智去对这一切加以检验,因为我们想的是,人类有史以来就承认国家、宗教、科学是必不可少的,所以他们的生活不能没有这些东西。

假如一只雏鸡在卵中的时候就具有人的智慧,而它又不大会运用这种智慧的话,就像如今的人一样,那么它就永远也不会冲破蛋壳,永远也不会享有生活。

今天,科学已成为一个给享用他人劳动者发放毕业证的人。

没有哪两种东西比起知识与利益、科学与金钱来更不谐调的了。如果为了更有学问而必须靠金钱,如果学问可以用金钱来买卖,那么买卖双方都是错误的。基督把商人逐出了神殿。同样也必须把商人们逐出科学的神殿。

"科学"这个词往往不仅掩盖着最无聊的事,而且还有最卑鄙的事,对此最为鲜明的证据就是有关刑罚科学的存在,也就是说,存在着有关如何完成最愚昧的行径的科学,而这种愚昧行径只是在人性发展的最低级阶段——孩子及未开化阶段才会有的。

再没有人像那些科学家们一样,对宗教、道德、生命抱有如此混乱的观念;而更令人吃惊的是,当现代科学在物质世界的研究领域中确实取得大量成就的时候,它在人类的生活中却显得不仅一无是处,而且还造成了极为恶劣的后果。

在人们中间普遍存在着这样的观念,即我们的生命是物质力量的产物,并且处在这些物质力量的制约之下,这种观念是颇为有害的。然而当这些错误的观念被称为科学,被看作人类的神圣智慧时,这些学说所产生的危害就更加骇人听闻了。

被我们称之为科学的,几乎都是那些富人们的臆想,他们需要这些东西,不过是为了打发他们无聊的时光而已。

当今科学的主要罪恶是,它不仅没有能力研究**一切**,也不知道,没有宗教的帮助**应当研究什么**,它所研究的只是那些在谬误中生活的科学家本人感到**开心的东西**。

而令科学家们感到最开心的,是有利于他们的现行制度,以及既能满足他们的闲情逸致而又无须在智力上付出巨大努力的活动。

科学——是思想的食粮。但这种食粮对思想也许是有害的，正如物质的食粮如果不干净，过分甜腻，或者人饮食无度，都会有害一样。所以说，精神食粮也会食用过量而引起疾病。为了避免这种情况，应当像只有在饥饿时才食用物质食粮一样，只有当你感受到必须要懂得对灵魂来说必要的知识时，才去接受精神食粮。

人们所说的科学，要么是指那种世上最重要的、人所赖以认识应当如何生活的科学，要么是指那些人们以懂得它为荣、有时对自己有用、有时没用的东西。前一种知识——是伟大的，后一种——则大部分是毫无意义的。

真正的科学有两个不容置疑的标志：第一个是内在的——即科学的奉献者不是为了获利，而是以自我牺牲的精神完成自己的使命；第二个是外在的——即他的成果能够为所有人所理解。

如今所有人的生活都是这样的：全体人民中千分之九百九十九的人长期从事体力劳动，既没有时间，也没有可能去搞科学和艺术。而那千分之一摆脱了体力劳动的人，根据他们自己的要求，也就成了适合于搞科学和艺术的人。那么请问：在这种状况之下产生的科学和艺术，必然会具有什么样的性质呢？

对那些并不为满足无聊的好奇心、不为在科学中扮演某种角色而写作、辩论、教书，也不为靠科学养家糊口，只是为了解决直接又普通的生活问题，而从事当代科学研究的人来说，他们常常会遇到这样的情形，科学可以解答成千上万的形形色色极为复杂而艰深的问题，但唯独对一个所有智者都在寻求答案的问题无法解答，这个问题就是：我是什么以及我如何生活。

研究对精神生活毫无用处的科学,比如天文学、数学、物理学等等,就像进行各种娱乐、游戏、旅游、散步的活动一样,应当在不妨碍必须要做的事时去做;但研究那些毫无意义的学科并不是什么好事,正像进行娱乐而妨碍了生活中的正事一样。

(以上出自《生活之路》)

不平等

科学家们断言，人类的幸福应该是那种完全违背人类感情的东西，也就是单调的、强制性的工厂劳动。不管这一论断是怎样明显地不公正，但是科学家们却仍然不可避免地得出这种明显不公正的论断，即奴隶和老爷是不同的人，他们在人世间地位的不平等，在将来会得到补偿。

产生这种明显不公正的论断的原因是，过去和现在确立科学原理的人全部属于富裕阶级，他们是如此习惯于他们生活的有利条件，以致不可能设想社会能离开这种条件而存在下去。

从前人们问，一些人从属于另一些人，这些人自身一无所有，而他们劳动的全部产品都交给了他们的主人，这是公正的吗？现在也是这样，我们应该问自己：人们不能使用算作是别人的私有财产的土地，这是公正的吗？人们以捐税形式缴出向他们征收的那一部分劳动，这是公正的吗？人们不能享用别人认为是别人的私有财产的物品，这是公正的吗？

土地被算作是一些不耕地的人的私有财产，人们不应该使用这些土地，这是对的吗？

据说，这项法律之所以制定，是因为土地私有制是繁荣农业的必要条件，如果没有可以继承的私有财产，人们就要在被占据的土地上互相驱逐，任何人也不再劳动，不再改良他所占有的那一部分土地了，这是对的吗？

那种认为上帝的意志就是让一些人占有另一些人的理论，在很长的时期里使人们得到安慰。但是这种理论却为人们的残忍辩解,而使这种残忍达到了最高的程度,这样就引起了对这一理论的正确性的怀疑,并且引起了反抗。

而今天的理论认为经济的演变是按照永恒的法则进行的,由于这些法则的作用,一些人积累资本,另一些人得终生劳动,扩大这些资本,准备实现向他们承诺的生产工具的社会化。这一理论引起了一些人对另一些人更大的残忍,因此也就开始引起某些怀疑,特别是在没有被科学麻痹的普通人中间。

譬如说,你见到以37小时的连续劳动摧残着自己的生命的装卸工,或者工厂里的妇女,或者洗衣妇,或者印刷工人,或者千百万在沉重的、非自然的条件下生活,进行着单调的、使人麻木不仁的强制性劳动的人们,你就会很自然地问道:是什么使这些人陷入了这种状况,怎样才能解救他们?于是科学回答你说,这些人处于这种状况,是因为铁路归公司所有,丝织厂归某某先生所有,一切工厂、印刷厂、洗衣房都归资本家所有,因此改善这种状况的办法是,工人们联合起来,结成同盟,组织合作社,通过罢工和参加政府,越来越多的影响主人和政府,首先争取到缩减工时和增加工资,最终达到使所有的生产工具转到自己的手中来。到那时,就一切都好了。而现在,一切都像应该地那样进行着,因此什么都无须改变。

让我们设想有这样一个人,它来自我们完全陌生的国度,关于我们的历史和我们的法律一无所知,如果让他看看我们的形形色色的生活,并且问他,他看到我们这个世界的人们的生活方式的主要差别是什么。这个人所指出来的人们生活方式的主要差别必将是,一些人(人数很少)长着白净的手,衣、食、住都很好,劳动很少,很轻松,或者根本不劳动,只是娱乐,为了这些娱乐而耗费别人数以百计的沉重的工作日。而另外一些人,总是很肮脏,衣衫破烂,住房简陋,吃食很糟,手很脏,生满老茧,从早到晚不停的劳动,他们是为了那些根本不劳动,只是娱乐的人们而劳动。

如果说现今的奴隶和奴隶主之间很难划出一条清晰的分界线,——而从前奴隶和奴隶主之间却存在一条不可逾越的分界线,如果说在当代的奴隶中间有一些人只是暂时的奴隶,以后会变成奴隶主,或者有一些人同时既是奴隶又是奴隶主,那么在这个连接点上两者混同的现象却削弱不了这种状况的真实性,亦即当代的一切人划分为奴隶和奴隶主——这一点是如此确定无疑,就像一天 24 小时,尽管有黄昏,但仍然分成白昼和黑夜一样。

如果说当代的奴隶主没有奴隶伊万可以供他驱使去茅厕为他清扫粪便,他却有 3 个卢布,这是成百的伊万所需要的,当代的奴隶主就可以从成百的伊万中间挑选任何一个,对他开恩,让他比别人优先爬到茅坑里去。

当代的奴隶不仅是所有的工厂工人(他们为了生存,把自己完全出卖给工厂主),几乎所有的农民也都是奴隶,他们在别人的土地上手不停歇地为别人种粮食,收获以后把粮食储存到别人的谷仓里去,即使耕种自己的土地,也只是为了偿付银行家那些偿还不完的债务利息,还有数不胜数的听差、厨子、使女、妓女、杂役、车夫、澡堂工人、侍者,等等,这些终生都履行违反人的本性,也为他们本人所憎恶的指责的人也都是奴隶。

不折不扣地存在着奴隶制度,但是我们没有意识到它,就像 18 世纪末欧洲人没有意识到农奴制的奴役一样。那个时代的人们认为那些有责任给主人耕地和服从主人的人们的状况是自然的、不可避免的经济条件,没有把这种状况叫作奴隶制度。

我们的情况也是如此,当代人认为工人的状况是自然的、不可避免的经济条件,而不把这种状况叫作奴隶制度。

到了 18 世纪末,欧洲人逐渐明白,完全在老爷的控制之下的农民的状况,从前是经济生活的和不可避免的形式,这时看来却是不好的、不公正的和不道德的,必须改变。现在也是这样,当代人开始明白,雇佣工人和所有工人的状况,从前像是完全合法的和正常的,现在看来却不是像应该的那样,必须改变。

当代的奴隶制度完全处于欧洲的农奴制和美国的蓄奴制在 19 世纪三四十年代所处的那个阶段。

当代工人受奴役,只是刚刚开始被我们社会的先进人物所意识到。大多数人还完全相信在我们中间没有奴隶制度。

当代人不明白这种状况还有一种原因,那就是俄国和美国刚刚废除奴隶制度。实际上,废除农奴制和蓄奴制只是废除了陈旧的、不必要的奴役形式,而代之以更巩固的、掠夺的奴隶数量更多的奴役形式。农奴制和蓄奴制的废除类似于克里木的鞑靼人对待俘虏的那种办法。他们割开俘虏的脚掌,塞进剁碎的鬃毛,然后给他们解下足枷和锁链。俄国农奴制和美国蓄奴制的废除,虽然取消了从前的奴役形式,但不仅没有消灭奴役的实质,而且是在这样的时候才废除的,即鬃毛在脚掌里已经化脓,可以完全相信俘虏们不带锁链和足枷也不会跑掉,而会劳动(美国的北方人大胆地要求消灭旧的奴隶制度是因为在他们中间已经有了新的奴隶制度,金钱的奴役已经明显地控制了人民。南方人还没有看到新的奴隶制度的明显特征,因此不同意废除旧的奴隶制度)。

在我们俄国,农奴制是在所有的土地已经都被占据了的时候才废除的。如果说给了农民土地,那么也规定了代替土地奴役的捐税。在欧洲,使人民遭受奴役的捐税是在人民失去了土地,离开了农业劳动,由于沾染上城市的消费而完全依附于资本家的时候才废除的。那时在英国只是取消了粮食税。现在德国和其他一些国家开始取消工人的捐税而转移到有钱人的身上,只是因为人民大多数已经处于资本家的控制之下。一种奴役手段,只是有了另一种来代替它的时候,才能废除。这样的手段有数种。不是这种,就是另一种,有时候几种同时并用,使人民遭受奴役,亦即置人民于这样的状况,使一小部分人有全权支配大多数人的劳动和生活。人民贫困状况的主要原因也就是少数人对大多数人的这种奴役。因此,改善工人状况的手段应该是:第一,承认我们中间存在着奴隶制度,不是在假借、比喻意义上的,而是在最普通和最直接意义上的奴隶制度,一些人(大多数人)受着另一些人(少数人)的控制;第二,承认了这种状况之后,找出一些人奴役另一些人的原因;第三,找到原因之后,消除这些原因。

(以上出自《当代的奴隶制度》)

正是这种不平等,这种抬高一部分人压低另一部分人的做法,在很大程度上造成了人们对于现有生活秩序的悖谬、残酷和罪恶,对于一部分人行骗另一部分人受骗的现象就能够视而不见的局面。

……

正是这种人有贵贱之分的欺骗和由此产生的陶醉于权力和奴颜的状态,常常使得被国家制度连在一起的人们在从事违心活动的时候并不感到良心的谴责。

(《天国就在你们心中》)

上层阶级的人们感觉到,只有使自己(富裕而有学问的人)和劳动人民(贫穷而无知识的人)分开,才可能保持自己的权势,但无论他们怎样努力想出各种新的世界观借以保持其优越地位,或复古的理想,或神秘主义,或希腊精神,或超人哲学,他们都得承认(不管愿意或不愿意)在生活中从各个方面有意无意确立起来的一个真理,即:我们的幸福只在于人类的互相团结与友爱。

(《什么是艺术?》)

按照事物的本性,一个人会制服许多人并且强迫他们为他服务,于是出现对于人类最为不利的分散劳动,而只在一定程度上存在比较有利的共同劳动,在共同劳动中又出现不平等和人压迫人的现象。于是有些人试图实现平均化,使人们获得解放。平均化的做法结果总是不利的,比如干活,为了使人得到平等的报酬,最好的工人和最坏的工人扯平,分配物品也和大家一样多一样好,结果越分越小,对所有的人都越来越不利,因此,平均化和人不受压迫的种种尝试,以及种种政治权利产生了更多的激动和不和。解放被压迫者没有成功,而把越来越多的人联合在一起,使之听命于一个人的做法日益扩大。共同劳动的规模越大越有利,但是不平等的现象也越是惊人,越是使人愤慨。怎么办?

分散劳动不利。共同劳动有利,但它带来的不平等和人的压迫的现象太可怕。社会主义者想消灭不平等和人压迫人的现象,办法是使资本归属各国人民,归属人类。这样一来,人类自身成为共同的劳动单位。然而,第一,人类也好,各国人民也好,都还没有认识到这个必要,而只要他们认识不到,这种制度就不会成为全人类的制度。第二,在追求个人福利的人当中,绝不可能找到那种管理全人类的资本而不滥用职权、不致重新给世界带来不平等和人压迫人的现象的无私的人。因此,人类不得不作两者必居其一的选择,要么放弃共同劳动能达到的进步,甚至向后退,只要不破坏平等,不产生人压迫人的现象,要么勇敢地承认,不平等现象必然存在,人压迫人的现象也是如此,只要人劈柴,就会有木屑四溅,牺牲品在所难免,斗争是人类的法则,有些人接受并且支持这种观点,但是与此同时,分配得少者的抗议声、被压迫者的呻吟声、为了基督的理想或者说为了真和善的理想而发出的愤怒的呼声也越来越高了。任何一个小孩子都懂得,对于全体最有利的是人人关心共同的事业,并作为全体的一分子而得到保障。但是,既然不存在这种情况,也不可能钻到每个人的心里去命令他这样做,让所有的人都满意也不可能,或者需要无限长的时间,那么只剩下一条路:继续促进由多数人屈从于少数人产生的共同劳动,同时对分配得少的人隐瞒他们同幸运的人之间存在不平等的事实,阻止他们发动进攻,帮助并赈济受压迫者。现在人们就是这样做的。但是资本主义集结的规模越来越大,不平等和人压迫人的现象越来越严重。与此同时大家也渐渐清醒起来,无论是不平等现象还是压迫的残酷性,对于被压迫者和压迫者越来越明显。在这条道路上继续走下去是不可能了……

只要每一个人的目的是获利,是尘世幸福,那么对于一切人都最有利的制度就不会实现。只有到了每一个人的目的是不依尘世幸福为转移的幸福的时候,只有到了每一个人都从心里说:贫穷的人有福了,哀哭的人、受压迫的人有福了的时候,那种制度才会实现。只有到了每一个人不再追求尘世幸福,而去追求总是与牺牲一致而且受到牺牲检验的精神幸福的时候,一切人的最大幸福才会实现……的确,在这个人人都为自己活着的世界上,要开始少许为别人活着是不行的,必须把自己完全献出来。这是良心的要求,也就是基督使之变得神圣的良心的要求。

(《1889年9月1日日记》)

从前人们相信,人从出生起就分为不同的种类,从骨子里就分为黑的和白的,就分为雅弗的和含的族群①,一些人应当做主人,另一些人应当作奴隶。人们之所以承认这种把人分成主人和奴隶的做法,是因为他们相信,这种划分是上帝决定的。这是一种极为有害的野蛮的迷信,它至今仍以其他的形式被人所承认。

我们都是兄弟,然而每天早晨是我的兄弟或姐妹给我端出便盆,我们都是兄弟,但早晨起来,雪茄、糖、镜子等东西是我必不可少的,而为了生产这些东西,那些与我平等的兄弟姐妹,却曾付出并且仍在付出健康的代价。我们都是兄弟,可我是靠着在银行或商行及店铺里的工作为生,而这些工作就是为了把我的兄弟们所需的商品的价格抬得更高。我们都是兄弟,可我却是拿薪水生活的,因为我检举、审判并且惩罚了小偷和妓女,而他们的存在是由我们生活的方式所决定的,我也知道,他们不该受到惩罚,只应改造。我们都是兄弟,可我却是拿薪水的,因为我向人们宣扬了假基督教信仰,正是这种东西剥夺了他们认识真正信仰的可能性。我们都是兄弟,但是我把自己那些教育的、医学的、文学的著作拿出来给穷人们,只是为了赚钱。我们都是兄弟,可我却是拿薪水的,因为我准备去杀人,并教给别人去杀人,或者因为我在制造武器弹药,或者因为我在建造军事堡垒。

只要看一下这些基督徒的生活——他们被分成两类人,一类

---

① 《圣经·创世记》载,雅弗和含都是挪亚的儿子,挪亚死后,他的儿子们各成宗裔,其后代各立邦国,成为不同的民族。

人一生都在令人眩晕的、疲于奔命的而他们自己又不需要的劳动中度过，另一类人却过着极度悠闲和百般享乐的日子——只要看到这些，你就会感到震惊，在那些信奉基督教法规的人们之中，其不平等已达到骇人听闻的地步，尤其令人震惊的是，有人一面操纵残酷至极和显而易见的不平等生活，一面却宣扬平等的谎话。

印度教，就信仰的本义来说是最古老和最深奥的一种信仰。但是它却没有成为世界性的信仰，并且没有给人们的生活带来它所能带来的成果，其原因就是它的导师们承认人是不平等的，并把他们按种性分类。对于承认自己不平等的人们来说，不可能有真正的信仰。

有些人自己认为，也被别人认为，他们不是像实际上那样——即普通人那样，而是认为其中某某是贵族，某某是商人，某某是省长，某某是法官，某某是士官，某某是皇帝，某某是大臣，某某是军人。所有这些人不是把自己的职责看作必须为每个人做事，而是必须为那个贵族、商人、省长、法官、士官、皇帝、大臣、军人做事。

如果人们自认为他们是不平等的，乃是因为其中有人总是或者在身体上比别人更高大强壮，或者比别人更聪明，或者更灵活，或者更广闻博见，或者更善良，——这种认识本来是可以理解的。但通常却不是把人这样去划分的，而是把一些人视为高贵的，而把另一些人视为低贱的。他们认为人是不平等的，是因为一个人被称为公爵、将军，而另一个人被称作农夫、工人，一个人披金戴银，另一个却穿着树皮做的鞋子。

当今的人们逐渐地明白了，所谓人的不平等只是一种迷信，并在灵魂深处对之加以谴责。但是那些从不平等中得到好处的人，是下不了决心与这种现象诀别的；而那些因不平等而受害的人，却不知道如何消灭这种现象。

人们习惯于在思想上把人分为出身名门的和出身卑微的,分为高贵的和低贱的,有教养的和没教养的,人们习惯了这样来划分人,并且真的在想,一些人能够过上比别人更好的日子,一些人能够比别人得到更多的尊敬,这只是因为一些人被归入一类,而另一些人被归入另一类。

一个被富人们普遍接受的习惯是,对一些人说"你",对另一些人说"您",对一些人伸手,对另一些人不伸手,对一些人请到客厅里,对另一些人只在门廊上接待,这表明,人们距离承认人与人的平等还有多么远啊。

如果没有宣扬有关不平等的迷信,人们或许在任何时候也不会去做那些过去做过,今天仍在不停地做着的暴行,这些暴行的发生只是因为他们认不清所有人都是平等的。

你会听从或者尊重那些过着富足而奢华的生活、受过良好教育的人的话,——他们都承认所有人都是平等的,并且对种种压制、迫害和阻挠劳动阶级自由的行为表示愤懑。可是你也会看到他们的生活是怎样的,——所有这些人不仅就靠着压制、迫害和阻挠劳动阶级的自由为生,并且只要有可能,他们就起而制止劳动阶级尝试摆脱被压迫、不自由的处境的意图。

所有受国家体制约束的人都在为他们所做的事互相推脱责任:农民推给军人,推给贵族或商人,而他们又推给军官,军官又推给占据省长职位的贵族,而省长又推给占据大臣职位的官宦或贵族子弟,而大臣又推给位居皇位的皇室成员,而皇帝再把责任推给所有这些官员、贵族、商人和农民。人们通过这样的方式来推诿拒绝对他们所做事情的责任感,除此之外,他们也失去了对自己责任的道德感,造成这种现象的原因是,当国家体制形成之时,他们锲而不舍地极力使自己和他人都相信,他们大家并不是同样的人,而是分离得"像两颗星球"那样远的人,于是他们就开始真诚地信奉这一点。

看不到现存生活秩序的荒谬,看不到它的残酷和罪恶,看不到一些人在实施骗局而另一些人在受骗——人们的这种本性,就是建立在这种以某些人为尊、以另一些人为卑的不平等基础之上的。

令我们惊讶的是,如今被称为基督教的学说,却离耶稣所宣扬的相差如此之远,同样,我们的生活也远不是基督徒的生活。然而,如果在那些信奉上帝把人分成主人和奴隶、正确的和不正确的、富人和穷人的人们中间,有一种学说宣扬真正的人人平等,告诉大家所有人都是上帝的子民,所有人都是兄弟,所有人的生活都是同样圣洁的,那么,我们的生活还会像今天这样吗?接受过基督的学说的人只有两种选择:或者打破原有的生活秩序,或者歪曲他的学说。他们选择了后一种。

今天,一个人无论怎样,不管他是富有教养的,还是普通的劳动者,不管他是哲学家、学者,还是白丁,不管他是富人,还是乞丐,不管他是哪种宗教的神职人员,还是军人,当今的每一个人都知道,所有人都拥有分享世上生活和幸福的同等权利,不会是一些人优于或者劣于另一些人,所有人都是平等的。然而每个人在生活中都好像不知道这一点似的。在人们中间依然存在着认为人与人并不平等这样巨大的谬误。

不论是什么样的人,不论他的父亲和祖辈怎样,所有人都像同样的两滴水一样平等,因为所有的人身上存在着同一的上帝的灵魂。

当一个人爱某些人胜过爱另一些人时,他的爱就是俗人的爱。在上帝之爱的面前,人人都是平等的。

有人说:"工人错在他们想要坐到资本家的位子上,穷人则错在想要坐到富人的位子上。"这种说法是错误的。如果在这个世界上都信奉并遵行基督有关爱他人和人人平等的教义,则工人和穷人这么想或许是不对的;但在这个世界上信奉和遵行的却是这样的教义——生活的法则就是人与人互相争斗的法则,因此,他们才这样想,才希望坐到富人的位子上去,穷人所效仿的只是富人为他们所做出来的榜样。

不要相信无法做到人人平等或者它只能在遥远的将来才可能实现的说法。要向孩子学习。就在此刻,每个人都可以做到平等待人,为此不需要任何法律条文。你在自己的生活中可以做到与你遇到的所有人建立平等关系。不要对那些你认为位高权重的人表示出过分的尊敬,最主要的是,要把对你认为地位低下的小人物的尊敬,也同样地用于所有的人。

基督昭示给人们说,他们每时每刻都知道,人与人之间都是平等的,因为在他们所有人身上存在着同一的灵魂。但自古以来人们就把自己分成皇帝、权贵、财主和劳动者、穷人,尽管他们知道,他们都是平等的,但还是好像对此一无所知一样地生活,并且扬言人人平等是不可能的。不要相信这些话。要向孩子学习。一个小孩尊敬皇帝,与他尊敬一个普通人别无二致。就应该像他们一样去做人。对所有人都要待之以爱和亲情,对所有人都平等相待。如果有人要提高自己,对他们就不要比别人表示更多的尊敬。如果有人要贬低别人,那你对这被贬低的人就要努力表示格外的尊敬,像对与其他所有人都平等的人一样。要记住,在所有人身上都同样存在着上帝的灵魂,除此之外,我们不知还有更高贵的东西。

对于基督徒来说,爱是一种希望所有人都得到幸福的感情。但在许多人看来,"爱"却意味着与此完全相反的感情。在那些认为生活即在于人的动物性的人们心目中,爱常常就是这样一种感情:一个母亲出于爱,为了自己的婴儿的幸福,用雇佣奶母的方式,从另一个婴儿那里抢来他母亲的乳汁;或者爱就是这样一种感情:一个父亲出于爱,从饥肠辘辘的人们手里抢来最后一块面包,为的是给自己的孩子吃;或者爱就是这样一种感情:一个人爱上了一个女子,并且因这种爱而痛苦,于是他也迫使她去痛苦,引诱她,或者出于忌妒杀死她或自杀;或者爱就是这样一种感情:出于这种爱,一些彼此情投意合的人,合起伙来去加害于他人或与他们这一伙人有仇怨的人;或者爱就是这样一种感情:出于这种感情,一个人为一件"十分喜爱的"事业而经受着痛苦,并且用这种事业带给周围的人同样的悲伤与痛苦;或者爱就是这样一种感情:出于这种感情,人们不能忍受自己所爱的祖国遭受凌辱,而将自己和他人的尸骸或伤残之躯铺满疆场。这些感情不是爱,因为那些体验到这种感情的人,不承认所有人都是平等的。而不承认人人平等,就不可能有真正的对他人的爱。

(以上出自《生活之路》)

国　家

国家这个机构是靠暴力维持的，为了自己能够存在下去，它要求人们首先绝对服从它的法律，其次才是宗教戒律，没有死刑、军队和战争，它就无法存在，它几乎把自己的执政者视为神明，它推崇财富和权势。

在俄国，没有政权从来不妨碍农业村社过正常的、和平的社会生活。相反，政权的干预对俄国人民固有的这种内部结构总是有妨碍的。

所谓隶属于某一个国家是人类生活的必要条件这一信念已经根深蒂固，人们没有决心按照自己的理性、善恶感和直接利益的要求去行动。

为了对国家的信仰而保持自己的奴隶地位的人，就像笼中小鸟，尽管笼门开着，却仍旧自囚其中，部分是处于习惯，部分是因为不懂得它们已经自由了。

没有自由的主要原因，几乎是唯一的原因，在于对国家的迷信。

人摆脱了对政府的唯命是从并且不再承认国家、祖国这种人为的联合体以后，就应当去过那种自然的、愉快的也是最有道德的农业村社生活，村社只服从不是以暴力为基础，而是以相互协调一致为基础的、人人能做到的、自由的法规。

日益深重的灾难必然会使他们选择那唯一的生路:不再对各国政府唯命是从,其结果是国家暴力联合体的消灭。

为了实现这个伟大的变革,只需使人们明白,国家也好,祖国也好,是个虚构的东西,而生命和真正的自由才是现实的东西,因此不应当为了被称为国家的那个人为的联合体去牺牲生命和自由,而应当为了真正的生命和自由摆脱对国家的迷信和由此产生的对人的罪恶的唯命是从。

(以上出自《论末世》)

国家机构是非常不自然的、不牢固的,稍稍推动一下就可以摧毁它,它不仅证明不了它是必需的,相反却表明,即使过去某个时期它是必须的,现在它却是根本不需要的,因而则是有害和危险的。

……

在靠暴力管理的所谓完善的国家里,我们所见到的人民的昌盛幸福,只不过是一种装潢门面的虚假的外表。所有能破坏这富丽堂皇的外表的东西——饿肚子的、患病的、有失体面的二流子,都被藏到人民看不到的地方。但是看不见这些人,并不说明这些人不存在。相反,这种人越多,就越是得把他们藏起来,而造成这种人的那些人,对待他们就越是残酷。

诚然,对政府活动的任何破坏,尤其是停止政府的活动,即停止有组织的暴力,都会毁坏生活的温文尔雅的外表,但是这种毁坏所造成的不是生活的瓦解,而只是暴露出隐蔽的东西,并且使人有可能纠正它。

……

实际上,国家不是这种强盗机构又是什么!国家机构只不过比卡拉布里亚强盗的机构更复杂一些罢了,只是更不道德、更残酷而已。在强盗那里,所有交了买路钱的人都可以得到同等安全的保障。而在国家里,谁参加有组织的欺骗越多,他就越多地不仅得到保障,而且也得到奖励。最后保障的是皇帝、国王、总统,他们花费的钱也最多,这些钱是从缴纳捐税的国民那里搜刮来的,然后,根据其参与政府犯罪的多少往下排的就是总司令、部长、警察总监、省长,一直到保障最小、薪俸最少的警士。根本不参与政府犯罪活动,拒绝服务、缴纳捐税和审判的人,就像在强盗那里一样,要遭到暴力。

为了使人们摆脱灾难和奴隶制度,应该使他们懂得,政府并不是最必需的神圣不可侵犯的机关,对它不要像经常向他们所灌输的那样只是驯服和敬仰。对待政府也和对待教会一样,或是敬仰或是憎恶。尽管政府为了保持自己的地位施用了催眠术,但是敬仰政府的时代,毕竟越来越快要成为过去了。到时候了,人们应该懂得,政府不仅是不必要的,而且是有百害的和最不道德的机关。正直的尊重自己的人不可能,也不应该参与其活动,不可能也不应该享用其利益。

(《当代的奴隶制度》)

国家制度具有这样一种特性,一个人无论处于社会阶梯的哪一级阶,他那身不由己的程度全部一样,即他在社会阶梯上地位越高,他受下面要求下令的影响也就越大,而受上面命令的影响就越小,反之亦然。

……

被催眠术控制的人——受国家灌输的影响的人,两者之间的区别在于,前者是因为突然受到外部的影响而在非常短暂的时间内接受了假想角色,所以这种法术在我们看来具有立即生效、使人惊讶的特点,而后者接受假想角色却是逐步的、渐进的、不知不觉的,从孩提时代起便已开始,有时甚至除了长期熏陶,尚有世代相袭的传统观念一并在起作用这样一个复杂的过程。此外,影响后者的不是一个人,而是周围所有的人。

(《天国就在你们心中》)

谁都不愿意停止服从政权,免得使自己遭受政权的迫害,虽然明知,如果服从政权,他将会在战争和内乱中遭受严重得多的灾难。

这是什么道理呢?

这是因为,服从政权的人们不是在判断上,而是在行动上处于一种东西的影响之下。它向来是人们行为的最普遍有效的动力之一,近来得到了特别详尽的研究和阐明,被称作暗示或者催眠。这种阻碍人们去做符合他们的理智本性并对他们大家都有利的事情,却迫使他们去做那些不理智又于己不利的事情的催眠,就是认为那些自称为国家政权的人所制造的一桩桩暴力并不简简单单地就是一些不道德的人的不道德的行为,而是某个特殊、神秘的圣物的活动表现,这个圣物叫作国家,人们的生存从来就没有离开过它(这种说法是完全错误的),也永远不可能离开它。

……

可是一旦人的律法代替了上帝的律法,人们就失去了宗教意识,受到了国家的催眠,在这种催眠术的影响下,他们幻想那些奴役他们的人并不简简单单地就是一些迷途的淫佚者,而是一个神秘物的代表,这个神秘物就是国家,人们的生活似乎不可能离开它。

兜完了一个错误的圈子:对政权的服从减弱并部分地打消了人们的宗教意识,而宗教意识的减弱和丧失,又使人们服从人的权力。

……

所有生活在那些被称作国家的联合体中的民族,都处在这样一种听从暗示的、必然要服从国家的状况。

(《论俄国革命的意义》)

只有庄稼汉直接靠自己的劳动为生。城里的人不可避免地彼此相食。他们中间产生国家,国家也可能是必要的。对庄稼汉来说,国家却是多余的、有害的。

(《1906年4月2日日记》)

人类的法律——扯淡！真的，国家不仅是剥削公民，而且主要是腐蚀公民的一张护身符。然而国家终究还是存在着，而且是处在如此不完善的状态中。

（《1857年3月24—25日致瓦·彼·鲍特金的信》）

亨利·乔治(1839—1897，美国经济学家，著有《进步与贫困》等)曾经说过："不管我们觉得我们的文明如何稳定，其中已在发展着破坏力量。不是在沙漠和森林里，而是在城市贫民窟里和大路上正培养着强盗，他们对我们的文明在做着匈奴和汪达尔人对古代文明所做的事情。"亨利·乔治20年前所预言的，如今我们亲眼看到，在我们俄国到处都特别明显地在实现，这是由于政府惊人的盲目性，它正在努力破坏社会公益事业所赖以存在的基础。

乔治所预言的汪达尔人，在我们俄国已完全成长起来。这些汪达尔人都是亡命徒，在我们这里，在我们具有深刻宗教精神的人民之间尤其可怕，尽管这使人觉得不可思议。这些汪达尔人之所以特别可怕，正是因为我们不像西欧人民那样具有强有力的扼制基础，遵守礼仪和社会舆论。我们这里要么是真诚而深刻的宗教感情，要么就是完全没有任何扼制基础，因此才出现了斯焦卡·拉辛、布加乔夫……说起来很可怕，斯焦卡和叶美里卡的大军正是由于我们政府近来采取了布加乔夫式的措施，奉行骇人听闻的警察暴力，疯狂进行流放和苦役，设置牢狱和囚堡，每天每日执行死刑处决。

这种活动解除了斯焦卡·拉辛们最后一点道德约束。"既然有学问的老爷们这么干，那么上帝也吩咐我们这么干"。他们这么说和这么想。

我时常收到这一类人，多半是流放犯的来信。他们知道我写过有关勿以暴力抗恶的东西，大部分人，虽然没有文化，但狂热地反对我，说对于政府和富人给人民所做的一切，只有一个回答：复仇、复仇、再复仇。

我们政府的盲目性着实令人吃惊。它看不见，同时也不愿意看见它为了解除敌人的武装所做的一切只能增强其战斗力。是的,这些人是很可怕:对于政府,对于富人,对于一切生活在富人中间的人来说,是很可怕。

然而,除了这些人所引起的恐惧感,也还有另一种感情,这种感情比恐惧感更激动人心,是我们所有的人对待由于一系列偶然因素而陷入这种可怕的流浪生活境地的人所不能不体验到的。这种感情——便是羞耻和同情感。

与其说是恐惧,不如说是这种羞耻和同情感迫使我们这些不处在这种境地的人对俄国生活中这种新的可怕的现象负责。

除了通常的来访者和求见者,这天还来了几个特殊的人物:第一个——是个风烛残年的老农民,没儿没女,一贫如洗;第二个——是个非常贫困的妇女,带着一大帮孩子;第三个——是个农民,据我所知,很富裕。这三个人都是我们村子的,他们三人为了同一桩事。新年前夕收缴捐税,老头给查抄了茶炊,婆娘——一只羊,富裕的农民——一头牛。他们要求免除或救助,要么两项都要求。第一个发言的是富裕的农民,他已经衰老,但身材高大,仍然很英俊。他说,村长来了,查抄了牛,还要求缴纳27卢布。这笔钱是食品捐,据这个农民的意见,不该现在收。我对此毫无所知,说等我到区公所打听清楚以后再告诉他,是否可以免除这笔款项。

第二个发言的是被查抄了茶炊的那个老头。他身材矮小、瘦削体弱,穿戴很坏,讲话很激动,很伤心,对所发生的事情困惑不解,说来人查抄了茶炊并且要求缴纳3卢布70戈比,他没有这笔钱而且无处去弄。

我问:这是些什么捐?

"谁晓得是什么捐,大概是国库捐吧。我和老太婆两个人,本来日子过的就很紧,上哪儿弄钱去呢?这是什么法律啊?可怜可怜我们老人吧,帮帮忙吧。"

我答应了解一下,并尽力而为。我转向那个婆娘。她瘦削而且疲惫不堪,我认识她。知道她丈夫是个酒鬼,有5个孩子。

"把羊给查抄了。来人说,交钱。我说:当家的没在家,干活去了。他们说,交钱。我上哪儿去弄呀?只有一只羊,还给查抄了。"她哭泣起来。

我答应打听清楚,如果能帮助她,必定帮助,首先得去村里找村长,详细了解这是些什么捐,为什么收得这么严。

在村里的街上,又有两个求见者——两个婆娘把我截住。她们的丈夫都干活去了。一个婆娘要我买她的粗麻布,两个卢布就卖。

"把母鸡给查抄了。我刚养起来。我靠它度命呢,生了鸡蛋好卖呀。您把这粗麻布买去吧,质量好得很。要不是需要钱,3个卢布都不卖。"

我打发她到家去,等我回来我们商量一下,也可能就这么办。还没等我找到村长,又遇到我从前的女学生奥尔古什卡。她生着一双黑色的眼睛,眼珠灵活,现在已是一个老太婆了。遭殃的还是那桩事——把小牛犊给查抄了。

我来到村长的家。村长是个健壮的庄稼汉子,生着一张聪明的脸,胡须已经斑白,他出来到街上迎接我。我询问收缴什么捐,为什么突然这么严厉。村长对我说,上面严格命令新年前收齐一切欠款。

"查抄茶炊和牲口,"我说,"难道也是上面的命令吗?"

"那怎么办?"村长说,耸了耸肩膀。"不行呀,不交钱。就拿阿巴库莫夫来说吧。"他对我说出那个因什么食品捐而被查抄了牛的富裕农民的姓名。"儿子乘坐出租马车,有3匹马。他怎可不交?他总是装穷。"

"好吧,这个人就算是这样的,"我说。"可是那些穷人呢?"

我对他说出了那个被查抄了茶炊的老头。

"这些人的确是穷,没有理由拿他们的。可是上边不清楚这些。"

我又举出被查抄了羊的婆娘。村长对这个人也很可怜,可是说不能不执行命令,似乎以此为自己辩解。

我问:他是否早就当村长,可以得到多少。

"有什么可得的,"他说,对我所说的答非所问,但却回答了一个我没说出来而由他猜到的问题,即他为什么参与这种事。"我也不愿意这么干。我们的薪俸30卢布,可是罪孽却躲不开。"

"那就拿走人家的茶炊、羊和母鸡吗?"我问。

"要不怎么办?不能不拿。区公所已经定下拍卖。"

"要卖?"

"是的,对付着完成定额……"

我到那个因羊被查抄而来找我的婆娘家去。小小的茅屋,门斗里养着她那只唯一的羊,如今要用来增加国家的预算了。女主人被贫穷和劳动折磨得疲惫不堪,有些神经质,她按照女主人的习惯,见到我就怀着激动的心情快速地讲了起来:

"我就这么过日子:最后一只羊也要给夺去,我带着这么一大帮难以活命,"她指了指敞廊和炕炉。"过来,磨蹭什么!别怕。我跟这些小叫花子得吃饭哪。"

小叫花子们——这的确是一些小叫花子,穿着破烂不堪的衬衣,没有穿裤子——从炕炉上爬下来,围着母亲……

那天我到区里去了解详情,这种征收捐税的方式,对我来说很新鲜。

区长不在。他马上会来。区里有几个人站在铁栏杆外,也在等候区长。

我询问等候的人。他们都是什么人,来干什么?有两个人来取身份证。他们要外出打工,带来了领取身份证的钱。有一个人来领取区法院判决书的副本,原来他在叔叔和婶婶家居住和劳动了23年,两位老人死后,他把他们安葬了,可是叔叔的宅邸却被他的一个孙女夺去了。他作为叔叔的直接继承人,利用1月19日颁布的法律,把土地和原告住过的宅邸变卖了,把钱据为己有。他向法院起诉,却被否决。他不愿意相信会有这样的法律,想要向高一级的法院起诉,但又不知道该向哪一个法院起诉。我向他解释说,有这种法律,这引起所有在场者的非议,他们感到不可理解和不可信。

和这个农民的谈话刚结束,又有一个高个的农民,带着严肃的面部表情,要我就他的案子进行解释。它的案情是这样的:他和同村的乡亲们一起在自己的耕地上挖掘铁矿石,老早就开始挖了。

"如今却下了一道命令。不准挖掘。不准在自己的土地上挖掘。这是什么法律?我们只是靠着这个为生的。已经跑了一个多月,在哪儿都得不到结果。我们弄不明白,要让我们倾家荡产才算完事儿。"

我对这个人一句安慰的话都不能说,便向已经到来的区长提出自己的问题,询问我们那里为了收缴欠款而采取的措施。也问了:收的是什么捐,根据哪个条款来收缴。区长告诉我,现在向农民收缴拖欠的捐有7种:1)国库捐,2)地方自治捐,3)保险捐,4)粮食债券,5)弥补粮食资金亏空捐,6)区村社捐,7)村财务捐。区长跟我说的跟村长说的一样,收缴特别严厉的原因——是上级长官的规定。区长承认,征收穷人的很困难,但对穷人已经没有表现出村长的那种同情,并且不准自己指责长官,更主要的是对自己职务的必要性和参与这种事情的无可指责几乎毫不怀疑。

"不可姑息……"

此后不久,我有机会跟地方行政长官就此进行谈话。这位地方行政长官几乎从未见到过穷人,因此对这些穷人的困难处境极少同情,同时对自己的活动道义上的合法性也极少有怀疑。虽然他在跟我谈话中也同意说不当官会更平静,但仍然认为自己是个有益的活动家,因为换了别人在他的职位上会更坏。既然住在乡下,为什么不利用自己这个机会来领取哪怕是很微薄的地方行政长官的薪俸呢。

省长认为为了满足那些造福于人民的人的需要,征收捐税是必不可少的,他的议论已经完全不考虑从乡下穷人家中拿走的茶炊、牛犊、羊、粗麻布,对自己的活动的益处没有表现出丝毫的怀疑。

大臣们,那些从事烧酒生意的人以及那些忙于教人杀人的人,还有那些忙于判处人们流放、坐牢、服苦役、绞刑的人,所有的大臣及其助手们——这些人则完全相信,从穷人手中夺去的茶炊、羊、粗麻布、牛犊,将会得到最好的安置,用来酿制毒害人民的烧酒,旨在进行屠杀的大炮,建造监狱,组建囚犯连队,诸如此类等等,还有,为他们及其助手们发放薪俸,以便他们为装修客厅,为妻子购置服装,他本人进行旅行和娱乐支付必需的开支,因为他们为造福于粗野和不知感恩的人民而承担着沉重的工作,必须得到休息。

(以上出自《村中三日》)

马克思的理论思考不周之处及其错误主要在于预测资本将从私人手中转归政府,然后从代表人民的政府手中转归工人。政府并不代表人民,政府仍旧是一些掌权的个人,他们与资本家稍有不同,而某些方面又是一致的。所以政府绝不会将资本转交工人。说政府代表人民是捏造,是欺骗。假如在某种制度下政府真能表达人民的意志,那么这个政府便不需要暴力,政权这个意义上的政府便没有存在的必要。

(《1898年8月3日日记》)

国家的伪学说在于只承认它与一个民族、一个国家的这部分人保持团结一致,而与其他民族、其他国家的其他人却是分隔开来的。由于这种可怕的伪学说,人们自相折磨,残杀,掠夺。而要摆脱它,人只有承认在他身上生命的灵魂本源与所有人身上的都是同一的。承认了这一点,人就不会再去相信那些人为的组织机构,是它们把由上帝结合起来的又割裂开来。

"非常抱歉,我必须发布命令,没收劳动产品,实行监禁、流放、苦役、死刑、战争,即群众性屠杀,但我有责任这样做,因为那赋予我政权的人所要求于我的正是这个。"——统治者们说。"如果我剥夺人们的财产,把他们从家里抓出来,关押、流放、处决,如果我杀害异族的人,摧毁他们,在城市里枪杀妇女儿童,那么不是因为我想这样做,我不过是在完成政权的意志而已,我已允诺为了共同的幸福而服从这个政权。"——被统治者们这样说。这就是国家伪学说的欺骗性。就是这种根深蒂固的伪学说使得数百人拥有了疯狂而无可辩白的政权,而凌驾于数百万人之上,并剥夺了这数百万人真正的自由。一个人生活在加拿大或者堪萨斯、波希米亚、小俄罗斯、诺曼底,只要他认为自己(人们常常为此而自豪)是不列颠、北美洲、奥地利、俄罗斯、法兰西公民,他就不会是自由的。而一个政府——它的使命就是使那个不可能也没有意义的统一保持统一,如俄国、不列颠、德国、法国——不可能赋予它们的公民以真正的自由,也不是类似自由的东西,像在那些精心设计的宪法(无论是君主制、共和制还是民主制的)中规定的那样。缺少自由的主要原因、也几乎是唯一的原因——就是关于国家必要性的伪学说。没有国家,人们也许会被夺去自由,但当人们归属于一个国家时,就不可能有自由。

主人亲自给雇工分派了活。忽然来了一个陌生人对这雇工说,要他丢开主人的活,而照主人吩咐的完全相反的去做,甚至要他毁掉已经开始做的主人的事。不是吗,必须把这个雇工的头脑彻底打乱,好让他知道,他完全受制于他的主人,主人随时都可以对他呼来唤去,让他知道了这一切,他就会同意照那个陌生人嘱咐的,去做任何对抗主人意志的事。

这种事正像一个基督徒的行为方式一样,他按照警察、省长、大臣和皇帝的命令,去做违背自己良知和上帝法则的事:抢夺穷人的东西,执行审判和死刑,参加战争。

他为什么会这样做呢?就是因为他所信奉的是国家伪学说。

可以理解,为什么皇帝、大臣和富人们都力求使自己和别人相信,人不可离开国家生存。但那些从国家那里一无所得而只是受到它折磨的穷人,为什么也要维护国家呢?其原因就是他们信奉国家的伪学说。

国家伪学说的危害之一是它把谎言充作真理,但更为有害的是,它使善良的人们去做违背其良知和上帝法则的事:抢劫穷人,执行审判和死刑,参加战争,而想不到这些事都是恶劣的行径。

国家以其赋税、法庭、死刑等,对人做下了许多的恶,对此所有人都看得到。所有人都看到,为了摆脱这种恶,应当做的只是不去维护这作恶多端的国家。人们为什么不能摆脱国家罪恶,摆脱国家伪学说呢?把人从这种伪学说中拯救出来的方法只有一个——真理。

今天人们已习惯于这样的现象,即在所有的事中有一些是被禁止做的,还有一些是被命令做的,不管这些事对他们来说有多难,另外,如果他们做了禁止做的事,而没有照命令去做,为此就有人来惩罚他们,他们也就将因此而日子难过了。人们对此既已习以为常,便不去探究,那禁止他们做某些事的是些什么人,是谁因他们不执行命令而实施惩罚,而只是恭顺地完成要求他们做的事。

人们觉得,对他们提出这些要求的不是人,而是某种特殊的生命,他们把它称作上司、政府、国家。不过一旦他们问自己,这个上司、政府、国家是谁,就会明白,这些人不过是像大家一样的普通人而已,那迫使他人执行他们全部命令的不是别人,而正是与身受暴力的那些人同等的人。

那些首领们说,如果没有国家政权,罪恶更大的人就将统治罪恶较小的人。但问题在于,可怕的事情已经存在了:罪恶更大的人如今正在统治着罪恶较小的人,这就是国家政权的存在。对于失去国家政权将会产生的后果,我们不能不来加以评判。就所有可能性来说,应该得出这样的结论:如果行使暴力的人停止他们的所作所为,大家的生活无论如何不会因此而变坏,只能变好。

只要仔细考虑一下,政府利用它的权力所作所为的实质,就会明白,那统治人民的人必然都是些残忍的、寡廉鲜耻的人,其道德水平肯定低于同时代、同社会一般的人。别说道德完美,就是没有完全到寡廉鲜耻地步的人,也不可能爬到宝座上去,或者成为大臣,成为决定全体人民命运的立法者。既是有完美道德的人,又是治理国家的人——这种说法有一个内在的矛盾,就如同说一个妓女保持着童贞,一个醉鬼头脑清醒,一个强盗性情温顺一样。

马基雅维利[①]是这样教给君王们如何履行其职责的:"君王完全不必具有良好的品质,但是每一个君王都必须显示出他们拥有这样的品质。我还要说——实际上这种品质对统治者来说也许只会有害,所以,你没有美好的品质而装出有的样子就不会有害,而是非常有益的了。因此,对于君王来说,表现得宽厚仁慈、言出九鼎、爱民如子、信仰虔诚和开诚布公,是非常重要的,而真的成为这样则是有害的,除非是一个具有这些品质的君王善于在必要的时候压抑住它们,而表现出完全相反的样子。

"任何一个人都看得出,对于君王来说,特别是那些刚刚取得政权或者执掌重新崛起的君主制国家的君王,他们的行为方式往往与其道德要求不相符合,极为常见的是,为了维护国家秩序,他们必须违背良知、仁慈和博爱的法则,甚至违背宗教信仰。君王必须具备顺应时势而改变信念的多变能力,正像我上面所说的,如果可能,就不要逃避诚实的做法,然而在不可避免的情况下,就要采取不诚实的手段。

"对于君王们尤其重要的是,要装扮成信仰虔诚的样子,人们评判一个人大多数情况下都是凭借其外在表现,因为具有进行深入分析才能的人只是少数,所以在你加了伪装的情况下,人们很容易被欺骗。假面具对于君王来说是必需要有的,因为大多数人只是凭着他们表现出来的样子对其加以评判,只有极少数人有能力

[①] 马基雅维利(1469—1527),意大利政治思想家,主张不择手段地建立强大的国家政权。

区分外在表现和实际情形,但即使这少数人洞悉了君王的真正品质,他们也不敢说出与大多数人相反的个人想法,他们害怕会有损于代表着君王的最高政权的尊严。除此之外,因为君王的行为是不受司法制约的,即使受到谴责也只是他们行为的后果,而不是行为本身。只要一个君王善于保护自己的生命和政权,那么为此无论他使用什么手段,这些手段都应当被认为是正当的,是值得赞扬的。"

强盗抢劫的是富人的财产,而政府抢劫的是穷人的财产,帮助政府犯罪的富人会受到保护。强盗要冒着生命的危险去做他的事,而政府几乎不会冒任何风险。强盗不会把任何人强行拉入自己的团伙,而政府大多数情况下都是强行来征募军队。强盗大多数情况下都是平均分配猎获物,而政府在分配其收入时是采用多重标准的:谁更多地参与其有组织的欺骗活动,谁得到的奖赏就多。强盗不会蓄意引诱人们堕落,而政府为了达到自己的目的,以其伪宗教和爱国主义学说败坏了一代又一代的儿童和成人。而最主要的是,无论哪一个最为残忍的强盗,斯捷卡·拉辛也好,卡尔图什也好[1],就残忍、暴虐和使用精巧的酷刑方面来说,他们不仅比不上那些以残忍著称的罪恶君王:恐怖的约翰,路易十一,伊丽莎白们等人[2],甚至也比不上今天的那些推行死刑、单人监禁、军事感化营、流放、镇压反抗和战争屠杀的立宪政府和自由主义政府。

国家体制的主要罪恶不在于扼杀生命,而在于扼杀爱,唆使人们离心离德。

---

[1] 斯捷卡·拉辛(斯捷潘·拉辛的昵称,约1630—1671),俄国农民起义领袖,1671年起义失败被绞死。卡尔图什(1693—1791),法国著名的大盗。
[2] 恐怖的约翰,即恐怖的伊凡(或称伊凡雷帝,1530—1584),俄国第一个沙皇。路易十一(1423—1483),法国国王,以推行中央集权著称。伊丽莎白们,指英国女王伊丽莎白一世(1533—1603),和俄国女皇伊丽莎白·彼得罗夫娜(1709—1761)。

每一个政府的本质特性就是,它要求公民付出力量,构成政府基石的就是这些力量。这样一来,在一个国家内,所有的公民就都成了自我压迫者。因为政府要求于公民的就是暴力和对暴力的维护。

在人们以前的生活状态下,国家制度的存在也许是必要的,就是在今天,它对某些人来说也许是必要的,但人们无法预见到未来的生活状态,那时暴力只会打乱人们的和平生活。看到或者预见到这一点的人,不能不努力去创造新的秩序,以使暴力成为不必要和不可能发生的事。而实现这种秩序的途径就是人内在的完善,抵制对暴力的参与。

人们说,国家制度是合理的,因为它是由大多数人赞同确立的。但首先说,这是不对的,国家制度不是由大多数人赞同而是由强权所确立的。其次,即使它曾经被大多数人所赞同过,那么这也不能说明它是合理的。

不仅某个人没有权力支配多数人,就是多数人也没有权力支配某个人。

人们说,自古以来就有国家,所以没有国家就无法生活。首先说,国家不是自古以来就有的,再者说,即使有过国家,现在也有,但这并不表明它永远是必不可少的。

对国家,像对教会一样,不外乎两种态度,不是衷心敬仰,便是极度厌恶。当一个人还不明白什么是国家,正像不明白什么是教会的时候,他就不能不对这些机构保持敬仰。在他服从于这些机构时,出于自尊他一定会想,他所服从的一定是某种独具风采的、伟大而神圣的东西。但只要他明白了,他所服从的并不是什么独具风采的神圣之物,而不过是那些心怀恶意的人所搞的骗局,他们打着领导的旗号,利用他人来达到私人的目的,那么他就不能不立刻对这些人心生憎厌。

每个真正的基督徒在国家对他提出违背其觉悟的要求时,能够也应该作出声明:我既不能证明国家的必要性,也不能证明其危害性,我所知道的只是:首先,我不需要国家;其次,我也不能去做对于国家存在必须要做的任何一件事。

当一个人不得不选择,是听从上帝的吩咐,还是听从政权的吩咐,这时,如果他按照政权的吩咐去做,那么他的所作所为就好比是,一个人不是听从他与之生活的主人的话,而是听从他在街上遇到的第一个人所说的话。

无政府主义者们在许多方面都是对的,如否定现存秩序,证明在现存的习俗中不可能有比政权暴力更恶劣的东西,但他们犯了一个重大的错误,他们认为无政府主义可以通过革命来确立。无政府主义只能通过这样的方式来确立,即让越来越多的人不再需要政权的保护,让越来越多的人为使用这个政权而感到可耻。

无政府主义并不意味着取消组织机构,而只是取消那些以暴力迫使人们屈服的机构。看来,否则的话,就不可能,也不必要建立一个天赋理性的生命社会了。

一个人认为自己优于他人,这是愚蠢的;而更为愚蠢的是,整个民族都认为他们优于其他的民族。而每一个民族,每一个民族的大多数人,都生活在这种可怕的、愚蠢的和极为有害的迷信之中。

在当今世界各民族频繁交往的时代,宣扬只对自己民族的爱,鼓吹做好进攻另一个民族或以战争来保护自己不被进攻的准备,这种论调出现在今天,就如同对一个村子里的居民宣扬对自己村子的特殊的爱,宣扬各个村子都要组织军队、修建堡垒一样。过去对自己民族的爱使人们团结了起来,而在今天,当人们已经通过通讯、贸易、工业、科学、艺术,而主要是道德意识紧密结合起来的时候,这种对自己民族的特殊的爱所起的作用就不是结合而是离间人民了。

如果在古老的年代里,当各个民族都臣服于被奉为神灵的统治者无限的权力时,当他们心中感觉他们就好像一个随时会被肆虐的海洋所淹没的小岛时,如果那个时候爱国主义具有其真正的含义,并被视为一种好事,那么在今天,当一种许多民族都曾体验过的情感要求人们,要与他们的理性、道德情感和宗教——即承认人人平等、大家都是兄弟的宗教直接对立,在这种时候,爱国主义就不能不变味了,只能成为一种最为愚蠢的迷信。

值得肯定的是,当初犹太人、希腊人、罗马人不仅靠着残杀捍卫了民族的独立,也靠着残杀使别的民族屈服,当时他们坚信,他们的民族是唯一真正的、优秀的、善良的、独享上帝之爱的民族,而所有其他民族都是非利士人①,都是野蛮人。直到中世纪,甚至在不久前,上一个世纪末和本世纪初,人们还对此深信不疑。但我们,不管我们受到怎样的刺激,我们也不会再去相信这一点,这种迷信对当今的人们来说是如此荒诞,不摆脱它是无法生活的。

人不明白生活的意义和使命,就无法觉悟到与他人——不只是自己的民族,而是所有民族的人——的平等和兄弟情谊。

在塞瓦斯托波尔②附近,每当休战的时候,我不止一次看到,俄

---

① 非利士人,起源于地中海东岸,公元前12世纪先于以色列人到达巴勒斯坦南部地区,后被以色列人战败。

② 塞瓦斯托波尔为克里木半岛上的城市,克里木战争期间俄国军队在此抗击了土耳其与英、法联军的进攻。托尔斯泰当时参加了塞瓦斯托波尔保卫战。

国和法国的士兵走到一起,他们彼此语言不通,但却打着手势,互相拍打着肩膀和肚子,发出兄弟般友好的微笑。这些人比那些操纵战争的人不知要高尚多少,在休战中止的时候,那些操纵者便向这些善良的人们灌输,说他们不是兄弟,而是不同民族中相互仇视的成员,于是再一次迫使他们去相互残杀。

每一个人,不管他们是奥地利人、塞尔维亚人、土耳其人,还是中国人,他们首先是**人**,即有理性、有爱心的生物,他们的称呼并不是用来去保护或者破坏塞尔维亚人的、土耳其人的、中国人的或俄国人的国家,而只是为了在他被赋予的短暂的尘世生命期间去完成作为一个人的使命。这个使命只有一个,也非常明确:爱**所有的**人。

基督昭示给人们,在自己和其他的民族之间搞分裂是一种欺骗和恶。理解了这一点,一个基督徒就不会产生对其他民族的恶感,也不会去像他们过去所做的那样,用他民族劣于己民族的理由,来为自己对其他民族所犯下的暴行辩护。一个基督徒不会不知道,在他和其他民族之间搞分裂是一种恶,分裂——是一种邪念,因此,知道了这一点,他就不能再像他从前所做的那样,去有意识地委身于这种邪念。

一个基督徒不能不知道,他的幸福不仅与自己一个民族的人,而且与世上所有人的幸福都是紧密相关的;他知道,他与世上所有人的统一不会被边界线、被政府对他的民族属性的命令所破坏。他知道,所到之处人人都是兄弟,所以他们都是平等的。

理解了这一点,一个基督徒就不能不改变自己对其他民族、对政府的全部态度。那从前被认为好的和高尚的——对祖国、对自己民族、对国家的爱,为了它们而投身于损害其他民族幸福的活动,战争的功绩等,现在,所有这些已不被基督徒视为高尚而美好的,相反,却被视为卑鄙而恶劣的东西。那从前被认为坏的和卑劣的——放弃祖国,反对与所谓的敌人进行斗争,反而被认为是好的和高尚的。如果一个基督徒在痴迷的时候会更多地希望自己的国家或民族获胜,那么他在清醒的时刻是不会沉醉于这种迷信的,也不会去参与任何类似建立在国家分歧之上的活动——设立海关或收取关税,制造武器弹药,或者某些与军备相关的活动,服兵役,更不必说去参加与别的民族进行的战争了。

(以上出自《生活之路》)

暴　力

实现解放人们这个革命目的的手段,显然应当不同于人们至今试图借以实现平等而使用的暴力。

抱着实现平等的愿望参加这场伟大的革命的人,如果以为平等要用暴力手段实现,就会误入歧途。其实平等不能用暴力手段实现的道理是很明显的,因为暴力本身就是不平等的最露骨的表现。今天的革命目的是自由,而自由更是无论如何不可能用暴力取得,这个道理应当是很明显的。

可是今天在俄国闹革命的人却认为,要用暴力推翻现任政府并且用暴力建立一个新政府——君主立宪政体或者社会主义共和国,他们才能达到这次革命的目的——自由。

历史是不会重复的。暴力革命已经过时。它已经给了人们它所能给的一切,同时表明,什么目的是它不可能达到的。

基督教教义从不同的角度解释了惩罚不合理、惩罚有害的道理,指出人类的主要灾难来自一些人以惩罚为借口对另一些人施行的暴力。其基督教义指出,免除暴力的唯一办法是逆来顺受。

"你们听见有话说,'以眼还眼,以牙还牙。'只有我告诉你们,不要与恶人作对。有人打你的右脸,连左脸也转过来由他打。有人想告诉你,要拿你的里衣,连外衣也由他拿去。有人强逼你走一里路,你就同他走两里。有求你的,就给他。有向你借贷的,不可推辞。"

这段教训指出,如果由施行暴力的人来裁决,在什么情况下暴力是可以允许的,那么暴力就不会有限度了。由此,为了不再有暴力,必须使任何人不能以任何借口,尤其是以最常用的惩罚的借口,施行暴力。

这段教训肯定了一条朴素的、不言自明的真理:以恶除恶行不通,减少暴力这种恶的唯一办法是不使用暴力。

基督教教义不仅指出,报复和以恶还恶是增加恶,既无益,又不合理,同时还指出,不以暴力对抗恶,承受任何暴力而不与暴力斗争,这是取得人所固有的真正的自由的唯一手段。基督教教义指出,人只要一起来同暴力作斗争,他就剥夺了自己的自由,因为他允许自己对别人使用暴力就等于允许别人对他使用暴力,他就可能被他与之斗争的暴力制服,即使他胜利了,也会因为涉足对外抗争而时刻有被比他强的人制服的危险。

基督教教义指出,只有志在遵守互相服务这个全人类共同的、实行起来不会遇到阻碍的最高律法的人才会自由。基督教教义指出,要减少世上的暴力也好,要取得完全的自由也好,只有一个办法,那就是柔顺地承受任何暴力而不与之对抗。

促进现在正在进行的这场伟大变革的不是那些性急的、自信的人,他们不懂得他们所反对的恶的根源是暴力,他们设想的任何生活方式都离不开暴力,他们盲目地、轻率地捣毁现存的暴力是为了用新的暴力来代替它。促进当前这场革命的会是那些什么都不捣毁、什么也不破坏、在政府管辖之外独立创建自己的生活的人,他们将毫不反抗地忍受他们施行的任何暴力而不去参加政府,不对政府唯命是从。

否定暴力不会使人失去联合的可能,只有打破以暴力的基础的联合才能形成以相互谐和为基础的联合。

为了在被捣毁的房屋原址上盖一座崭新的坚固的房屋,必须拆除旧墙,一块砖一块砖地拆,然后重新建造。

以暴力为基础的联合打破以后,要在人们之间形成新的联合,情形也是如此。

一个人隶属于国家,他就不可能是自由的。国家越大,需要的暴力就越强,真正的自由就越少。

(以上出自《论末世》)

人们说,没有政府,也就是说没有暴力,人们怎么能生存呢?应该反过来说,人是有理性的动物,如果他们不把合乎理性和谐,而是把暴力认为是自己生活的内在联系,那么他们怎么能生存呢?

人,要么是有理性的动物,要么是没有理性的动物,两者必居其一。假如说他们是没有理性的动物,那么他们就都是没有理性的动物,那么他们之间的一切,就都靠暴力来解决,而没有理由使一些人拥有行使暴力的权力,而另一些人则不具有这种权力。因此,政府的暴力也就无法辩护的了。既然人们是有理性的动物,那么他们的关系就应该建立在理性的基础上,而不是建立在偶然攫取了权力的人的暴力上,因此,政府的暴力也同样是无法辩护的。

一些人对另一些人使用暴力(复仇和怨恨的冲动除外),都只不过是为了强制一些人违背他们的愿望来执行别人的意志。而必须违背自己的愿望执行别人的意志,这也就是奴隶制度。因此,只要是存在着旨在强制一些人执行另一些人的意志的暴力,不管这是什么样的暴力,都必将产生奴隶制度。

用暴力消灭奴隶制度的一切企图,都犹如以火灭火,或者以水治水,或者挖肉补疮。

因此,从奴隶制度下获得解放的手段,如果说这种手段存在的话,就应该不是确立新的暴力,而是消灭产生政府暴力的可能性的东西。而政府暴力的可能性的产生,跟所有的少数人对多数人行使的暴力一样,经常只是由于少数人拥有武装,而多数人则没有武装,或者少数人的武装胜过于多数人。

如果说从前为了免受武装人员的暴力,应该武装起来,用武装的暴力反对武装的暴力,那么现在,人民不是直接用暴力征服的,而是用欺骗征服的,所以只有揭露那种使少数人有可能对大多数人行使暴力的欺骗,才有可能消灭暴力。

……

因此,消灭政府的唯一手段不是暴力,而是揭露这种欺骗。

现存的秩序是建立在粗暴的暴力基础上的,而生活的理想,则是由人们的团结一致所构成,这种团结是建立在合乎理性的和谐的基础上的,是被习俗所肯定的。在现存秩序和生活理想之间,存在着无数的阶梯,人类沿着这一阶梯不断地前进。人们只有逐渐地摆脱参与暴力、使用暴力和对暴力的习惯,才能接近于这一理想。

如果说我们明白我们患病的原因是由于一些人对另一些人行使暴力,那么就不能以这种方法来改善社会的状况,即继续保持存在的政府暴力,或者增加新的,即革命的、社会主义的暴力。在没有清楚地看到人们灾难的基本原因以前,这样做尚情有可原。但是,一旦确切无疑地弄清楚了人们是由于一些人对另一些人行使暴力而受苦,那么还继续旧有的暴力或者加进新的暴力,就不可能改善人们的状况。对于酒精中毒症的患者来说只有一种解救的办法,就是戒酒,消除疾病的原因。同样,要想使人们摆脱恶劣的社会制度,也只有一种办法,就是禁止暴力,铲除灾难的原因,禁止个人暴力,禁止对暴力进行任何辩护。

(以上出自《当代的奴隶制度》)

自古以来,享有暴力产生的特权的人们常常忘记,并且喜欢忘记这些特权是怎么来的。然而只要回顾一下历史,不是每个王朝文治武功的历史,而是真正的历史,少数人压迫多数人的历史,便能发现,富人之所以凌驾于穷人之上,享有一切特权,不是得助于别的什么,而是得助于树条、监狱、苦役和屠杀。

(《天国就在你们心中》)

当一些人对另一些人施行暴力时，承受暴力者宁可忍受许多沉重的负担，甚至经常忍受巨大的灾难，也不愿为反抗强暴者而花费心思和努力，而征服者却把保护顺民免受内外捣乱分子的危害当作自己的职责。因此结果总是，为养家活口而必须从事那种连动物也必须从事的劳动的大多数人，毫不反抗地忍受一切在所难免的艰难困苦，甚至是统治者的残暴行为，而且还对他们服服帖帖，承认自己有义务执行他们的一切要求。

……

经济条件是暴力的后果。

……一切现存人类社会的基础都是恶人施加于善人的这一类暴力而绝非经济条件，它们至今仍然建筑和维持在这个基础之上。

……

从最古老的时候起，在世上一切民族中间，统治者和被统治者的关系一直建筑在暴力之上。

……

暴力政权一天天地持续下去，就一天天地从正反两个方面消灭着自己，即以统治者变本加厉的腐化和由此造成的被统治者日益增加的重负消灭自己，以暴力政权越来越严重地违背在被统治者身上不断发展和不断明确的道德要求消灭自己。可见，只要有暴力政权存在，人民必须改变对待政权的态度的时刻就难免要到来。

暴力产生暴力，避免暴力的唯一手段只有不参加暴力，这对于没有丧失理智的人来说似乎应该是非常清楚的。

……

如果说各民族都在受奴役，那么他们之所以会受到奴役，只因为他们或是用暴力与暴力进行斗争，或是为谋求自己的私利参加了暴力。

不与暴力进行斗争也不参加暴力的人不可能受到奴役，正如水是不可能被割断的一样。

对暴力的服从,不但已给继续屈服于荒淫统治者的东方民族,同样也给不断把政权以及随它而来的腐化扩及人民群众中间的西方民族带来了种种巨大灾难,而且使东西方民族之间产生了不可避免的冲突。这冲突眼看就要使双方遭受更大的灾难。

(以上出自《论俄国革命的意义》)

权力一旦被认作从道德和理智方面来说是至高无上的东西,它就有可能不是暴力了。只有当我们把按我们的心灵和理智的要求来说并非至高无上的东西认作至高无上的东西的时候,权力才会认为暴力产生。只要人屈从于他并不完全尊重的人或物,无论那是父亲也好,皇帝也好,立法会议也好,那就会出现暴力。

(《1884年3月19日日记》)

我说,不要用暴力抵抗暴力。有人却硬说我主张不与恶作斗争。

(《1898年8月3日日记》)

各民族的生活到处都一样。更残酷、更无人性、更游手好闲一些的人靠暴力、战争过活,更心软、更温顺、更勤劳一些的人宁愿忍耐。历史就是暴力和反抗暴力的历史。

(《1906年4月2日日记》)

我在战场上,在高加索,见过许多可怕的场面,但倘若是当着我的面把一个人撕成碎片,或许还不会如现在这样,眼看着把一个容光焕发、健壮有力的活人,于刹那间处死的杀人机器更令人恶心呢。那儿有的虽说是非理性的意志,但却有着人的激情,而这儿的杀人却是安宁的,方便已极,毫无壮丽可言了。

(《1857年3月24—25日致瓦·彼·鲍特金的信》)

本文的基本思想,跟那本书(《我们应该怎么办?》)一样,是对暴力的否定。这种否定,是我从《福音书》中了解到和弄明白的。

《福音书》用这样一段话再明确不过地表达了这种否定:"你们听见有话说,以眼还眼,以牙还牙……即教训你们用暴力反对暴力,可是我教训你们,有人打你的右脸,连左脸也转过来由他打,也就是要忍受暴力,不要行使暴力。"我知道,这一段伟大的言论,由于遭到自由主义者和教会一致的恣意歪曲,对大多数所谓有教养的人来说,将会成为他们不屑阅读本文、对他怀有偏见的理由,但是我仍然要拿这段话来作为本文的题词。那些自诩为开明的人认为,《福音书》的学说是早已过时的、落后的人类生活的指南。我不能阻止他们这种认识。我的任务是,指出我从中获得认识真理的源泉,这个真理还远远没有被人们意识到,而唯有这个真理才能免除人们的灾难。这一点也是我所要做的。

(《村中三日》)

你的生活应该为创造地上的爱之王国而努力,你的生活应该以爱为基础,而不是建立在暴力上。

古代社会的根基是暴力,当代社会的基础是明智的和谐与否定暴力。有人认为不用暴力不可能统治别人,所以就像对待马一样对待别人,他们蒙住对方的眼睛,好让他们乖巧地绕着圈子走。

无论如何,有人动用暴力时,应该设法让他们放弃。人应该善用明智、有说服力的主张,不要诉诸普通的常识,要求助更高的精神认知。如果你获得成功,你的良心将感到最大的满足。

人已太过习惯诉诸力量,没有暴力的生命似乎是他们无法想象的。

你可以强迫别人做事,但你无法让他们信服。你会变成暴君,不是明师。

人是聪明的生物,具体依据理智指示过活的能力,迟早会从暴力状态演进到完全和谐与谅解的状态。但任何暴力行为,都将使这样的时代离我们愈来愈远。

暴力是有害的,因为暴力经常披着财富的外衣,并因此让人们对某些应该鄙视的事物,反而寄予尊敬。

有权势的人确信只有暴力能领导民众,所以他们运用暴力来维持现有的秩序。但现有的秩序建立在舆论上,不是建立在暴力上。

命运摧毁不了国家暴力,只有真理与爱才办得到。国家暴力在过去的时代或许有其需要,也许现在也有所需要,但人们应该构想一种不再需要暴力存在的未来政府。

(以上出自《阅读圈》)

统治者总是想用暴力迫使人们过善的生活。但他们首先用这种暴力本身给人们作了一个坏生活的榜样。正如陷在泥淖中的人,不是自己想法从泥淖中挣扎出来,而是教给别人怎样才不会弄脏。

认为用暴力可以在人们中间建立秩序,这种谬误极为有害,因为它是代代相传的。从暴力体制中成长起来的人已不再扪心自问,用权力压迫人是否需要,是否合适,而是坚信,没有暴力人就无法生活。

在一个国家内人们常常谈论自由。然而实际上国家的全部制度都是建立在暴力之上的,而暴力与任何形式的自由都是水火不相容的。

认为有人可以为别人安排生活,这种谬误是非常可怕的,在这种信仰之下,那越被看重的人,越是缺少道德的人。

那些握有权力的人总是相信,只有用暴力才能管理人民,因此为了维护现存秩序,他们便无所顾忌地使用暴力。然而能够维护现存秩序的不是暴力,而是共同的社会观念;但共同的社会观念却又是被暴力所破坏的。因此,暴力行为所削弱、所破坏的,正是它试图要维护的。

所有革命的残酷性都是统治者的残酷行为所导致的。革命者都是悟性很强的学生。如果不是所有握有权力的人、所有统治者教会了人民,则那些未曾涉世的人决不会产生这样的想法:某些人可以强行安排他人的生活,并且他们也拥有这样的权力。

为什么会发生革命和革命中的残酷行为?因为当权者的暴力行为教会了人们迷信于用暴力建立新制度。

在人们还没有学会抵制恐惧、昏聩、贪婪、追求功名及虚荣等让一些人痴迷、让另一些人堕落的邪念时,他们将永远处在一个由压迫者、欺骗者和被压迫者、被欺骗者组成的社会中。为了避免这种现象,每个人都应该对自己尽力加以道德约束。人在灵魂深处能够意识到这一点,但他们总是希望不通过个人的努力而达到那必须通过这种努力才能够达到的目标。

通过努力来表达自己对和平的态度并努力去维护和平,把自己对他人的态度确立在这样一种永恒的法则之上,即对待他人,就像你希望别人对待你的那样,要克制自己内心那些会让我们屈服于他人权力的劣根性,不作任何人的主人,也不作任何人的奴隶,不伪善,不妄言,不应恐惧,也不为获益而背弃良知的最高准则的要求,所有这些都需要努力;相反,只是想象,那些众所周知的规章制度会通过宗教仪式的途径把所有人,其中也包括我自己,引向种种的正义和美德,为达到这个目的,不作思想上的努力,或者只是重复某个团体的人所说过的话,四处奔忙,争吵,撒谎,伪善,辱骂,打斗,所有这些都会自然而然地发生,不需要任何努力。

现在出现了一种通过改变外在秩序来改善社会生活的学说。根据这种学说所得出的结论是,人们可以不经努力而获得只有通过努力才能获得的成果,这种学说与教会的那种学说如出一辙,即只要祈祷自我完善,只要相信用基督的血即可赎罪,或者相信圣礼可以不断地带来上帝的赏赐,人们就能够不经个人努力而过上合乎道德的生活。这种学说曾经带来、现在仍在给人们带来灾难,它已成为人类达到真正完善的最大障碍。

不管统治者也好,革命者也好,都认为杀死某些人是正当而有益的。他们都有一种共同的推理,他们认为,根据这种推理可以认清,为了共同的幸福哪些人是可杀的。

而对于那些不属于这两者的人来说,这种推理不能不令人感到惊异:根据完全相同的一种推理,统治者坚信,即使不是全部,杀死大多数革命者也是有益的,而革命者坚信,即使不是全部,杀死大多数统治者也是有益的。

可以用暴力安排他人的生活,这种迷信的主要危害是:人只要接受了这种观点,即为了多数人的幸福可以对某些人行使暴力,那么从这种假设出发而产生的恶就会无限度地膨胀。过去年代里的严刑拷打、宗教裁判所、奴隶制,今天的法庭、监狱、死刑、战争等,都是建立在这种假设的基础之上的,有千百万人正是因此而葬送了生命。

一些人可以迫使他人去做其认为对他人有益的事,而不是去做他人自认为于己有益的事——这种谬误是何等令人惊诧!然而所有的生活制度却都是建立在这种令人惊诧的谬误之上的:家庭的、社会的、国家的甚至教会的。一些人迫使他人假装好像心甘情愿去做那些命令他们做的事,一边用各种形式的暴力威胁要禁止假装,他们坚信,他们做的是某种有益的事,甚至值得所有人,其中也包括那些受他们强暴之苦的人,为之而大唱赞歌。

人们对暴力已经习以为常,他们总是想,他们生活得安宁,只是因为有了法庭、警察和军队。

这种想法不仅是错误的,而且恰恰相反,法庭、警察和军队是再糟糕不过地打乱了人们生活的友爱与和谐。当人们把自己的期望都寄托在这一切制度上时,他们就不再去考虑要靠自己的力量为自己建立一种和平的生活。

人们承认以暴力统治的政权,并服从于它,因为他们害怕,如果没有了这样的政权,那么作恶的人就将侵害和欺压善良的人。现在人们应该明白了,这没有什么可害怕的,因为他们所害怕的已经存在了,就是在今天,在现有的政权之下,作恶的人并没有停止侵害和欺压善良的人,他们的所作所为令人很难想象,没有了如今的政权,这些欺压行为还能坏到哪里去。

可以理解,当暴力和残杀引起一个人愤怒的时候,自然而然,他的第一个意愿就是用暴力和残杀去对付暴力和残杀。这种行为,尽管颇近于动物性,缺少理性,但并非毫无意义,也没有任何自相矛盾之处。然而这也并不能证明这种行为是正确的。当政府或者革命者想以理性的理由来为这种行为辩解时,就必然会发现,这种尝试是毫无意义的,这不过是一堆狡猾而复杂的臆想。

其主要的辩解手段,就是有个想象中的强盗当着我们的面在折磨和残杀无辜。

"你们甚至可以为了坚持暴力非法的信念而自我牺牲,可现在你们正牺牲着他人的生命。"暴力的捍卫者说。

但是,首先说,这样的强盗是绝无仅有的;多少世纪来许多人从未亲眼目睹过当众残杀无辜的强盗。那么我为什么要把自己生活的准则建立在这种臆想之上呢？认真思索一下实际的而非臆想的生活，我们就将看到迥然不同的情形。我们会看到，有很多人，甚至包括我们自己在内，都做过极为残忍的事，首先这些人不是单枪匹马，像那个想象中的强盗一样，而是始终与其他人密切合作的，也不是因为我们像这个强盗一样也是恶魔，而是因为我们处在暴力合法的迷信影响之下。其次，我们会看到，这些最为残忍的事，如人们的血战、绞架、断头台、单人牢房、所有权、法庭，这一切并不是因某个想象中的强盗而产生的，而是由于，有些人把自己的生活准则建立在了假设有个想象的强盗之上。这样看来，对生活加以思索的人不会看不到，人的恶的根源绝不是某个想象的强盗，而是人们认识的谬误，出于这种谬误他们所做的最残酷的事之一，就是为了想象的恶而做下实际的恶。因此，理解了这一点的人，当他把自己的行动转向根除恶的本源，即自身和他人的种种谬误时，他就会看到，有一件重大而富有成果的事业在等待着他去做，他甚至无论如何也不明白，为了这个事业，那个有关强盗的臆想对他还有什么意义。

基督的全部教义都在于爱他人。爱他人，就是说对待他人像你希望他人对待你一样。而因为谁也不愿意受到暴力侵害，所以，你对待他人，就要像你希望自己所受到的对待一样，在任何情况下也不能用暴力侵害他人。因此如果说，我们信奉并遵行基督的教义，同时认为，不管怎样基督徒都可以对他人施以暴力，这就如同，我们有钥匙，却没有把它插进锁里直到能转动的位置，却说我们把这钥匙物尽其用了。人在任何情况下都不可对他人施以暴力，不承认这一点，那么基督的全部教义都只是一句空话。

如果人们能这样去理解基督的教义，那么他们仍然可能去折磨人，抢劫人，对人处以死刑，在战争中成千上万地杀死人，像现在那些自称为基督徒的人们所做的，但是，却不可能同时承认自己是基督徒。

暴力只能产生某种类似公正的东西,但却使人们远离没有暴力而公正生活的可能。

我们看不到暴力的全部罪恶,只是因为我们屈服于它。

暴力就其实质来说不可避免地导致残杀。

如果一个人对另一个人说:去做什么什么,你要是不做,我就要强迫你去完成我的命令,那么这只表明一点:如果你不完全照我希望的去做,最终我就要杀死你。

每一个施暴者都是杀人凶手。

只有那些通过统治他人而获益的人,才会相信,暴力可以改善人们的生活。而没有堕入这种迷信的人,一定会看得很清楚,人们的生活由坏变好只能依靠他们内在灵魂的转变,而丝毫也不取决于在他们中间所发生的暴力行为。

为了维护国家制度借助于外在的暴力,这需要费许多事,而为了消灭国家暴力借助于内在的理性,则无须费事;它需要的只有一点——要认清,迷信就是迷信。

人们问哲人苏格拉底,他是在哪儿出生的,他说:在大地上。人们问他是哪个国家的,他说:全世界。

这些话是伟大的。人不得不去憎恨别人,去对别人作恶,这只是因为他们与我们生活在地球上被划定的不同地区,并且承认某些人对他们有管辖权,而另一些人没有。为了避免这样,每个人都应当记住,地域的界限和不同的政权——这都是人为的,而在上帝面前,我们都是同一片土地上的居民,我们都服从于一种权力,不是人为的,而是上帝的法则。

对暴力制度的迷信在我们的社会中已达到根深蒂固的地步,你经常会从人们那儿听到,他们想为他人、为人民服务,想以自己的劳动造福于人民,有的给人民以教育,有的对人民加以训导启迪,而更多的,是对人民加以控制。所有这些人做的事,没有任何人求他们去做。无论是为他们的幸福,还是为人民的幸福,可以请求他们做的只有一点:就是让他们关心关心自己,关心自己的灵魂,他们想以如此的勤勉为人民服务,然而还是不要去打扰人民的为好。

值得注意的是,在基督的教义中,尤其令那些不理解这教义的人厌恶的,是不以暴力抗恶的言论。这种言论格外令他们不快,因为它直接要求打破他们所习惯的全部生活秩序。所以,那些不希望改变习以为常的生活秩序的人,就把这有关爱的唯一必要条件的言论,称作特殊的、独立于爱的法则之外的一个戒条,并千方百计地篡改它,或者干脆对它加以否定。

(以上出自《生活之路》)

法 律

有一种方法常被人们用来为自己的谬误辩解,这种方法就是人们把自己的谬误看成不可辩驳的公理。把这种谬误和随之产生的种种后果归并为一个概念和一个词,再给这个概念和这个词加上一种特殊而又模糊不定的神秘意味。诸如教会、科学、法、国家、文明,就是一些这样的概念和词。这样一来,教会就不复是它本来是的东西,即某些陷入同一种谬误之中的人的群集,而成了真正抱有信仰的人的群集。法也不复是由某些人制定的种种不公正法规的总汇,而成了种种人们只能生活在其中的公证条件的规定。

(《〈莫泊桑文集〉序》)

德国的社会主义者把使工人从属于资本家种种条件的总和称之为铁的工资法则,"铁的"一词指这个法则是一种永恒不变的东西。但是在这些条件中没有任何永恒不变的东西。这些条件只不过是人们制定了关于捐税、土地和主要的是满足消费的物品,即私有财产的法律的结果。法律是由人们制定和废除的。因此,不是什么铁的社会学的法则产生对人的奴役,而是法律。在这种情况下,当代的奴隶制度非常明显地和确定不移地不是由某种铁的自发的法则产生,而是由人们关于土地、捐税和私有财产的法律产生。

对于所有这些法律,我们已习惯到觉得它们是人类生活的自然条件的程度,对其必要性和公正性没有任何怀疑。在古代,人们对农奴制和奴隶制的法律也是这么认为的。我们在其中没有看到任何不正确的东西。但是,时候一到,人们看到了农奴制的有害后果,就怀疑维护农奴制的法律的必要性和公正性。现在也正是这样,现今经济制度的有害后果显而易见了,人们对于造成这些后果的关于土地、捐税和私有财产的法律也不禁产生了怀疑。

当代的奴隶制度是从关于土地、捐税和私有财产的三项法律中产生的。因此，希望改善工人状况的人们的一切努力，尽管是不自觉地，都指向这三项法律。
……
奴隶制度的实质不在于它现在赖以生存的这三项法律，甚至不在于这种或那种法律，而在于存在着法律，在于存在着一些人，他们可以制定对自己有利的法律，只要人们有制定法律的可能性，就会产生奴隶制度。

法律，就是掌握着有组织的暴力的人所制定的规章，不执行这些规章的人就要遭受殴打，被剥夺自由，甚至被处死。
在这个定义中也包含着对什么东西赋予人们制定法律的可能性这个问题的答案。赋予制定法律的可能性也就是保证执行法律的东西，即有组织的暴力。

工人贫困的原因是奴隶制度，奴隶制度存在的原因是法律，法律是建立在有组织的暴力的基础上的。
因此，只有在消灭有组织的暴力的基础下才有可能改善人们的状况。

根据科学，法律表达全体人民的意志。但是因为违犯法律的人和想要违犯法律的人，经常总是多于希望遵守法律的人，所以很明显，无论如何都不能把法律理解为全体人民意志的表达。
譬如说，有的法律禁止毁坏电线杆，有的要求尊重著名人士，有的规定人人皆有服兵役的义务或者当陪审员的权利，有的禁止把一定的物品转移到一定的界限之外去，有的禁止使用算是他人的私有财产的土地，有的禁止伪造钞票，禁止使用被认为是他人的私有财产的物品。

所有这些法律以及许多其他法律,名目繁多,可能有各种不同的动机,但是其中没有意向是表达人民的意志的。所有这些法律的共同点只有一个,那就是,如果有人不履行这些法律,那么制定法律的人便会派来武装人员殴打他,剥夺他的自由,或者甚至处死不履行法律的人。

如果一个人不愿意以缴纳捐税的形式交出他的一部分劳动成果,就会有武装人员到来,从他那里抢走要向他征收的东西。他若是反抗,就殴打他,剥夺他的自由,有时则处死他。那些使用算是他人私有财产土地的人,情况也是如此。有些人想要使用为了满足其消费或劳动所必需的、被认为是他人私有财产的物品,情况也是如此:武装人员到来,抢走他获得的东西,如果他进行反抗,就殴打他,剥夺他的自由,或者甚至处死他。一个人不尊重按规定应该尊重的人,一个人不履行服兵役的要求,或者伪造钞票,也都将是这样……不履行法律的人,都要受到制定法律的人的殴打,被剥夺自由,甚至被处死。

从英国和美国到日本和土耳其,都杜撰出多种多样的宪法。根据宪法,人们得相信,他们国家的法律是按照他们本身的意志制定的。但是,大家都知道,不仅在专制的国家里,就是在诸如英国、美国、法国和其他一些最有虚假自由的国家里,法律也不是按照所有人的意志,而只是按照掌权者的意志制定的,因此任何时候和任何地方都只有对掌权者有利的法律,不管掌权者是很多人,是几个人或者甚至只是一个人。任何时候和任何地方,推行法律的办法,同任何时候和任何地方强迫一些人执行另一些人的意志所使用的办法是一致的,这就是殴打、剥夺自由、屠杀,此外别无他法。

此外别无他法,这是因为法律要求执行一定的规定。强迫一些人执行一定的规定,也就是执行别人要求他们做的,除了殴打、剥夺自由和屠杀而外,别的办法都是行不通的。既然有法律,就应该有强迫人们执行法律的那种力量。能够强迫人们执行规定,即他人意志的那种力量,只有一个,那就是暴力,不是人们在冲动的时刻相互间所使用的那种普通的暴力,而是掌权的人们自觉使用的有组织的暴力。掌权的人们使用这种暴力是为了强迫别人执行他们所制定的规章,亦即他们所要求的东西。

因此,法律的实质根本不在于法权的主体和客体,不在于国家的体制,人民总体的意志以及诸如此类的一些含糊不清的混乱话语,而在于一些人掌握着有组织的暴力,有可能强迫人们执行他们的意志。

所以,确切的,人人都能明白的和无容争辩的法律定义应该是这样的:

法律,就是掌握着有组织的暴力的人所制定的规章,不执行这些规定就要遭受殴打,被剥夺自由,甚至被处死。

这个定义中也包含着对什么东西给人们提供制定法律的可能性这个问题的答案。能提供制定法律的可能性的,就是保证法律的执行的东西,也就是有组织的暴力。

(以上出自《当代的奴隶制度》)

答应对人的权力俯首听命就是违背上帝的意志,因为暴力国家政权要求自己的服从者参与杀人、战争和死刑,参与各种批准发动战争和处人以死刑的法律,从根本上与上帝的意志直接抵触。由此可见,那些对政权俯首听命的人通过俯首听命本身否定了自己对上帝的律法的服从。

不可能在一件事上稍作让步,而在另一件事上遵循上帝的律法。很清楚,如果上帝的律法可以在任何一件事上被人的律法所代替,那么上帝的律法就不成其为永远必须遵守的最高律法了,而如果它不是这样的律法,那么它也就不存在了。

要避免人们用来折磨自己的种种灾难,办法只有一个,在自己心中恢复依从上帝的意识,从而恢复自己与自己、与亲人的合理而又自由的关系。

当前有待于各个自作自受的民族去做的事也正是这样,即自觉服从上帝,从而不再犯政权所犯的罪,也不再犯服从政权的罪。

只有在承认对一切人来说是共同的上帝的律法这一条件下,才有可能从人的律法下解放出来。

(以上出自《论俄国革命的意义》)

法律?法有自然法、国家法、民法、刑法、宗教法、战争法、国际法,法律就是权利。以这个奇怪的词汇命名的究竟是什么东西呢?如果不按照"科学"即不按照限定的、绝对的感受来推断,而是根据人们共有的健全想法确定"法"这个词的实际意义,那么关于什么是法这个问题的回答将很简单明了,事实上法对于有权力的人来说就是他们允许自己强迫受他们统治的人做有利于他们的事,而对于被统治者来说,法就是允许做一切没有被有权力的人们禁止做的事。国家法就是从人们那儿夺取他们劳动果实、派他们到所谓的战争中去屠杀的法律,而对那些被夺取劳动果实和派去作战的人们而言,仅仅是使用那些尚未被夺走的劳动果实和在未派遣他们以前不去作战的法律。民法是一部分人占有成千上万俄亩土地和生产工具的法律,也是不占用土地及没有生产工具的人们,由于贫困与饥饿,把自己的劳动与生命出卖给那些占有土地与资本的人的法律。刑法是一部分人放逐、监禁、绞死那些他们认为应该放逐、监禁、绞死的人的法律,而对于那些被放逐、监禁和流放的人而言,刑法只是在那些有可能这样做的人暂时认为尚无必要这样做的时候,才不被放逐、监禁、绞死的法律。国际法同样如此:这是波兰、印度、波斯尼亚—黑塞哥维那不依附别国政权独立存在的法律,但仅仅是在拥有庞大数量的军队的人们没有作出另一种决定之前。对那些不按照限定、绝对的感受而按照人所共有的健全想法来思考的人来说,这是很清楚的。对他们来说,隐藏在"法"这个词下面的东西,不是别的,而仅仅是一部分人对另一部分人使用暴力的最拙劣的辩解。

……

其实这个问题很简单:存在着使用暴力和被奴役的人,使用暴力的人希望为自己的暴力行为辩解。于是他们就把在特定场合和特定时间内企图奴役人们的措施,允许自己实施自己的暴力的认可,以及被奴役者只有做那些不被他们禁止做的事情的命令称之为法律。

……

要知道,"法律"的起源曾被认为是上帝的旨意的说法还勉强可以,而现在,当那个被称作"法"的东西表现为被个别人或者国会中争论着的党派臆想出来的法规时,则已经完全不可能认为"法"的决议是绝对公正的和谈论什么"法"的教育意义了。最主要的是不能谈论"法"的教育意义,因为"法"的决议是通过暴力、放逐、监狱、死刑,还有最不道德的行为来执行的。现在谈论关于"法"的道德教育意义,无异于对奴隶讲道德的教育意义。我们现在在俄罗斯非常明显地看到"法"的教育意义。我们发现,由于俄国政权不断犯下——大概被"法"宣告为无罪的罪行——我们眼看着俄国人民在腐化。以"法"为基础的活动的有害影响,现在在俄罗斯尤为明显,但是,只要承认建立在"法"的基础上的任何暴力,包括杀人(到处都承认)的合法性,这类现象无论是现在、过去和将来,无论何时何地都将存在。

是啊,"法"的教育意义!

……

"法律"的道德、教育意义!要知道这是很可怕的。在我们基督教社会中人们的不道德行为的主要原因就是这被称作是"法"的可怕的欺骗,而他们却谈论"法"的教育意义。

(《给一位大学生谈法制的信》)

真正生命的目的是实践心灵的法律。心灵的法律永远存在,过去存在,现在存在,未来也将永远存在。

人只有在了解责任的实践时,生命才会充满智慧。我们都知道死亡是不可避免的,却不知道生命何时终结,就如我们不知道从何处来一样。

我们所有的行为都有必要的律法加以规范,这项律法不受任何权力制约,即使在监狱中,面对折磨或死亡的威胁时,仍然可以照旧实践。

真正的律法只有一种,就是真理的律法,这个律法对整个人类都是一样的。人的法律只有与真理的律法和谐并存时,才是有效的。

真理的律法和人的律法相抵触时,我们应该怎样办?我们应该隐藏真理的律法,并且宣扬人的法律吗?将近19个世纪以来,人一直都是这么做,但矛盾却愈来愈深。这个问题只有一种解读方法:就是以真理的律法取代现有的人为法律。

当我们接受与服从虚伪、粗暴的法律,我们便既不能建立世上的真理,也无法对抗谎言。

(以上出自《阅读圈》)

这是一种要执行上帝的公正和律法的无耻而放肆的愿望,这是由律师们裁决的正义,律师们人人都依据忠诚、宗教与真理说着截然相反的话……人类的法律荒谬之极!……我懂得道德规范、精神和宗教规范,它们对谁都不是强制性的,它们引人向前,并预示着和谐的未来。我能感觉到艺术的规律,它们永远给人幸福。但是政治的规律在我看来是极端的虚伪,我看不到其中还有什么好和坏。

(《1857年3月24—25日致瓦·彼·鲍特金的信》)

人们尽力把自己束缚起来,以便让某一个或某一些人来推动他们,而后把紧紧捆缚这一群人的绳子随便交给一个人完事,他们还感到困惑,为什么他们的日子这么糟糕。

一旦你放弃人们习以为常的对伪学说的信仰,并且看一看一个生活在国家之中的人的状况——无论这人所属的是最为专制的还是最为民主的国家——你就会对其被奴役的程度感到震惊,如今人们生活在这种奴隶制度中,却想象着自己是自由的。

每一个人,无论他出生在哪里,在他的头上都存在着一个团体,这个团体里的人是他根本不熟悉的,而他们却为他的生活制定了种种法律条文:他该做什么,不该做什么,国家制度越完善,这个法律的网就越严密。一切都已规定好,他应该对谁效忠并怎样去做,就是说怎样允诺遵守将来编撰和颁布的所有法律条文。一切都已规定好,他什么时候,并且怎样才能结婚(他只能有一个妻子,但可以享受妓院的服务)。一切都已规定好,他怎样才能与妻子离婚,怎样抚养自己的孩子,哪些孩子是合法的,哪些是不合法的,怎样继承遗产及应把财产转交给谁。一切都已规定好,有什么样的违法行为他就会受到怎样的审判和惩罚。一切都已规定好,什么时候他必须亲自到庭充任陪审员或证人。一切都已规定好,他在什么年龄才可以享用帮工的劳动,甚至帮工们每天应该工作几个小时,应当提供给他们什么食物。一切都已规定好,他必须在什么时候及怎样给自己的孩子做预防接种,一切都已规定好,当他或他的家人、家畜感染某种病疫时,应当采用什么样的方式及必须忍受什么样的境遇。一切都已规定好,他必须把孩子送到什么学校去读书。一切都已规定好,他可以建造的房子的规模和强度是多大。一切都已规定好,他应当豢养什么样的动物:马,狗,他应当怎样利用水源,在哪些没有路的地方可以散步。一切都已规定好,当他不遵守这些以及其他许多法律条文时应当受到什么样的惩罚。所有这些法律套法律、规定套规定的东西无以数计,他必须服从它们,一个人不能借口不知道这些(尽管人们不可能都知道这些)而否定一个最自由的国家。

在上述的情形下一个人就被置于这样的境地:当他每一次购买其生活必需品,如盐、啤酒、呢料、铁器、煤油、茶叶、糖等其他许多东西时,他必须要为某些他一无所知的事务,为了偿还在他的祖父、曾祖父时代某些人欠下的债务利息,付出大部分的劳动所得,同样,在他从一个地方搬迁到另一个地方时,在他接受遗产或与他人签订一项交易时,他也必须付出自己的一部分劳动所得。除此之外,为了他建造房舍或耕种庄稼而占用的那块土地,他会被要求付出更为可观的一部分劳动所得。由此可见,他的大部分劳动所得——如果他是以自己的劳动,而不是靠他人的劳动谋生的话——就将不是用于保障和改善自己的生活状况,而是花费在这些赋税和经营权上。

这还不够,在大多数国家里,一个人只要到了年龄,他就被指派到最为冷酷的军事奴隶制之下服役数年,或者走上战场,而在另一些国家,如英国、美国,他可以雇佣别人来替他做这件事。

然而这些被置于这种境地的人,不仅看不到自己被奴役的处境,相反却为此感到骄傲,因为他认为自己是伟大的不列颠王国、法国、德国、俄国的自由公民,这种情形正如仆人因他所侍奉的主人是个大人物而感到骄傲一样。

我想,我们首先必须是人,而后才是国民。不应该像培养自己对善的敬重那样来培养对法律的敬重。法律从来也没有使人变得更具有正义感,相反,因为对法律的敬重而使那些好人却变成了奉行邪恶原则的人。

显然,是人照管着奶牛、马匹和羊群的。人知道,牲畜需要什么以及怎样才能牧放好它们。但是马、牛和羊不能自己牧放自己,因为它们都是同样的种类。而人彼此也都是同样的种类。那么为什么某些人可以命令别人、强使别人按照他们觉得正当的方式去生活呢?所有的人同样是有理性的生命,支配他们的只能是高于他们的生命。而高于他们的只有一个:就是那存在于所有人身上的灵魂,就是我们所说的良知。因此,人们必须服从的只是自己的良知,而不是那自称为帝王、国会、议院及法庭的。

很自然,人们向往那种由理性的、有利于人民的、被所有人认可的法规来引导的社会,而不是向往如今人们生活的这种社会,他们服从国家法律,但却不知道它是由谁来制定的。

(以上出自《生活之路》)

惩　罚

　　基督教教义特别清楚地说明,这个律法未能实行的原因是,人们错误地认为,惩罚这种暴力是合理的、必要的。基督教教义从不同的角度解释了惩罚不合理、惩罚有害的道理,指出人类的主要灾难来自一些人以惩罚为借口对另一些人施行的暴力。

(《论末世》)

　　有罪的人接受他们处罚别人的权利,而我们多数的不幸都起源于此。

　　如果你因为某人诬害你而有罪,要原谅他。如果你以前从未原谅过有罪的人,你将经历一项新的喜悦:宽恕的喜悦。

　　惩罚永远都是残酷的、痛苦的。

　　惩罚学的存在,是说明我们假"科学"之名追求无价值,甚至有害事物的最有力证据。惩罚本身是人类历来最无知、最具侵犯性的行为之一,是人类在最低水准进化的遗迹,比孩童或疯子都还要不如。

(以上出自《阅读圈》)

　　在动物中,恶会唤起恶,动物不具备任何能力去克制它们被挑起的恶,只会去奋力以恶报恶,丝毫也不顾恶不可避免地会酿成更大的恶。而人是有理性的,他们不会看不到恶只能引发更大的恶,因此他们本应克制,避免以恶报恶的行为,但是人的动物本性往往战胜其理性的本性,于是人便把本应用于防止以恶报恶的理性,却用于为他们所作的恶加以辩解,并把这称之为报应、惩罚。

人们说,可以以恶报恶,为的是对人加以改造。这是错误的。他们是在自欺欺人。以恶还恶不是为了改造人,而是为了施加报复。不能采用作恶的方式来改造恶。

惩罚——照俄语的说法说是教训一下。教训只能用善的言语和善的榜样。以恶还恶——这不是教训,而是诲淫诲盗。

在疼痛和激怒的情况下,动物所作出的反应,小孩子和傻瓜也会有些成年人所作出的反应是,对那造成他痛苦的对象恶声恶气,并同样给对方施加痛苦,这类行为被认为是自称统治者的人们的合法权力。有理性的人不会不明白,任何一种恶都是被与之对立的善所消灭的,正如火之于水,但是在一瞬间他所做的却是与理性告诉他应做的正好相反。法律(真的是人们智慧的结晶?)告诉他,这样做是应该的。

对于以惩罚可以消灭恶的迷信是极为有害的,其原因在于,当人们按照这种说法去做的时候,他们认为这不仅是被允许的,而且是一种善行。

惩罚和以惩罚相威胁可以让人生畏,可以使他暂时克制恶欲,但却无法使之得到改造。

惩罚对人来说永远是残酷而痛苦的。假如它不是残酷而痛苦的,它也就没有存在的必要了。监禁,在今天的人们看来,是如此的残酷而痛苦,正如100年前存在过的笞刑一样。

走入迷途的人想方设法为自己的复仇情感和防卫欲望加以辩解,并把这种情感归因于上帝,让人们相信,上帝会为人们所做的坏事而施加惩罚。

人们的不幸大多是由于那些陷于罪孽的人认为自己有惩罚的

权力。"申冤在我,我必报应。"①

正如存在对假上帝、假神启、迎合上帝及拯救灵魂的假仪式的迷信一样,也存在着一种普遍的迷信,即认为某些人可以使用暴力迫使另一些人过善的生活。对假的上帝、神启和拯救灵魂的神秘仪式的迷信,已开始被破除,并且差不多已被破除;而那种惩罚坏人以保障其他人幸福的国家迷信,却被所有人承认,并以这种名义滥施暴行。

只有那些彻头彻尾的权欲熏心的人,才会煞有介事地相信,用惩罚的手段可以改善人们的生活。一旦抛开对惩罚可以改造人的迷信,你就会清楚地看到,人的生活只能因人自己内心灵魂的改变而改变,而绝不因一些人对另一些人作恶而改变。

在阻碍社会制度改善的因素中,莫此为甚的是这样一种观念,即只有国家法律才能够保证社会制度的改善,而这些法律的执行是确立在惩罚之上的。这样的活动——无论是制定法律,还是对违法的惩罚——在很大程度上诱使人们丢弃了可以真正促进生活改善的东西,即道德完善。

如果容忍了不可容忍的事,如让一个人拥有惩罚的权力,那么哪个人不能为自己争得这种权力呢?只有那些堕入深渊的人才无法明白和认识自己的罪孽。

人们不断想出巧妙的理由,来论辩他们根据什么和为了什么目的要实行惩罚。但实际上他们实行惩罚几乎总是出于同一种原

---

① 《新约·罗马书》12:19 载:"亲爱的弟兄,不要自己伸冤,宁可让步,听凭主怒;因为经上记着:'主说:伸冤在我,我必报应。'"意思是上帝会去惩罚恶的,而无须个人去对他人实施惩罚。

因,即他们认为惩罚他人对自己有利。

人出于恶意,出于复仇的欲望,出于保护自己的观念,而去作恶,然后,又为了对此加以辩解,极力使人们相信,他们这样做为的是要改造那些对他们作恶的人。

这种情况是可以理解的:掌握政权的人会相信,对那些干扰由他们建立起来的秩序的人加以惩罚,这是有益的。而让人不解的是,那些被统治的人也相信这一点,并对相互惩罚的行为推波助澜,在他们自己也遭到惩罚的同时,他们认为惩罚对于他们来说是有益的,是善行。

对复仇合法性的迷信,在极大的程度上有赖于这一点,即对惩罚的一时畏惧会使人们有所节制,而不去从事违禁的活动。但是这种禁令不会遏制,相反却会激发人的恶欲,正如堤坝不会减少河流的压力,而只能助长它一样。

在我们的社会中保持着某种秩序,这不是因为那些审判和处罚人的法官、检察官、刑侦人员、狱吏、刽子手、士兵的存在,而是因为,尽管在所有这些政府机关人员中间充斥着腐败现象,但人们仍旧满怀希望,彼此相爱。

由某些人去改善另一些人的生活,这是做不到的。每个人可以做到的只有改善自己的生活。

惩罚是有害的,这不仅是因为它会激起受惩罚者的恶念,还因为它也使实施惩罚的人堕落。

为一个人所做的坏事去惩罚他,这就如同火上浇油。任何一个做了坏事的人,他已经因失去了安宁、因良心的折磨而受到了惩罚。而如果他感受不到良心的折磨,那么人们把所有惩罚都加到他头上也不能改变他,只能激起他的恶欲。

对每一件坏事来说,实际的惩罚乃是罪犯灵魂深处受到的惩罚,也在于他丧失了享有更多的生活幸福的可能。

一个人作了恶。而另一个人或一些人为了抗击这种恶,却找不到任何更好的办法,只有以另一种形式的恶来对付,这就是他们所说的惩罚。

人们是用这样的方法打熊的:在一个蜜槽的上方用绳子挂起一截重木。熊为了吃到蜂蜜,就去撞开那截重木。重木荡回来的时候就会打到熊。熊生了气,就更起劲地撞木头,木头也就更重地打到它。这样直到把熊打死为止。当人们彼此之间以恶还恶的时候,其做法与此如出一辙。难道人的聪明才智还不如熊吗?

人——是有理性的生物,因此,他们应当看到,复仇不会消灭恶,他们应当看到,消除恶的唯一手段在于与恶相对立的事物:这就是爱,而绝不是复仇,无论这种复仇打着什么幌子。但是人们却看不到这些,他们相信的只是报复。

只要我们不是从童年起就惯于认为,可以以恶还恶,可以用暴力强迫别人做我们想做的事,则我们就会对此感到莫名其妙:某些人好像故意要让人败坏似的,他们竟可以让人们惯于认为,惩罚和各种暴力都是有益的行为。我们惩罚孩子,为的是让他不敢再做坏事,但我们却用这惩罚本身教给了他,惩罚是有益而公正的。

我们为了孩子的某些坏习气而惩罚他,而对他来说,在这些坏习气中,未必有哪一种比我们以惩罚本身教给他的这种坏习气更为有害。"我受了惩罚,惩罚一定是件好事。"——孩子会在心里这样说,而此后一遇到机会他就会如法炮制。

有关惩罚合理的学说,不仅过去和现在都无助于对孩子的良好教育,而且也无助于建立良好的社会制度和树立所有相信来世惩罚的人们的道德观,在过去和现在它只能造成不计其数的不幸:它使儿童变得心肠冷酷,使人们的社会关系变得疏远,使之失去其赖以存在的美德基础,并以地狱的允诺使人们腐化堕落。

人们不相信以善报恶而非以恶报恶的必要性,其主要原因在于,他们从小受到的教育就是:如果不以恶还恶,他们整个的生活就会陷于混乱。

对惩罚的畏惧从不曾使哪个杀人凶手有所收敛。那出于报复或者贪财而杀死邻居的人,并不去更多地考虑后果如何。杀人凶手总是相信他会逃避追究的。假如事先声明,对杀人犯不会施加任何惩罚,凶杀事件也未必会有所增加。相反,完全可能有所减少,因为,那也就不会出现在监狱中堕落的罪犯了。

再过数十年,也许数百年,但这个时代终将到来,那时,我们的子孙将会对我们的法庭、监狱和死刑感到不解,正如今天我们对把人烧死和严刑拷打感到不解一样。我们的后代将会说:"他们的全部所作所为都毫无意义,残忍而恶毒,这一切他们怎能视而不见呢?"

应当懂得并记住,希望惩罚他人的想法,即复仇的欲望,不是理性生命——人本性中所固有的。这种欲望只是人的一种动物本能。因此,人应当努力摆脱这种情感,而绝不能为此加以辩解。

当有人对你发怒或对你作恶的时候,应该怎么办?可以采取的方式很多,但有一点是不可取的:不应该作恶,即像那人对你所做的那样去做。

爱的学说不能容忍暴力,这种学说不仅促进人完善自我及自我的灵魂,而且在容忍恶和以善报恶方面十分重要,其重要性还在于,唯有善才能制止恶,扑灭恶,使它无法存在下去。真正的爱的学说是强大的,因为它可以扑灭恶,而不使其形成燎原之势。

早在许多年前人们就开始明白,惩罚与人类灵魂的崇高本质是不和谐的,他们便想出种种的学说,试图利用它们达到为这种低级的动物欲望加以辩解的目的。一些人说,惩罚是必要的,因为它能够起到威慑作用,另一些人说,它在改造人方面是必要的,第三种人说,它是必要的,因为它能够显示正义的力量,如果没有法官即使上帝也无法在世上维护正义。但所有这些学说都是空话,因为从本质上来说,它们不过是这样一些恶劣的情感:报复、恐怖、自私、憎恨。他们有很多臆想,但必要的事却一件也不能解决,也就是说,对那些犯了罪孽的人忏悔不忏悔、改正不改正,他们一概不管;臆想出这些学说以及推行这些学说的人们,他们自己丢开别人不顾,只是自己去过善的生活了。

以善来报答恶——你就在这恶人心中扼杀了他在恶中所看到的快乐。

如果你觉得有人对不住你,那就忘掉这些,并原谅他。为此你将会体验到宽恕的幸福。

让人高兴的事莫过于别人宽恕了他作的恶,并以善来还报他的恶,而这样去做的人所感受到的喜悦也莫过于此。

以善报恶,宽恕一切。只有大家都来这样做的时候,恶才会从世上消失。也许你没有足够的力量这样做。但要知道,我们的希望只在于此,我们必须要做到的也只在于此,因为这是把我们从为之而痛苦的恶中拯救出来的唯一途径。

"那时彼得进前来,对耶稣说:'主啊!我弟兄得罪我,我当饶恕他几次呢?到七次可以吗?'耶稣说:'我对你说:不是到七次,乃是到七十个七次。'"(《马太福音》18:21,22)

宽恕——就是说不施加报复,不以恶还恶,就是说要爱。人如果信奉这一点,那么问题不在于弟兄对你做了什么,而在于我应该怎么做。如果你想纠正他人的错误,只要对他说上一句他做错了。如果他不听你的,不要怪罪他,而只能怪罪自己,因为你不懂得怎样对他说才合适。

问应当饶恕弟兄几次,这就等于问一个知道饮酒不好并且决定再不饮酒的人,当别人请他饮酒时,他应当拒绝几次才好。如果我决定不饮酒了,那不管别人请我多少次,我也不会再饮。在饶恕的问题上也是如此。

宽恕——并不意味着说一句"我宽恕你"就完了,而是要从心中排除懊恼以及对欺侮者的不良情感。而为了做到这一点,应当记住你自己也是有罪的,而你要是记住这个,那么一定会在自己身上找到比你为之气愤的事更坏的东西。

不以暴力抗恶的学说不是什么新的法则,它只不过指出了人们肆意放弃爱的法则的现象,它只不过指出,种种纵容以暴力对付他人的行为,尽管打着惩戒和使自己或他人摆脱恶的旗号,但与爱却是格格不入的。

如果你是有爱心的,你就不会去施加报复,这种学说是如此通俗易懂,因为它的含义是不言自明的。

所以说,即使在基督教的教义中没有讲明,每一个基督徒都必须以善报恶和爱仇敌,那么每一个懂得了这教义的人,自己对自己也会提出这种爱的要求。

为了明白基督有关以善报恶的教义,必须按照其本来面目去加以理解,而不是照教会对它断章取义、添油加醋的解释去理解。基督的全部教义都在于,人不是为自己的肉体而生,而是为灵魂、为完成上帝的旨意而生。而上帝的旨意就在于,人要彼此相爱,爱所有的人。人怎么可能既爱所有的人又对他人作恶呢?对信奉基督教义的人来说,无论别人怎样对待他,他都不会作出有违爱的举动,不会对他人作恶。

没有禁止以恶还恶的戒条,基督的全部教义都是一派空话。

人们不赞同基督教义的真正含义,不赞同以善报恶,他们常常说,如果接受了这种教义,就会破坏全部沿袭已久的生活秩序,因此不能接受这种教义。实际上基督的教义也正是这样一种教义,它一定要破坏我们生活中恶劣的制度。它之所以在世上广为传布,为的就是破坏旧的坏秩序,而在其原地建立起新的好秩序。

有人说,不可不以恶报恶,因为如果不这样做,作恶的就会压倒行善的。我想恰恰相反:只有当人们认为以恶报恶是被允许的,像如今在所有基督教民族中存在的那样,只有这时,作恶的才会压倒行善的。作恶的如今已经压倒行善的,正是因为所有人都被告知,对人作恶不仅是被允许的,而且是有益的。

人们说:停止以惩罚来威慑作恶者,就会破坏现存秩序,一切都会完蛋。说这种话就等于说:如果河流解冻,一切都会完蛋。不是的,河流解冻,航船就会开来,真正的生活就将开始。

在谈到基督教义的时候,那些学识渊博的作家们常常装腔作势地说:基督教在其真正的含义上说是不切实际的,这个问题早就已成定论。

"无须有什么幻想,应该做些脚踏实地的事。应当改变劳资关系,合理安排劳动和土地资产,开放市场,为安置人口建立移民区,应当确立教会和国家的关系,应当成立同盟以保障国家安全,建造船舰,修筑堡垒,招募并训练军队,为了保卫自己和人民的生命财产完善各种防卫措施,等等。

"应当解决为民众所关注的重大问题,而不是幻想在世界上建立这样的体制:当有人打你的脸时,把另一边也送上去挨打,当别人剥你的衬衣时,把长衫也送给他,过什么天堂之鸟的日子,这一切都是痴人说梦。"人们说这些话的时候,并没有看到,人们遇到的所有问题,无论哪一种,其根源正在于他们所谓痴人说梦的东西。

而这一切问题之所以应当从所谓痴人说梦的东西中去寻找根源,是因为所有这些问题,从劳资斗争到民族性以及教会和国家的关系问题,都可以归结为下述问题:一个人可以而且必须对他人作恶,这种现象要么存在,要么不存在,要么对于有理性的人来说不可能存在。

因此从实质上看,这一切被认为十分重要的问题——都归结为一点:要理性还是不要理性,进一步说,以恶报恶是需要还是不需要?在过去的一个时期里,人们可以不明白,也真的不明白这个问题的意义,但如今人类经历了一系列可怕的痛苦事件之后,他们已经意识到在实际中解决这个问题的必要性。而这个问题在1900年前早已由基督的教义所明确地解决了。因此在当今时代不必再装腔作势地说,我们不知道这个问题,也不知道它已得到解决。

(以上出自《生活之路》)

婚 姻

结婚也可以说是一种契约,亦即一对男女约定只在他们两个人之间生儿育女。破坏了这种契约便是欺骗、背叛和犯罪。

如果彼此相爱的一对夫妻能将生命完善作为共同目标,并为此相互提醒、建议、以身作则,那么他们将会获得多么伟大的幸福啊。

男性与女性的结合,就人种延续而言,无论对每一个人还是对整个人类,都是一件伟大而重要的事。因而不能草率行事,不能心血来潮、随心所欲,而应当依照过去的圣者先贤所深思熟虑的那样去做。

家庭关系只有在它不仅是家庭关系,而是宗教关系时,只有当所有家庭成员都只相信上帝及其法则的时候,家庭关系才是牢固的,才能够给人带来幸福。

家庭的利己主义有时候比个人的利己主义更残酷。有些人虽不耻为个人牺牲别人的幸福,却为家庭的幸福而把利用别人的不幸或穷困视为一种义务。

为自己的恶劣行径加以辩解的最寻常的歪理就是——为了家庭的幸福。

悭吝,受贿,欺压劳动者,不诚实的勾当——这些都被辩解为出于对家庭的爱。

"人到我这里来,若不憎恨自己的父母、妻子、儿女、弟兄、姐妹,和自己的性命,就不能作我的门徒。"(《路加福音》14:26)"憎恨",在这句话里并不是说,基督否弃家庭,或者教导人去恨家庭,而是说——如《路加福音》第8章第24节[①]说的——基督和门徒以及他的追随者,不是如家庭关系那样亲近热情,而是像他们与上帝之间的关系那样彼此相待。

对福音中的这些话感到迷惑的,只是那些生活放荡的人和那些视家庭为最高道德的人,而不是那些信奉宗教的人,对于后者来说,家庭状态并不是至善的状态,相反,对于达到这种至善状态而言,家庭则往往是一种障碍。

对家庭的爱与对自我的爱一样,从道德意义上来看并无所谓好坏,不过都是一种自然现象。对家庭的爱与对自己的爱一样,超过一定限度的时候也许就是一种恶行,而无论如何都不可能是一种善行。

食物是维持个别生命所必需,婚姻是维系人类生命所必需。饮食过度是个人的罪过,逾矩的婚姻与性欲则同时为个人与人类社会带来罪恶。婚姻是男女之间只能拥有彼此孩子的特别义务。违背这项约定是一种谎言、欺骗与罪恶。男人与女人为人类的延续结合,对每个人或整个人类都是伟大而重要的行为。不能因为你个人喜欢才去做,而必须遵照活在我们之间的圣贤所思考与设计的方式去做。

(以上出自《阅读圈》)

谁想和两三个人结婚,他就连一个家庭都不会有。婚姻的结果是生儿养女。如同在生理上需要空气和阳光一般,儿女在道德领域需要有家庭生活和睦一致的父母的影响。

(《论婚姻和妇女的天职》)

[①] 似应为第21节。

我说,要努力追求贞洁,在这条道路上最高一级是童贞,其次是贞洁的婚姻,再次是不贞洁,即非一夫一妻的婚姻,但却是婚姻,有人却硬说我否定婚姻,宣扬停止人类的延续。

(《1898年8月3日日记》)

我们的目的不仅仅是享受爱情,为了享受爱情自然需要放纵情感不顾一切。可我们的目的除了爱以外还要共同生活一辈子,并且完成婚姻赋予的一切义务,而为此必须多多加强修养,婚前婚后都要改变自己……爱就是这样,不是贴着肚脐吻手,而是互相倾心交谈,以对方的思想检查自己的思想。想在一起,感受在一起。

(《1856年11月7日致瓦·弗·阿尔谢尼耶娃的信》)

在忠诚的婚姻中生活是好的,但最好是一生不结婚。很少有人能做到这一点。但那能做到的,便生活得好。

如果人可以不结婚却结了婚,这就好比一个人没有磕绊而跌倒一样。走遇磕绊而跌倒,这是正常的,但如果没有磕绊,那为什么要故意跌倒呢?如果可以不犯罪孽而过贞洁的生活,那么最好是不结婚。

如果人们结婚是认为,他们用自己的婚姻为上帝和人类服务,是在延续人种,他们这就是在自我欺骗。对这些人来说,用不着为了增加儿孙的数量去结婚,只要去保护和挽救千百万因贫困和遗弃而濒临死亡的孩子就可以了,相比之下这要简单得多。

在富人们中间流行着一种由伪科学所认证的观念,即性关系对于健康是必不可少的,而由于婚姻并不是在任何情况下都可实现的,所以那种不把男人束缚于某种责任的、超出于夫妻关系的性关系,除了金钱交易的,都是完全自然而然的事。这种观念是如此的普遍和坚定,使得父母们照着医生的建议去为孩子安排淫乱的活动;而那专事关心国民福利的政府呢,就去组织淫乱活动,即允许这样的一类女人存在——为了满足男人的淫欲而担负起在肉体和灵魂上都葬送自己的责任。

一个男人与一个不会与他成为夫妻的女人之间的性关系,对他的健康是有益还是有害,谈论这个问题,与谈论饮他人的血对健康是有益还是有害的问题如出一辙。

男不近女为好,但要避免淫乱的事,男人当各有自己的妻子,女人也当各有自己的丈夫。

——《哥林多前书》7:1—2

在基督的教义中没有制定对所有人都同样的律条;它总的来说只是指出人应当追求的完善;在性的问题上也是如此:完善——即纯粹的童贞。而人们没有明白基督的精神,只是想要对所有人通用的律条。于是,这些人就发明了教堂成婚的方式。教堂成婚根本不是基督教的组织活动,因为在众所周知的条件下允许的性行为,有悖于基督的要求——追求最大限度的贞洁。

婚姻——这是男女两类人之间的一种允诺,互为对象以拥有孩子。两个人中那没有完成允诺的一方,就做下罪孽,他本人也因此而永远过着糟糕的日子。

为了达到目的,应该向更高的目标努力。同样,为了使婚姻牢不可破和夫妇双方保持忠贞,应当共同致力于保持童贞。

如果人们认为,为他们举行的成婚仪式,会将他们从节制性活动的必要性中解放出来,并不必在婚姻的结合中追求最大限度的贞洁,这种人就大错特错了。

像我们常常遇到的情况那样,如果一个人在性的关系,即使是婚姻中,看到的是享乐,那他就不可避免地要堕入淫荡。

那种可以导致生育的同居,乃是真正的有实际意义的婚姻;而所有的仪式、声明、条件,并不是为了婚姻,而主要是为了在多种同居方式中只认可一种方式为婚姻。

因为在真正的基督教义中并没有任何有关建立婚姻的根据,而我们基督教世界中的人又不相信教会的婚姻观,他们已感觉到基督教义中没有关于婚姻结合的根据,与此同时,由于教会学说的掩盖,他们也看不到基督的最高标准纯粹的童贞,因此,在婚姻问题上,他们就处在没有任何指导思想的状态中。由此也就产生了一种初看起来令人奇怪的现象:那些遵循着远逊于基督教的某些宗教教义而又具有明确的婚姻外在形式的民族,却有着家庭的基本准则,有着比那些自称为基督徒的人更为牢固的、无比忠诚的婚姻关系。那些保持着比基督教低级得多的信仰的民族,却有着固定的、由公开的律条所限制的同居关系、一夫多妻制或一妻多夫制,但在这些同居关系、一夫多妻或一妻多夫制中,却没有出现放荡的淫乱行为,而这种东西在基督教世界中却普遍流行,并被掩盖在想象出来的一夫一妻制之下。

如果饮食的目的是为了身体的营养,那么一个人一下子吃下两份食物,也许他会获得很大的满足,但却达不到营养的目的,因为两份食物是胃所难以消化的。如果婚姻的目的是为了家庭,那么一个人试图得到更多的妻子或丈夫,这也许会使他得到许多满足,但却无论如何不会带来婚姻主要的快乐和婚姻的证明——家庭。合乎目的的好的营养方式,是不去过量吃下他的胃难以消化的食物。同样如此,合乎目的的好的婚姻,就是丈夫不多娶妻,而妻子不多嫁夫,以不超出合理地抚养孩子的需要,而这种需要就是,一个丈夫只有一个妻子,一个妻子只有一个丈夫。

有人问基督：人可以抛弃妻子，而找另一个女人吗？对此基督说，不可以这样做，人与妻子结合，必须要与她共同结合成一个身体。上帝的律法就是这样，上帝让结合在一起的，人不可分开。

于是门徒们说，可是与妻子过日子太难了。耶稣就对他们说，人可以不结婚，但如果人不结婚，他就必须过纯洁的日子。

为了让婚姻成为一件有理性和合道德的事，必须要做到：

首先，不要像如今人们那样想的，每一个人，男人和女人，都必须进入婚姻，而相反，要这样想，每一个人——男人和女人——最好是保持纯洁，以不使任何东西妨碍把全部精力献给侍奉上帝的行为。

其次，无论是什么人，无论与什么人，凡进入性关系的，都应把这视为进入稳定的婚姻。

（参见《马太福音》19：4—7）

再次，不要像如今的人们那样，把婚姻看作对淫欲快乐的一种允许，而要把它看作一种罪孽，要用履行家庭的责任来赎这罪孽。

允许两个不同性别的人在婚姻中过性的生活，不仅不符合基督有关贞洁的教义，而且恰恰相反。

按照基督的教义，贞洁，就是过着基督徒生活的人本应追求的完善。因此，所有妨碍对这种完善的追求的东西，包括对婚姻中性交的允许，都是违背基督教生活准则的。

人们认为，婚礼一旦举行，就意味着解除了对贞洁的追求。于是婚姻不但没有成为对淫欲的限制，反而怂恿了淫欲。遗憾的是，大多数人正是这样看待婚姻的。

在结婚之前，要好好考虑 10 次，20 次，100 次。用性的关系把自己和另外一个人维系起来——这是一件极为重大的事。

假如人臻于完善,从而保持了童贞,人种可能就会停止繁殖,他们也就没有必要生活在地球上,因为他们成了天使一样的人,不娶妻也不出嫁,就像福音书上所说的。然而人还没有臻于完善,他们必须要繁殖后代,以让他们的后代去继续这个过程,去达到他们本应达到的完善。

使婚姻得到证明和赋予其圣洁意义的只有孩子,同时,如果我们自己不能完成上帝想要我们做的,则我们在把孩子养育成人之后,就可以通过孩子而继续侍奉上帝。因此,夫妇不想要孩子的婚姻,比起通奸和种种淫荡行为来更为恶劣。

婚姻,作为生育和培养孩子的真正的婚姻,乃是对上帝的间接的侍奉,通过孩子侍奉上帝。"如果我做不到我本应能做到的,那么代替我的是我的孩子,他们会做的"。

由于这个原因,那些组成以生育为目的的婚姻的人,总是体验到仿佛带点平静和轻松的感觉。人们感觉到,他们把自己的一部分责任转交给了未来的孩子们。但是,这种感觉具有合理性的唯一前提是,由婚姻结合在一起的夫妻努力去培养孩子,以使他们不是成为上帝事业的障碍,而是成为上帝的帮手。"如果我自己不能完全献身于对上帝的侍奉,则我将尽一切可能让我的孩子们去做到这一点",这种觉悟将赋予婚姻和生儿育女以精神的意义。

对于那些把肉欲的爱视为快乐的人来说,生儿育女已失去了意义,生育不是被作为夫妻关系的目的和证明,而被看作使那种快乐持久下去的障碍,因此,在婚外和婚姻之中都普遍采用了剥夺女子生育能力的手段。这些人不仅剥夺了自己由孩子所带来的唯一快乐和补偿机会,同时也剥夺了自己作为人的美好品质和形象。

在所有动物的生活中,尤其是在生育后代方面,人应该做得比牲畜高尚,而无论如何不能比牲畜更卑下。然而正是在这一点上,人大多数情况下比动物更卑下。动物之间的雌雄相配只是在能够产仔的时候才发生。而人呢,男女相交只是为了获得快感,而不去考虑是否会因此而生儿育女。

讨论生儿育女是幸福还是不幸福,不是我们的事。我们的事只是履行对孩子的责任,他们因我们而生,也就把责任加在了我们身上。

(以上出自《生活之路》)

参考书目

《托尔斯泰全集》90卷本,俄罗斯国家艺术文献出版社,1929—1964年。

《生活之路》,王志耕译,中国人民大学出版社,2006年。

《托尔斯泰读书随笔》,王志耕编选,上海三联书店,1999年。

《托尔斯泰文集》17卷本,陈燊等译,人民文学出版社,1987—1992年。

《托尔斯泰散文》上、下,刘宁编,中国广播电视出版社,1996年。

《思想通信》上、下,罗扎诺娃编,马肇元、冯明霞译,文化艺术出版社,1997年。

《列夫·托尔斯泰论创作》,戴启篁译,漓江出版社,1982年。

《村中三日》,刁绍华译,辽宁教育出版社,1998年。

《酒色与生命》,徐迟译,湖南文艺出版社,1988年。

《智慧历书》,方圆译,内蒙古文化出版社,2000年。

译者后记

上海社科院出版社的张广勇先生提议编一本《托尔斯泰思想小品》，以更简捷的方式传播托尔斯泰的思想。尽管我翻译过《生活之路》，也编选过《托尔斯泰读书随笔》，但还是接受了广勇先生的提议；因为只要是推广托尔斯泰的思想，无论何种形式，我都欣然而为。

我一直认为，1910年11月10日托尔斯泰的离家出走是人类进入20世纪后的一个伟大事件。对这个事件的意义有大量的讨论，在我看来，其中有一点没有被揭示，即，这个事件，证明了托尔斯泰全部思想的合法性。我们常把托尔斯泰的思想称为"托尔斯泰主义"，它应当包括两个重要部分：一是其否定性内容；二是肯定性内容。托尔斯泰的一生，正像一个堂吉诃德，自年轻时代起便义无反顾地向这个世俗世界发起全面挑战。人们都以为托尔斯泰主义的内核是"勿以暴力抗恶"，其实正确的表述应当是：以暴力之外的全部手段抗恶！恶有外在之恶，有内在之恶；前者指国家、政权、教会、伪科学，甚至沦落为利益与迷信媒介的艺术，后者则指人内心的世俗欲望，贪婪、淫欲、对灵魂生活的漠视。因此，我们要理解托尔斯泰，首先应看到，这个拥有伯爵头衔的俄罗斯世袭贵族，一生都是一个始终不渝的抗恶斗士，这些都体现在他思想中的否定性内容，即批判性上；其次，他才是一个狂热地宣扬道德完善的耶稣基督的信徒，也就是我们说的肯定性内容。但是，还有一点也许对我们今天处在后现代境况中的人具有特别意义，那就是，托尔斯泰的一生也是不断忏悔的一生，而这，正是他思想中最深刻且最具启发意义的部分。托尔斯泰出身贵族，坐拥大量财富，从写作之初便享有巨大声誉，——但这些，却成为他灵魂中沉重的负担，因为，这些,正是他以毕生力量与之斗争的东西;由于这些财富和荣誉的存在,使他全部思想的合法性成为一个问题。因此,托尔斯泰的一生,都是在灵魂的痛苦中度过的,——也正因为这样,他的一生也才充满了令人炫目的张力——终于,他不再忍受这种被质疑的痛苦,他要在自己的耄耋之年彻底放弃自身全部的世俗性,真正走向本来就存在于他内心的纯净的天国。于是,在那个著名日子的凌晨,他抛弃了家庭、财富、写作,将灵魂永远留在了贵族领地之外的路上。

托尔斯泰在世时有人说,俄罗斯有两个沙皇:一个是尼古拉二世,在任的沙皇;一个是托尔斯泰,俄罗斯精神的沙皇;前者对后者无可奈何,而后者则正在动摇前者的宝座。一个能够撼动国家政权的作家,其思想的巨大力量到底体现在哪里?事隔一个世纪,托尔斯泰的精神还能复活吗?没有人能够确切地回答这个问题。然而,一个不容否认的事实是,托尔斯泰写下的文字,成为世界上被阅读最广泛的文本之一。我们也许不能期望这些文字真的会彻底改善我们的生活,但是只要这些文字还存在,还在被阅读,就意味着,我们的生活不会失去光明。

此次编选工作,凡涉及俄文的,均参考俄罗斯国家艺术文献出版社的 90 卷本《托尔斯泰全集》,摘自中文译本的参见本书参考书目。因所选文字涉及译者众多,未及一一联系,也请译者与本人联系,我的电子邮箱:wangzhigeng@163.com,谨向原译者致以谢意。

托尔斯泰晚年将他认为有意义的各民族思想资源进行了整合,编撰了多种思想读物,其中他曾表示,这些来自先贤的文字往往是经他自己改编了的,以更符合他的基本价值理念,可以视同他自己的思想。因此,我们编选中的部分此类文字,请读者参照作家本人这一表述来加以对待。

此外,编选中的个别段落在不同的章目中有重复,乃是考虑该段落既表达了某一章目的意思,也符合另一章目的精神,故作这样处理,以方便读者分类查阅。

我的学生李宜茹、吴静、张海荣、肖芳参加了部分中文书目的拣选工作。在大量托尔斯泰著作中选出这些文字,并非易事,疏漏或不妥在所难免,请读者将意见发至我的邮箱。

王志耕

于南开大学文学院

图书在版编目(CIP)数据

托尔斯泰思想小品/(俄罗斯)托尔斯泰著;王志耕译. —上海:上海社会科学院出版社,2018
 ISBN 978 - 7 - 5520 - 2354 - 1

Ⅰ.①托… Ⅱ.①托…②王… Ⅲ.①托尔斯泰(Tolstoy, Leo Nikolayevich 1828 - 1910)-思想评论 Ⅳ.①K835.125.6

中国版本图书馆 CIP 数据核字(2018)第 137634 号

托尔斯泰思想小品

著　　者:[俄]列夫·托尔斯泰
编　　译:王志耕
责任编辑:王　勤　张广勇
封面设计:陆红强
出版发行:上海社会科学院出版社
　　　　　上海顺昌路 622 号　邮编 200025
　　　　　电话总机 021 - 63315900　销售热线 021 - 53063735
　　　　　http://www.sassp.org.cn　E-mail:sassp@sass.org.cn
照　　排:南京理工出版信息技术有限公司
印　　刷:上海文艺大一印刷有限公司
开　　本:890×1240 毫米　1/32 开
印　　张:12.5
插　　页:4
字　　数:331 千字
版　　次:2018 年 9 月第 1 版　2018 年 9 月第 1 次印刷

ISBN 978 - 7 - 5520 - 2354 - 1/K·452　　　　定价:59.80 元

版权所有　翻印必究